Digitalisierung in Bibliotheken

Bibliotheks- und Informationspraxis

—

Herausgegeben von Klaus Gantert
und Ulrike Junger

Band 63

Digitalisierung in Bibliotheken

Viel mehr als nur Bücher scannen

Herausgegeben von Gregor Neuböck

DE GRUYTER
SAUR

Bibliotheks- und Informationspraxis ab Band 42:
Herausgegeben von Klaus Gantert und Ulrike Junger
Das moderne Bibliotheks- und Informationswesen setzt sich mit vielfältigen Anforderungen auseinander und entwickelt sich ständig weiter. Die Reihe Bibliotheks- und Informationspraxis greift neue Themen und Fragestellungen auf und will mit Informationen und Erfahrungen aus der Praxis dazu beitragen, Betriebsabläufe und Dienstleistungen von Bibliotheken und vergleichbaren Einrichtungen optimal zu gestalten.
Die Reihe richtet sich an alle, die in Bibliotheken oder auf anderen Gebieten der Informationsvermittlung tätig sind.

Library of Congress Cataloging-in-Publication Data
Names: Neuböck, Gregor, editor.
Title: Digitalisierung in Bibliotheken : viel mehr als nur Bücher scannen / herausgegeben von Gregor Neuböck.
Description: 1 | Boston : De Gruyter Saur, 2018. | Series: Bibliotheks- und Informationspraxis ; 63 | Includes bibliographical references and index. | In German with one English contribution
Identifiers: LCCN 2018025240 (print) | LCCN 2018030284 (ebook) | ISBN 9783110501094 (electronic Portable Document Format (pdf) | ISBN 9783110500394 (hardback) | ISBN 9783110497854 (e-book epub) | ISBN 9783110501094 (e-book pdf)
Subjects: LCSH: Library materials–Digitization. | Libraries–Special collections–Electronic information resources. | BISAC: LANGUAGE ARTS & DISCIPLINES / Library & Information Science / General.
Classification: LCC Z701.3.C65 (ebook) | LCC Z701.3.C65 D545 2018 (print) | DDC 025.8/4–dc23
LC record available at https://lccn.loc.gov/2018025240

ISBN 978-3-11-050039-4
e-ISBN (PDF) 978-3-11-050109-4
e-ISBN (EPUB) 978-3-11-049785-4

Bibliografische Information der Deutschen Nationalbibliothek
Die Deutsche Nationalbibliothek verzeichnet diese Publikation in der Deutschen Nationalbibliografie; detaillierte bibliografische Daten sind im Internet über http://dnb.dnb.de abrufbar.

Inhalt

Vorwort

Digitalisierung ist einer der am häufigsten verwendeten Begriffe der letzten Jahre. In allen Bereichen verändert die Digitalisierung unsere Gesellschaft. Auch Bibliotheken wurden bzw. werden von diesen Veränderungen in erheblichem Maße beeinflusst. Das Image des klassischen Bibliothekars, der mit Ärmelschoner bewaffnet verstaubte Bücher verwaltet, ist schon lange Geschichte.

Heute bieten innovative technische Neuerungen erleichterte Zugänge zu Materialien, unabhängig von Ort und Zeit oder ermöglichen neue Services wie z.B. kollaborative Tools (Crowdsourcing) und erzeugen so einen Mehrwert für alle Benutzer.

Als Folge davon verändern sich durch die Digitalisierung Abläufe und Aufgaben in Bibliotheken. Der Bibliothekar/die Bibliothekarin muss sich den neuen Anforderungen stellen. Know-how im Umgang mit Neuen Medien, mit Datenbanken oder den technischen Grundlagen ist gefordert.

Der vorliegende Sammelband *Digitalisierung in Bibliotheken* widmet sich diesem Thema auf vielfältige Weise und gibt tiefe Einblicke in unterschiedlichste Digitalisierungsprozesse und den damit verbundenen Anforderungen. Die Sichtweisen der einzelnen Beiträge reichen dabei von sehr technisch, über eher projektorientiert bis hin zu stark inhaltlich ausgerichteten Aufsätzen, immer aber ist die Digitalisierung die treibende Kraft.

Johannes Andresen, Direktor der Landesbibliothek Dr. Friedrich Teßmann beschreibt in seinem Aufsatz *Auf der Suche nach semantischen Strukturen in umfangreichen digitalen Sammlungen*, wie man die Usability erheblich verbessern kann und welche Maßnahmen dazu erforderlich sind. Akribisch wird dargestellt, welch große Anzahl an unterschiedlichen Komponenten Einfluss auf das Gelingen dieses Digitalisierungsprojekts hatte.

Saskia van Bergen, Projektmanagerin für die Sondersammlungen der Universität Leiden, erläutert in ihrem Beitrag die Anforderungen und Probleme die auftreten, wenn man digitale Sammlungen unterschiedlicher Portale in einem einzigen Repository zusammenführen möchte.

Bruno Blüggel, Referent für Pomeranica, Altes Buch & Handschriften, Philosophie und Skandinavistik/Fennistik sowie seit 2011 für Digitalisierung an der UB Greifswald tätig, gibt tiefe Einblicke in ein Digitalisierungsprojekt zu den *Vitae Pomeranorum* (Lebensläufe von Pommern). Das vorgestellte Digitalisierungsprojekt betraf Schriften vom 16. bis 19. Jahrhundert und ist insbesondere wegen der erforderlichen Kooperation von 24 Institutionen bemerkenswert.

https://doi.org/10.1515/9783110501094-202

Anita Eichinger, stellvertretende Leiterin der Wienbibliothek, berichtet in ihrem Beitrag von der Entwicklung und dem Betrieb des *Wien Geschichte WIKI's* und den Ambitionen dieses stärker mit der *digitalen Bibliothek* der Wienbibliothek zu verknüpfen. Dabei sei noch darauf hingewiesen, dass das Wien Geschichte WIKI mit mehr als 30 Millionen Zugriffen pro Jahr, ein richtiger Zugriffsmagnet ist.

Ulrich Hagenah, seit 1990 an der Staats- und Universitätsbibliothek Hamburg tätig und seit 2017 Leiter der Bereiche Landesbibliothek und Digitalisierung, berichtet in seinem spannenden Beitrag über die Konzeption eines Digitalisierungsprogramms für ein ganzes Bundesland. In diesem Megaprojekt, mit einem prognostizierten Finanzvolumen von 35,562 Mio. €, waren die unterschiedlichen Anforderungen und Bedürfnisse von sechs Hochschulen der Hansestadt Hamburg zu beachten.

Steffen Hankiewicz, Senior Softwareentwickler sowie Geschäftsführer der Intranda GmbH, schildert aus der Sicht des Softwaredienstleisters die Entwicklung der Open-Source Software Goobi. Welche Anforderungen haben die einzelnen Stakeholder und wie reagiert ein Softwareanbieter darauf?

Rudolf Lindpointner, mittlerweile pensionierter, ehemaliger Leiter der Erwerbungsabteilung der Oberösterreichischen Landesbibliothek, berichtet aus der Perspektive des klassischen Bibliothekars. Wie wurde die Entwicklung des Repositoriums der Oberösterreichischen Landesbibliothek (http://digi.landesbibliothek.at/) vorangetrieben und welche Auswirkungen hatte dies auf die Bibliothek und ihre Außenwirkung?

Mein eigener Beitrag beschäftigt sich mit der Digitalisierung der *Verlustlisten Österreich-Ungarns.* Anhand dieses Projekts, das einen enormen Marketingwert für die Bibliothek erzeugt hat und nach wie vor erzeugt, stelle ich unser Open-Source-Produktions-, (Goobi) als auch unser Open-Source-Präsentationssystem (Goobi Viewer) in allen ihren Facetten und Möglichkeiten vor.

Siegfried Peis, Gründer und Geschäftsführer der PPS Prepress System GmbH und Spezialist für die Zeitungsdigitalisierung, geht detailliert auf die wichtigsten Verarbeitungsschritte im Digitalisierungsworkflow dieser Drucksorte ein und stellt die Bedeutung der einzelnen Schritte für die Qualität der Ergebnisse in das Zentrum seines Beitrags.

Matthias Pernerstorfer, seit 2011 wissenschaftlicher Leiter des Don Juan Archivs in Wien liefert gleich zwei hochkarätige Beiträge zu seinem Metier. Sein Beitrag zur Digitalisierung von Theaterjournalen und -almanachen steht neben der fachlichen Tiefe mit der dieses Thema aufbereitet wird, ganz im Spannungsfeld der Digitalisierung und ihrer Bedeutung für die historische Forschung. Sein zweiter Beitrag zu den Theaterzetteln liefert neben einer ausführlichen Einführung in die Terminologie der Theaterzettel und deren Bedeutung für die

Forschung, tiefgehende Informationen zu dieser einschlägigen Digitalisierungs-initiative, immer aus einem kritisch wissenschaftlichen Blickwinkel.

Erich Renhart, habilitiert für das Fach Liturgiewissenschaft und seit 2010 Leiter der Abteilung für Sondersammlungen an der Universitätsbibliothek Graz, stellt in seinem ungemein interessanten Beitrag ein sehr umfangreiches Projekt zur Handschriftendigitalisierung zwischen der Universität Zadar und dem Forschungszentrum *Vestigia* – Zentrum für die Erforschung des Buch- und Schrifterbes der Karl-Franzens-Universität Graz vor.

Hanna Schneck, seit 2012 wissenschaftliche Bibliothekarin für das Photoin-stitut BONARTES und seit 2017 Mitarbeiterin der Museumsbibliothek der Alber-tina in Wien, beschäftigt sich in ihrem Aufsatz mit den Problemen und Anforde-rungen in *One Person Libraries*. Außerdem wirft sie in ihrem Beitrag einen scharfen Blick auf die Problematik des Informationsverlustes relevanter Daten in der Digitalisierung.

Ursula Gschlacht, seit 2014 Betreuung des Digital Asset Management Sys-tems Phaidra und Johanna Totschnig, Leiterin Medienbearbeitung, Digitale Bi-bliothek, Mediathek, Lokalredakteurin Sacherschließung und Systembibliothe-karin (beide Universität für Angewandte Kunst in Wien), ermöglichen uns Ein-blicke in den doch sehr aufwändigen und komplexen Ablauf des Projektes Vi-deodigitalisierung und -langzeitarchivierung *d_lia*.

Jörg Witzel, seit 1989 wissenschaftlicher Mitarbeiter in der Forschungsstelle für Personalschriften in Marburg, stellt das Digitalisierungsprojekt *AutoThür* vor. Dabei handelt es sich um autobiographische Lebensläufe aus Thüringer Leichenpredigten. Im Beitrag wird einerseits auf die Bedeutung der Verknüp-fung von Funeraldrucken für das besseres Verständnis von Lebensläufen hinge-wiesen, andererseits werden vertiefende technische Einblicke (Dateiformate, Standards, Linked Open Data, Programmierung, ...) in dieses Projekt gegeben.

Gregor Neuböck

Johannes Andresen

Auf der Suche nach semantischen Strukturen in umfangreichen digitalen Textsammlungen

Die Tagespresse ist eine bedeutsame Informationsquelle, nicht nur in Form der aktuellen Berichterstattung über lokale Chronik und Politik oder das Weltgeschehen, sondern auch als Zeugnis vergangener Tage, wodurch sie zu einer wertvollen Forschungsgrundlage etwa für geschichtliche, sozialwissenschaftliche oder linguistische Studien wird. Ein routinierter Zeitungsleser kennt dabei seine Zeitung, ihren Aufbau und ihre Seitenabfolge, Namen und Haltung der wichtigen Redakteure, die politische Grundausrichtung des Blattes. Ein heutiger Zeitungsleser der „Bozner Nachrichten" des Jahres 1900 hat sich dieses Wissen erarbeiten müssen. Mit ein wenig Übung überspringt er die Nachrichten zum Weltgeschehen auf den Seiten eins und zwei, weiß, dass sich der Fortsetzungsroman in der Dienstagsausgabe vor den Kleinanzeigen befindet, und konzentriert sich gemäß seinem Forschungsinteresse auf die Lokalnachrichten des Bozner Raums in den Spalten zwei und drei auf Seite 4.

Doch keine Bibliothek in der heutigen Europaregion Tirol verfügt über einen vollständigen Bestand an historischen Zeitungen. Manchmal sind es einzelne Ausgaben, die fehlen, viel häufiger jedoch ganze Jahrgänge oder sogar Zeitungstitel.

Um den Zugang zu den verstreut lagernden historischen Zeitungen zu vereinfachen und zugleich das von der Zersetzung bedrohte Papiermaterial zu schonen, hat auch die Südtiroler Landesbibliothek Dr. Friedrich Teßmann – analog zu zahlreichen weiteren Bibliotheken und anderen Einrichtungen im deutschsprachigen Raum – 2006 begonnen, große Zeitungsbestände zu digitalisieren und ihren Benutzern in digitaler Form zur Verfügung zu stellen. So wurden zwischen 2006 und 2011 unter Mithilfe zahlreicher Partner[1] etwa 2 Millionen Zeitungsseiten digitalisiert, die seit 2010 über ein erstes Portal unter dem Namen „DZA – Digitales Zeitungsarchiv" bereitgestellt wurden. Über 40 Zeitungen und Zeitschriften aus dem Raum des historischen Tirols präsentierten sich den Benutzern im Portal und konnten bequem über eine Titelliste oder über

---

1 Mehr als 12 Bibliotheken aus Nord-, Ost- und Südtirol sowie dem Trentino haben dazu beigetragen, dass die einzelnen Zeitungstitel möglichst vollständig digitalisiert werden konnten, darunter die Bibliothek des Landesmuseums Ferdinandeum in Innsbruck, die Stadtbibliotheken von Bozen, Rovereto und Trient, die Museumsbibliotheken von Bozen und Meran.

https://doi.org/10.1515/9783110501094-001

eine Kalendernavigation angesteuert werden. Der Benutzer konnte sich die Einzelseiten in unterschiedlicher Vergrößerung anzeigen lassen, Seiten abspeichern oder ausdrucken. Ein „digitales Blättern" war innerhalb der Tagesausgabe oder von Ausgabe zu Ausgabe möglich. Die Digitalisierung erfolgte teils durch Rückgriff auf die Originaldokumente, teils aus Kostengründen unter Nutzung eines bereits vorhandenen Mikrofilms.

Im Laufe der nächsten Jahre kamen Funktionserweiterungen hinzu, doch konnte die wesentliche Einschränkung, nämlich das digitalisierte Image der Einzelseite als einzige Quelle zunächst nicht überwunden werden.[2] Mit anderen Worten: Auch das Digitale Zeitungsarchiv setzte in seiner Anfangsphase einen geübten Zeitungsleser voraus, auch wenn ihm Computer und Bildschirm zeit- und kostenintensive Bibliotheksreisen ersparten. Gleichzeitig belegten bereits die Zugriffszahlen in den ersten Jahren die für die Bibliothek starke Relevanz dieses Angebots: Jährliche Steigerungsraten von 30% und mehr waren und sind immer noch die Regel, eine durchschnittliche Verweildauer von mehr als 18 Minuten pro Portalzugriff sowie eine durchschnittliche Anzahl von 36 aufgerufenen Seiten pro Session belegten eindrucksvoll das große Interesse der regionalhistorischen Forschung.

Heute umfasst das Portal rund 3,5 Millionen digitalisierte Seiten. Nicht nur wurde der digitalisierte Zeitungsbestand kontinuierlich erweitert, es kamen auch andere Materialien hinzu. In erster Linie sind die mehreren Tausend Bände Tirolensien, also regionales Schrifttum mit Bezug zum historischen Raum Alt-Tirol zu nennen. Über zwei Projekte konnten zudem „Dorfbücher"[3] und eine Artikeldokumentation zur neueren Südtiroler Literatur integriert werden.[4]

---

2 Diese Einschränkung konnte auch aus Erschließungsgründen nicht überwunden werden. Aufgrund der Massendigitalisierung war auf Fileebene (Einzel-Image) jeweils nur ein rudimentärer Metadatensatz vorhanden.

3 In Zusammenarbeit mit den Südtiroler Gemeinden sind 2013/2014 die „Dorfbücher" digitalisiert und volltexterschlossen worden. Es handelt sich um umfangreiche wissenschaftliche Publikationen, die die Gemeinden meist anlässlich eines Jubiläums herausgegeben bzw. verantwortet haben. Mit ihren detailreichen Beiträgen zur Kultur-, Wirtschafts- und Sozialgeschichte gelten sie als Informationssteinbruch für die regionalhistorische Forschung.

4 Die Dokumentationsstelle für neuere Südtiroler Literatur im Südtiroler Künstlerbund sammelt seit den 1980er Jahren flächendeckend Zeitungsausschnitte, Fachartikel, Einladungen zu Buchvorstellungen und Autorenbegegnungen sowie Rezensionen zum literarischen und kulturellen Leben in Südtirol. Schwerpunkt ist die Zeit nach 1945. Das so entstandene Archiv ist eine der ersten Anlaufstellen für Forschung und Wissenschaft zur Südtiroler Literatur. Die rund 1200 Hängemappen mit insgesamt ca. 25 000 Blättern wurden mit Unterstützung der Stiftung Südtiroler Sparkasse digitalisiert und in ein digitales Südtiroler Literaturarchiv überführt: Zugriff unter http://digital.tessmann.it/literaturarchiv

Die Nadel im Heuhaufen

Wie viele andere Bibliotheken hat auch die Landesbibliothek versucht, durch eine Volltexterkennung der Einschränkung des Bildes zu entkommen und ein Serviceangebot zu generieren, das der heutigen Erwartungshaltung der Benutzer entspricht. Optical Character Recognition (OCR) ist die Schlüsseltechnologie nicht nur im Bereich der Digitalisierung von historischen Zeitungen. Durch die automatische Texterkennung wird ein digitaler Volltext generiert, der die Grundlage für eine ganze Reihe interessanter Anwendungen bildet, die die Nutzbarkeit des historischen Ausgangsmaterials – gegenüber Texten in Form von reinen Bilddateien – um ein Vielfaches erhöhen.

Doch gerade für historische Zeitungen ist das Erstellen von Volltexten mit vielen Problemen verbunden. Häufig wird für Zeitungen des 19. und frühen 20. Jahrhunderts eine Wortgenauigkeit von höchstens 80% oder weniger erzielt. Der Grund dafür liegt zum einen im schlechten Zustand des Ausgangsmaterials. Schlechte Papierqualität, durchscheinender Druck, Abnutzung und Lagerung führen zu mehr oder weniger starkem „Hintergrundrauschen", das sich negativ auf die Texterkennung auswirkt. So werden Flecken und Verunreinigungen genauso wie grafische Elemente (z. B. Trennlinien zwischen den Spalten) von der Software nicht erkannt und als Buchstaben interpretiert. Erschwerend kommt hinzu, dass in deutschsprachigen Zeitungen des 20. Jahrhunderts fast durchgängig Frakturschriften zum Einsatz kommen, die im Vergleich zu Antiquaschriften derzeit noch zu deutlich niedrigeren Texterkennungsraten führen. Ein nicht zu unterschätzendes Problem ist außerdem das im Vergleich zu Büchern äußerst komplexe Layout. Spalten mit oft unterschiedlicher Länge und Breite, unterschiedliche Schriftgrößen und –stärken, Tabellen und Bilder, deren Anordnung sich von Seite zu Seite ändert, sind eine große Herausforderung.

Es schadet daher nicht, sich bewusst zu machen, wie technischer Einsatz auf bibliothekarischer Seite und Erwartungshaltungen auf Seiten der Benutzer miteinander und mit welchen Folgen korrelieren. Früher wurde das digitale Abbild der Zeitungsseite von der Bibliothek bereitgestellt, seine Strukturelemente mussten jedoch vom Benutzer intellektuell erfasst und verarbeitet werden. Durch den digitalen Volltext entsteht heute zunächst eine relativ unstrukturierte Textmenge mit einer nicht zu vernachlässigenden Fehlerquote, die wortweise indiziert und in leistungsfähigen Datenbanken abgespeichert wird. Gleichzeitig entsteht durch die Funktionalität der Volltextsuche und dem benutzerfreundlichen „Google-Schlitz" auf den allermeisten digitalen Portalen eine Erwartungshaltung auf Benutzerseite, der die Bibliothek erst einmal gerecht werden muss. Dies betrifft weniger die technische Verfügbarkeit der Plattform oder benutzerorientierte Funktionalitäten, sondern ganz zentral die Relevanz der Ergebnisse, die die Plattform aufgrund einer Anfrage generiert. So verschiebt sich (zumindest teilweise) die Verantwortung für das Suchergebnis vom Benutzer auf das Portal und die Bibliothek als Servicedienstleister hat Antworten auf folgende zwei Fragen zu geben:

1) Wie kann die Bibliothek garantieren, dass der Benutzer einschlägige Informationen findet?

2) Wie kann sie garantieren, dass er möglichst alle einschlägigen Informationen findet?

Oder, um es bildlich auszudrücken: Wie findet der Benutzer die von ihm gesuchte Nadel im bibliothekarischen Volltextdatenbankheuhaufen? Mögliche Antworten bestehen in der Weiterarbeit am erkannten Volltext. Sie laufen alle auf den Versuch hinaus, die Arbeit des eingangs erwähnten routinierten Zeitungslesers in möglichst passgenaue Algorithmen zu überführen und lenken uns in die Nähe einer semantischen Suche.

Europeana Newspapers – A Gateway to Newspapers Online

In den Jahren 2012–2015 hatte die Landesbibliothek Dr. Friedrich Teßmann die Möglichkeit am EU-Projekt „Europeana Newspapers – A Gateway to Newspapers Online" teilzunehmen.[5] Zusammen mit 16 weiteren Partnereinrichtungen aus ganz Europa verfolgte die Landesbibliothek das Ziel, eine Verbesserung der Recherchemöglichkeiten in digitalisierten historischen Zeitungsbeständen zu erreichen. Mit Projektende stellten die beteiligten Bibliotheken über 18 Millionen digitalisierte, für die Recherche verfeinerte Zeitungsseiten zur freien Nutzung über das europäische Online-Kulturportal Europeana (www.europeana.eu) bereit. Als „Content Provider" wurden zunächst ca. 1,5 Millionen Seiten

---

5 Das Projekt wurde im Rahmen der Programmlinie „Information and Communications Technologies – Policy Support Programme (ICT PSP)" gefördert. Teilnehmende Institutionen: Staatsbibliothek zu Berlin, National Library of the Netherlands, National Library of Estonia, Österreichische Nationalbibliothek, University of Helsinki, National Library of Finland, Staats- und Universitätsbibliothek Hamburg, Bibliothèque Nationale de France, National Library of Poland, CCS Content Conversion Specialists GmbH, LIBER Foundation, National Library of Latvia, National Library of Turkey, University of Beograd, Universität Innsbruck, Dr. Friedrich Tessmann Library, The British Library, University of Salford, The European Library. Weitere Informationen unter www.europeana-newspapers.eu

der Landesbibliothek mit der Software Abbyy-Finereader ocr-gelesen (Fraktur) und der Volltext im METS/Alto-Format bereitgestellt. Mit Hilfe eines Software-tools zur „Named Entities Word Recognition (NER)" wurden Orts- und Perso-nennamen automatisiert erkannt und dem Benutzer als Sucheinstiege bereitge-stellt[6], unter Rückgriff auf Software zur „Optical Layout Reconition (OLR)" wur-den im Projekt Verfahren der Artikelsegmentierung erprobt und als Best Practi-ce veröffentlicht.[7] In Zusammenarbeit mit der Landesbibliothek erarbeitete das Institut für Germanistik der Universität Innsbruck (Abteilung Digitalisierung und elektronische Archivierung) zudem einen regelbasierten Ansatz zur Struk-turerkennung von Zeitungsseiten, um gezielt in bestimmten Zeitungselementen wie Werbung, Leitartikel, Fortsetzungsroman, Lokalnachrichten etc. suchen zu können.

Alle Projektergebnisse haben eindrücklich gezeigt, dass die Qualität jeder semantischen Weiterverarbeitung des Volltextes wesentlich vom Ergebnis der OCR-Erkennung abhängt. Zwar kann garantiert werden, dass der Benutzer durch technische Verfahren wie OCR, NER und OLR einschlägige Informationen findet, in wieweit er – den zweiten Teil der Eingangsfrage aufgreifend- „mög-lichst alle einschlägigen Informationen" finden wird, ist hingegen offen geblie-ben, war allerdings auch nicht Teil der Projektfragestellung.

Open Platform for Access to and Analysis of Textual Documents of Cultural Heritage

Im Anschlussprojekt „OPATCH – Open Platform for Access to and Analysis of Textual Documents of Cultural Heritage"[8] hatte die Landesbibliothek die Chan-ce, über den bibliothekarischen Tellerrand hinausschauen zu dürfen und sich

---

6 Die Software wurde von der Königlichen Bibliothek der Niederlande unter Nutzung der an der Stanford University entwickelten tagging-Software entwickelt. Informationen unter https://github.com/KBNLresearch/europeananp-ner

7 Unter Federführung der CCS Content Conversion Specialists GmbH wurde das Verfahren an Zeitungsmaterialien der Staats- und Universitätsbibliothek Hamburg erprobt.

8 Das zweijährige Forschungsprojekt wurde von Anfang 2014 bis Ende März 2016 unter der Leitung des Instituts für Fachkommunikation und Mehrsprachigkeit der Europäischen Akade-mie Bozen durchgeführt. Neben der EURAC und der Landesbibliothek Dr. Friedrich Teßmann war das Institut für Corpuslinguistik und Texttechnologie der Österreichischen Akademie der Wissenschaften als assoziierter Partner am Projekt beteiligt. Das Projekt wurde über das Lan-desgesetz 14 durch die Autonome Provinz Bozen – Südtirol, Abteilung 34. Innovation, Forschung und Universität finanziert.

mit Computerlinguisten, Korpuslinguisten, Statistikern und Informationsvisualisieren an einen Tisch zu setzen. Wiederum standen historische Zeitungen im Forschungsfokus, doch wechselte die Perspektive. Das Projekt untersuchte, wie neueste Technologien aus der Computerlinguistik, Korpuslinguistik, Statistik und Informationsvisualisierung angewandt werden können, um die Nutzbarkeit von digitalen Textsammlungen zu erhöhen. Ansätze dazu waren Korrekturverfahren im erkannten Volltext, eine Weiterentwicklung der NER sowie benutzerorientierte Visualisierungsmöglichkeiten.

Die Landesbibliothek brachte dabei den im EU-Projekt erstellten Volltext ein, der mit Hilfe von computerlinguistischen Methoden verbessert werden sollte. Der Ansatz beruhte darauf, die Ergebnisse der Volltexterkennung auf Wortebene mit umfangreichen Textkorpora der deutschen Sprache zu vergleichen und eine Reihe von Regeln aufzustellen, um Fehler automatisch zu erkennen und zu korrigieren. Wortabweichungen wurden herausgefiltert und diese Worte durch ein bis maximal drei „Edit-Operationen" auf Buchstabenebene in ein Wort des Korpus überführt, wobei die „Edit-Operationen" computerlinguistischen Regelwerken und Wahrscheinlichkeiten folgten.[9] Mit Hilfe dieser Methoden können bei guter Ausgangs-OCR und einem Referenztextkorpus, das dem zu bearbeitenden Text ähnlich ist, Verbesserungsquoten von bis zu 93% erreicht werden. Die konkreten Projektergebnisse lagen aufgrund der äußerst dürftigen Qualität des Volltextes am anderen Ende der Scala. Eine Verbesserungsquote von 10% scheint für diese Materialien derzeit realistisch zu sein.

Für die NER wurde zunächst die im Europeana Newspapers-Projekt entwickelte Software übernommen. Parallel dazu wurde ein regelbasierter Ansatz ausgearbeitet. Mit Hilfe von lokalen historischen Adressbüchern und Ortsnamenverzeichnissen auf Ebene der Mikrotoponomastik wurde ein Referenzkorpus erstellt, das mit dem kompletten Volltext von 1,5 Millionen Zeitungsseiten abgeglichen wurde. Doch wie können die umfangreichen Trefferlisten kontextualisiert werden, wenn nicht der Zeitungsartikel als semantische Einheit, sondern die Zeitungsseite als heterogenes Konglomerat vieler semantischer Entitäten die kleinste digitale Einheit bildet? Mit Hilfe von Visualisierungswerkzeugen wurde versucht, das Umfeld der jeweiligen „Named Entities" sichtbar zu machen, wobei semantische Nähe als Relation des Suchbegriffs zu zentralen Worten in einem Korridor von 3–5 Textzeilen ober- und unterhalb des Suchbegriffs definiert wurde. Der theoretische Ansatz scheint vielversprechend, allerdings

---

9 Der Ansatz wurde in der Poster Session der First Italian Conference on Computational Linguistics (CLiC-it) in Pisa (9.-11.12.2014) unter dem Titel „Correcting OCR errors for German in Fraktur font" von Michel Généreux, Egon W. Stemle, Lionel Nicholas und Verena Lyding vorgestellt.

müssen für die praktische Anwendung noch Darstellungsprobleme gelöst werden.

Um eine nutzerorientierte Gestaltung des Portals für historische Zeitungen zu gewährleisten, wurde vorab eine qualitative Erhebung von Nutzerbedarfen, d. h. der Rechercheziele und -interessen sowie der erwünschten Suchabläufe durchgeführt. Ziel war es, einen Einblick in die Anforderungen und Wünsche verschiedener Nutzergruppen zu erhalten und daraus eine Anforderungsspezifikation der Anwendung (gewünschte Funktionalitäten sowie dafür erforderliche Eingangsdaten und Systemfunktionen) abzuleiten.[10] Erfreulicherweise deckten die Ergebnisse sich weitgehend mit dem Projektansatz und den Aussagen aus der Fachliteratur: der Wunsch nach Volltext, der Einstieg über Personen- und Ortsnamen (75–90% in anderen Untersuchungen), der Wunsch gezielt, Artikel ansteuern und durchsuchen zu können. Eine personalisierbare Forschungsumgebung war ursprünglich im Projekt nicht vorgesehen, wurde nun aber aufgrund der Umfrageergebnisse in den nächsten Portal-Relaunch integriert.

Die Suche geht weiter

2016 ist das neue digitale Portal der Landesbibliothek Dr. Friedrich Teßmann unter dem Namen Tessmann digital online gegangen.[11] Ziel der Neugestaltung war der Einbau der in den beiden Projekten erarbeiteten Funktionalitäten. Hauptaugenmerk lag auf der Integration des OCR-erkannten Volltextes. So kommt nun als Volltextdatenbank Lucene/Solr zum Einsatz. Über Suchfilter (Facetten) können umfangreiche Suchergebnisse nach Kriterien eingeschränkt werden. Der Benutzer kann sich neben dem Image der Zeitungsseite den verknüpften Volltext anzeigen lassen. Sowohl in Bild als auch Text wird der Suchbegriff jeweils markiert. Sucheinstiege über Familien- und Ortsnamen sind nun möglich, eine Registrierung und Speichermöglichkeit von Suchanfragen und Ergebnislisten ist eingebaut.

Sicherlich sind jetzt mehr einschlägige Informationen auffindbar und die Suchergebnisse sind klarer zuzuordnen. Die Gewissheit, alle einschlägigen Informationen zu finden, wird die Bibliothek dem Benutzer jedoch nicht geben

---

10 Die Erhebung wurde anhand von leitfadenbasierten Interviews und durch teilnehmende Beobachtung („contextual inquiry") durchgeführt. Bei dieser qualitativen Erhebungsmethode wird die Testperson während eines authentischen Recherchevorgangs beobachtet. Dabei werden implizite (durch den Rechercheverlauf gewonnene) sowie ergänzende explizite Information (durch Kommentare des/r Benutzer/in) erfasst.

11 http://digital.tessmann.it/

können. Noch sind die geschilderten Ansätze ein Versuch, mit Hilfe automatisierter Verfahren semantische Strukturen in den Textsammlungen sichtbar zu machen. Auch andere Wege sind denkbar. So setzen manche Bibliotheken auf ihre Portalbenutzer. Sie laden sie unter dem Label Crowdsourcing dazu ein, Volltexte manuell zu verbessern. Auch hier sind Ausgang und Entwicklung noch offen.

Aus Sicht der Südtiroler Landesbibliothek haben die letzten fünf Jahre vor allem eines gezeigt. Alle diese Vorhaben sind von einer Bibliothek alleine nicht leicht zu realisieren. Der Austausch von bibliothekarischem Knowhow und Erfahrungen, der erfrischende Blick über den Tellerrand sind Antriebsfedern, um immer wieder neu zu versuchen, der Erwartungshaltung der Benutzer näher zu kommen und bessere Antworten in den digitalen Textsammlungen zu finden. Für die Landesbibliothek ist dabei neben dem großen europäischen Rahmen der Kontext der Europaregion Tirol von besonderer Bedeutung. Bereits 2010 ist diesbezüglich im Bibliothekswesen ein Kooperationsabkommen unterzeichnet worden. Fünf wissenschaftliche Bibliotheken zwischen Innsbruck, Bozen und Trient haben vereinbart, im Bereich Digitalisierung ihre Aktivitäten zu koordinieren. Übergeordnetes Ziel ist es, bibliothekarisches Knowhow und Erfahrungen auszutauschen: zur gegenseitigen Unterstützung, zur Weiterentwicklung des wissenschaftlichen Bibliothekswesens der Europaregion und zur Entwicklung von attraktiven bibliothekarischen Dienstleistungen für die Bürgerinnen und Bürger.

Saskia van Bergen
Building a repository for digitised heritage collections

Leiden University is the oldest university in the Netherlands. It was founded in 1575 by William Prince of Orange, according to tradition as a reward for the resisting the Spanish occupiers.[1] Because of its rich academic history, the heritage collection is large, old and very diverse.[2] Leiden university libraries (UBL) holds medieval and post medieval manuscripts, letters, printed books, maps and archives, but also has a long history of collecting contemporary art, both photographs, prints and drawings. Because of the colonial history of the Netherlands, the study of the orient has always been very important. In the course of centuries countless manuscripts, printed books and photographs have found their way to the library. And the Oriental Studies are still flourishing in Leiden: it's for example the only university in the Netherlands were you can study Chinese, Korean and Japanese languages. Since 2014 Leiden University Libraries holds and manages the colonial library collection of the Royal Tropical Institute (or KIT) in Amsterdam and all library collections of the Royal Netherlands Institute of Southeast Asian and Caribbean Studies (or KITLV) in Leiden. Since then, UBL houses the largest collection on Indonesia worldwide and some of the foremost collections on South and Southeast Asia, the Caribbean, China, Japan and Korea. Because of this international orientation, the library receives researchers and students from all over the world, either in Leiden, or in the offices in The Hague, Jakarta or Rabat.

When the university acquired the library collections of KIT and KITLV, we did not only become responsible for the books, but also for digitised heritage collections. All together we are currently maintaining about three million scans, brought together in one million digital objects. These digital collections were kept in various platforms, consisting of a combination of custom made and commercial solutions. To offer researchers the possibility to search and browse our collections from one central access point, the first thing we did was to migrate all the metadata to our library management system, which is Alma by ExLibris. But for presentation and research, users were still directed towards the

---

1 Christiane Berkvens-Stevelinck. Magna commoditas: geschiedenis van de Leidse universiteitsbibliotheek 1575–2000, p.240.
2 Leiden viert feest. Hoogtepunten uit een academische collectie. Onder redactie van Jef Schaeps en Jaap van der Ven. Leiden: Leiden University Press, 2014.

https://doi.org/10.1515/9783110501094-002

various platforms, each with their own design and functionality. For our internal processes, it's not very efficient and cost friendly either to maintain several platforms at a time. To improve this outdated and fragmented infrastructure we decided in 2014 to build a new repository infrastructure for our digital special collections.

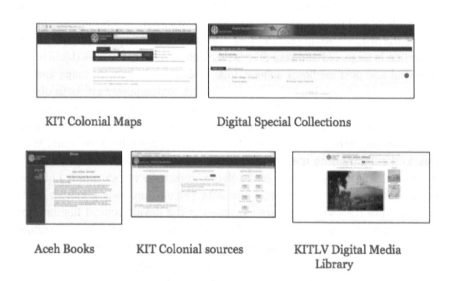

KIT Colonial Maps   Digital Special Collections

Aceh Books   KIT Colonial sources   KITLV Digital Media
                                                                        Library

Fig. 1: The infrastructure for the digital special collections of UBL.

We started this project with two main conditions: Because we want to be a trustworthy partner in education and research, the new repository infrastructure should be able to meet the guidelines that apply for Trusted Digital Repositories. At the same time, the university requires that complicated infrastructure projects are carried out under architecture. For these reasons, we started our preparations by setting up a Project Start Architecture (PSA). First step was to define how the new infrastructure fits within the policy of the library concerning access to and use and reuse of information. After this, we had to analyse the processes. The new repository infrastructure has to be able facilitate the intake, storage, management and access of a range of digital objects from different domains. And finally we had to determine which applications are needed for these processes.

Within the project, we identified four main activities, from defining a policy for our digital collections, through design of the infrastructure, to the development of processes for ingest and presentation. Hereafter I will shortly introduce these activities and subsequently elaborate them with two case studies. For each we will follow the full process from its start to eventual presentation:

- Involving the stakeholders
- Deciding how the digital collection fits within the policy of the library
- Analysing what is needed to make the collection available
- Making a roadmap for the collection

Defining clear policies for the digital special collections

Before getting a collection online, an important first question is who the intended audience for this digital collection is, and where it is to be found. This is not necessarily an in-house repository. Some collections might be better suited in a (inter-)national thematic portal (as well). This can best be illustrated with Delpher, a national portal that provides full-text access to Dutch historical books, journals and newspapers.[3] The portal was developed by a consortium of Dutch academic libraries and the National Library of the Netherlands (KB), and currently contains over 60 million pages. When Dutch text collections are digitised, the best place to make these accessible is Delpher and including them into our own repository adds little value. But you can imagine that another decision will be made when the same text collection deals with our colonial history in Indonesia. Because this collection forms part of our own Indonesian digital library, we definitely want to include it in our repository as well.

Redesigning our repository infrastructure

When we decided to build a new repository infrastructure, we focused on the digital special collections in the first place. For our publications and research data, we currently use a DSpace environment. Eventually, our goal is to include all of these data in one system. This means that, besides being a trusted digital repository, the system had to be open, flexible, and scalable and be able to handle a variety of content. The possibilities for sharing and data aggregation formed an important aspect in the decision-process. National and European

---

3 https://www.delpher.nl/

funding agencies of digital heritage projects increasingly require that our data can be reused in various applications, such as those created for education, research or tourism. At the same time, the library had to deal with only limited capacity for in house software developments. Considering our needs and limitations, the open-source software framework Islandora seemed to be the best fit.[4] It contains facilities for ingest, preservation, access and presentation of digital collections, a content management system, and a powerful search engine. Because of the size and complexity of the collections in Leiden, we asked service provider Discovery Garden to help us with the implementing process.[5]

Designing workflows for the intake and presentation of digital collections

One of the ambitions of our library is to acquire knowledge and take measures to promote the sustainable storage of data, resulting in a Data Seal of Approval certification.[6] This means that our workflows for the intake and presentation and dissemination of our digital collections need to be compliant to the Open Archival Information System (OAIS).[7] Our digital special collections are growing rapidly, so these new workflows also had to be both scalable and efficient, to avoid backlogs. To do so, we set up an administrative system in which each step in the process is defined. First important step is to connect each collection to a collection manager, normally a curator or faculty liaison librarians. He or she can provide the information needed before the ingest and preservation phases of a digital collection, like the number of datastreams, the amount of storage, use of identifiers and other standards, file names and hierarchical structures. Ideally, the collection manager is involved from the beginning of the project on, even before digitisation, but in the process of a migration, this is not always possible. Sometimes it is necessary to add extra functionality to a repository to provide the required means of access, like overlays with Google maps for georeferenced maps. Then, together with technical librarians and metadata specialist a plan can be set up: which files are used for the ingest process, what to

---

4 https://islandora.ca/about (last viewed 21–05–17)

5 http://www.discoverygarden.ca/

6 https://www.datasealofapproval.org/en/

7 The consultative committee for space data systems, 'Reference model for an open archival information system (OAIS)'. Recommendation for Space Data System Practices. Recommended Practice, Issue 2, Washington, DC June 2012. https://public.ccsds.org/pubs/650x0m2.pdf

do with duplicates, who is responsible for testing, and who is going to clear up ambiguities and mistakes.

Developing workflows for the access and use of digital collections that are subject to copyright regulations

This content manager is also the person to provide information about the copyright status of a collection. For a long time, Dutch heritage organisations paid little attention to copyright restrictions. This was based on the idea that we are non-commercial organisations, and work for the benefit of research and education. But in recent years, there have been several lawsuits against libraries, museums and archives in the Netherlands.[8] Problematic is that not all digital asset management systems allow you to make the availability of digital heritage collections dependent on copyright regulations. The Islandora infrastructure makes use of the eXtensible Access Control Markup Language (XACML) standard, which provides a syntax (defined in XML) for managing access to resources.[9] But also in this case, technique has to follow policy and not the other way around. It had to be clear to our selves what users can and cannot do with the data. Are they allowed to download, share, re-use, or alter parts of the digital objects? We decided to make use of the licenses provided by Creative Commons, supplemented by the rights statements provided by Europeana for the use of digital heritage.[10] Next step was to gather information on the copyright statuses of each collection, and the expected risk level. A big problem was that the metadata were not always of sufficient quality to determine if an object was free of copyright, for example because the living years of a photographer were not recorded. Last year we worked very hard to improve our metadata, starting with modern photography, the collection with which we are most at risk.

---

8 A recent case was held by the Stichting archief Kors van Bennekom against the Internationaal Instituut voor Sociale Geschiedenis (IISG) in 2015. See for more information https://www.kl.nl/nieuws/rechtbank-wijst-schadeclaim-online-beschikbaar-stellen-archieffotos-af/
9 For XACML as part of OAIS see: https://www.oasis-open.org/committees/download.php/2713/Brief_Introduction_to_XACML.html. (17–05–2017).
10 http://pro.europeana.eu/page/rights-statements-an-introduction

Case study: La Galigo

La Galigo is an epic creation myth of the Bugis from South Sulawesi, written down in manuscript form between the 18th and 20th century.[11] The largest coherent La Galigo fragment in the world consists of twelve volumes. This manuscript is part of the Indonesian collection of UBL. In 2011 it was included in UNESCO's Memory of the World Register.[12] The La Galigo manuscript is not just important for the academic community, but also for the general public. In 2015 our colleagues in KITLV Jakarta found a sponsor for the digitization. One of the requirements of this funding agency was that the collection would be made available open access, without any limitations. So the workflow has to provide for the download of individual scans, the full-text, and a PDF of all separate volumes. Another requirement was that the digitised manuscript had to be made available together with contextual information on a separate website, with its own design and URL, and with introductory texts in several languages.

Fig. 2: La Galigo (Leiden, UB, NBG Boeg 188)

---

11 Andi Zainal Abidin and C. C. Macknight (1974). „The I La Galigo Epic Cycle of South Celebes and Its Diffusion". Indonesia. 17 (April): 161–169. doi:10.2307/3350778.
12 It is kept as Leiden, UB, NBG Boeg 188. See. http://www.unesco.org/new/en/communication-and-information/memory-of-the-world/register/full-list-of-registered-heritage/registered-heritage-page-5/la-galigo/

Because the manuscript had to be made available as soon as possible after digitisation, it was the first object on digitalcollections.universiteitleiden.nl/lagaligo. Since 2017, people can leaf through the manuscript, and download the scans. But iconic works like La Galigo are ideal for digital enrichment and exchange as well. In 2016 the library decided to join the International Image Interoperability Framework (IIIF) consortium.[13] After implementing the IIIF viewer and manifest, we will be even better equipped to offer customized services, like the possibility to annotate and translate the individual poems.

Case study: Dutch Caribbean Collection

The collections of KIT and KITLV acquired by UBL in 2014 contain items from Dutch colonial territories, including those in the Caribbean. To stimulate education and research both in the Netherlands and on the islands the Governments of both the Netherlands and Curaçao in 2015 funded the digitisation of the Dutch Caribbean Collections until 1954, the year the islands became part of the kingdom of the Netherlands. The digital collection consists of books, multi volume works, journals, photographs, archival materials and maps. About 15% was already digitally available as part of the KIT and KITLV digital libraries, the rest was scanned during the project. Digitisation was completed mid 2016. All together the collection consists of ca. 475 000 scans and ALTO xml files, for OCRed texts. Because the digital collection is heterogeneous, there are several curators involved, each responsible for a part of the collection. At the moment, it is made available in the newly built Dutch Caribbean Digital Platform (DCDP) repository of Curaçao university library.[14] Because the university of Curaçao is a partner in the consortium of Digital Libraries of the whole of the Caribbean, the content will also be presented in the umbrella platform Digital Library of the Caribbean (or dLOC). Now let's look also at this collection from the perspective of the PSA elements policy, process and functionality as well.

The presence in the DCDP and DLoc portals was an important first step for this digital collection, because this is where we would find a large potential of users. The digital collection was too large for our former infrastructure and for this reason our library originally only planned to provide links from our library catalogue to DCDP. But after deciding for Islandora as new repository system, the business case changed. Suddenly we were able to ingest and present the

---

13 http://iiif.io/
14 http://dcdp.uoc.cw/

collection. Because of the relationships with other aspects of the digital collection, this offered benefits for our library as well. In the first place, it would avoid a new fragmented availability of the collection as a whole. At the same time, this resulted in a complex collection structure. The maps, archives, books and images together form the Caribbean Digital Library, but the books are also going to be part of the book portal, the maps of the map portal etcetera. And at the same time we also want to keep KIT and KITLV as individual digital collections as well.

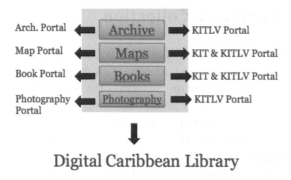

Digital Caribbean Library

Fig. 3: Collection structure Caribbean Collection.

Because the project was funded by the Dutch Government, we also had to take their requirements into account. They wanted the data made available in Europeana, through The European Library (TEL) and the Dutch equivalent Digitale Collectie Nederland (DCN). Because we scanned all materials up until 1954, there were also copyright issues that we had to take into account. We agreed that Curaçao university library is responsible for the clearing of rights. Until this is finished, all materials that are not copyright free, will only be available within the building of the library, both in Leiden and on Curaçao.

The digitization of the Dutch Caribbean collection is not an end in itself but a means to strengthen the links between the universities of Leiden and Curaçao. Together with researchers we looked at the various ways in which the data can be delivered, encouraging their use and re-use. In December 2016 we organised a shared conference in both places, for which we invited researchers from all over the world. In March 2017 a crowdsourcing project was started for the 1100 digitised maps of the Caribbean. A special application was developed to help the participants connect the digitalized historical maps, through the process of georeferencing, to a modern topographical map in Google Maps. The georeferenced map will then be shown as an overlay in Google maps. With help of our volunteers, after just three weeks all our Caribbean maps were finished.

Conclusion

In 2017 and 2018 we will have to spend a lot of time on ingesting the ca. 3 million scans into the repository, with matching functionality. But, as we have seen, building a new repository for digitised heritage collections is very complex process in which many different aspects come together. In the end, the results of the project will be multiple:

- An extendable infrastructure, that makes us better equipped to integrate new developments into our systems, like the integration of IIIF in Islandora;
- Better alignment between the front- and back-office activities in the library;
- An open organisation, collaborating with both local and (inter-) national partners in the heritage field

At UBL the design of a new repository has functioned as an instrument for change. Because of the integral approach of the project, concentrating not also on the technical infrastructure and on the policies, but also on all the associated workflows, all employees got a shared idea of the goals. As a result, front- and back-office departments are cooperating efficiently. Even more importantly, we also achieved a greater sense of involvement, as everyone became more aware of his or her role and responsibility in the whole process, from the curators' decisions on the digital collections we want to acquire, through management deciding about costs and investments and system librarians ingesting the collection into our repository system.

Bruno Blüggel, Evelyn Pätzold und Ivo Asmus

Vitae Pomeranorum online – Konzept zur bibliothekarischen Annotation und digitalen Präsentation von Pommerschen Personalschriften

Einleitung: Die Sammlung „Vitae Pomeranorum" – eine Übersicht

Zu den in jüngerer Zeit immer intensiver beachteten Beständen der Universitäts-bibliothek Greifswald zählen ohne Zweifel die so genannten „Vitae Pomerano-rum«, die „Lebensläufe von Pommern".[1] Es handelt sich dabei um eine umfang-reiche Sammlung von Gelegenheitsschriften – in der Hauptsache Drucke, aber eben auch etliche Handschriften –, die ein reichhaltiges Material über pommer-sche Personen des 16. bis 18. Jahrhunderts sowie über in diesem Zeitraum in Pommern wirksame Personen enthält. Diese thematische Geschlossenheit stellt etwas Besonderes dar, denn historisch gewachsene Bibliotheken haben unter-schiedlichste Gelegenheitsschriften in der Regel auf die verschiedenen Sachge-biete verteilt in ihrem Bestand.[2] Die unterschiedlichen Gelegenheiten, zu denen die Schriften entstanden, reichen von Taufen über Hochzeiten, Beisetzungen bis hin zu Verleihungen von akademischen Graden und Besuchen hochgestell-ter Persönlichkeiten. Diese Gelegenheiten fanden ihren Niederschlag in Hoch-zeitsgedichten, Einladungen zu Doktorpromotionen, Leichenprogrammen, Glückwunsch-, Begrüßungs-, Abschieds-, Trauer- und sonstigen Ehrengedich-ten bis hin zu Leichenpredigten – die einen Großteil des Materials ausmachen –, Todesanzeigen, Lebensbeschreibungen, kürzeren Personalien und Stammta-feln.

Heute umfasst die Sammlung nach den auslagerungsbedingten Kriegs- und Nachkriegsverlusten von fast einem Viertel der seinerzeit vorhandenen Folio-

---

1 Grundlegend die Einleitung in: Edmund Lange: Die Greifswalder Sammlung Vitae Pomera-norum. Alphabetisch nach Geschlechtern verzeichnet (Baltische Studien, Erg.-Bd. 1). Greifs-wald: Abel, 1898, S. I–X.
2 Christine Petrick: Die Vitae Pomeranorum – eine Kostbarkeit der Greifswalder Universitäts-bibliothek, in: Zentralblatt für Bibliothekswesen 104 (1990), S. 322.

https://doi.org/10.1515/9783110501094-003

und Quartbände noch 8843 gedruckte Titel.[3] Davon sind 171 Titel aus dem 16. Jahrhundert, 5531 aus dem 17. Jahrhundert, 2986 aus dem 18. Jahrhundert, 90 aus dem 19. Jahrhundert und 65 ohne Erscheinungsjahr. In deutscher Sprache sind 4456 Titel, in lateinischer 4145, in französischer neun, in schwedischer 228 und fünf in anderen Sprachen. Aus pommerschen Druckorten stammen 6788 Titel. Die größte Gruppe der Personalschriften besteht aus 1253 Leichenpredigten.

Die Sammlung hat ihren Ursprung im Wesentlichen in zwei Provenienzen: Der erste Teil bestand aus 44 Foliobänden mit Gelegenheitsschriften aus dem Besitz des Vizepräsidenten des Wismarer Tribunals, Augustin v. Balthasar (1701–1786), die mit Teilen der Bibliothek des Tribunals und späterem Oberappellationsgerichts im Oktober 1879 an die UB Greifswald kamen. Der andere Teil bestand aus einer gleichartigen Sammlung, die der Greifswalder Professorenbibliothekar Johann Carl Dähnert (1719–1785) begonnen hatte. Beide Teile sind bei der Neukatalogisierung 1885 vereinigt worden und umfassten damals 119 Bände; in den Jahren bis zur Erarbeitung des 1898 erschienenen Erschließungswerkes „Die Greifswalder Sammlung Vitae Pomeranorum" durch den in Greifswald tätigen Bibliothekar Edmund Lange wuchs der Bestand auf insgesamt 167 Bände an. Zu Beginn der 1940er Jahre, als die wertvollen Bestände in Gutshäusern in der näheren Umgebung Greifswalds ausgelagert wurden, waren es insgesamt 172 Bände. Davon konnten nach dem Zweiten Weltkrieg 76,4% geborgen werden, die restlichen 23,6% müssen als Verlust gelten.

Zu Beginn der 1980er Jahre wurden die teilweise beschädigten gebundenen Bände aufgelöst und restauratorisch bearbeitet. Die einzelnen Schriften sind dann separat nach Adressat in Pappdeckel gebunden und in Kassetten gelegt worden. Die 141 erhaltenen Bände verteilen sich nun auf 278 Kassetten, welche eine den alten Bänden entsprechende Nummerierung erhalten haben. Dabei haben die Stücke eine Stücksignatur erhalten, die in den Kapseln der ehemaligen Bände 2–7 eine durchlaufende Stücknummer bekamen (VP 2/1 bis VP 7/ 397). Ab dem nächsten erhaltenen Band (VP 10) haben die Stücke pro Bandnummer eine römische Zählung (VP 10/I bis VP 10/LXXXIV – offenbar ehemals auf zwei buchbinderische Einheiten aufgeteilt gewesen –, dann VP 11/I bis VP 11/XXXI, VP 12/I bis VP 12/XXXVIII usw.). Hier ist zu beachten, dass die Stücke oft aus einem selbstständigen Druck bestehen, häufig aber auch mehrere Drucke über bzw. an eine Person zu einem Stück vereinigt wurden.

---

3 Christine Petrick: Greifswald I. Universitätsbibliothek, in: Handbuch der Historischen Buchbestände, hg. von Bernhard Fabian, Bd. 16: Mecklenburg-Vorpommern. Brandenburg, hg. von Friedhilde Krause, bearb. von Gerhard Heitz (M-V) u. Ina-Maria Treuter (Brdbg). Hildesheim/ Zürich/New York: Olms-Weidmann, 1996, S. 55–94, hier S. 87, Abschnitt 2.177 Vitae Pomeranorum. Die Auszählung erfolgte durch Autopsie, wobei die Handschriften außer Acht blieben und hier nicht mitgezählt worden sind.

Zur Schonung des Originals vor zu intensiver Nutzung sind die Vitae Pomeranorum in den 1990er Jahren verfilmt worden, so dass interessierte Benutzer nur noch die Mikrofilme zur Verfügung gestellt bekamen. Nach wie vor – also seit 1898 – ist eine Erschließung nur nach den Adressaten möglich gewesen, die seinerzeit durch die grundlegende Publikation Edmund Langes erfolgt war. Thematische Untersuchungen sind vereinzelt durchgeführt worden, haben aber einen großen Zeitaufwand gefordert, wie etwa die Arbeit zu Musikalien von Peter Tenhaef.[4]

Seit zwei Jahren werden nun die mittlerweile digitalisierten Vitae der Reihe nach stückweise katalogisiert und danach online gestellt. Damit eröffnen sich zahlreiche neue Zugangsmöglichkeiten, dieses in verschiedenster Hinsicht reiche Material zu erschließen. Darüber hinaus können so virtuell weitere im historischen Bestand erhaltenen Gelegenheitsdrucke, die eigentlich den Vitae hinzuzurechnen wären, diesen Korpus ergänzen.

Die Digitalisierung der „Vitae Pomeranorum"

Schon Edmund Lange hat im Vorwort zu seinem bis heute wichtigen, weil wie erwähnt einzigem Erschließungswerk auf die Schwierigkeiten und auf die extrem zeitaufwendige Kartierungsarbeit hingewiesen.[5]

Er arbeitete im Bewusstsein, dass er im Hinblick auf den gesetzten Publikationstermin seine Aufgabe „nur" so gut als möglich erledigte. Wenn er sich dieser Herausforderung der systematischen Erfassung der Sammlung nicht gestellt hätte, wäre es fraglich gewesen, ob zeitnah bzw. überhaupt der Anfang für die Erforschung der Vitae hätte realisiert werden können.

Auch mit den Erschließungs- und Digitalisierungstechniken des 21. Jahrhunderts stehen wir in Anbetracht der gegebenen technischen, finanziellen und personellen Rahmenbedingungen vor ähnlichen Problemstellungen wie Lange.

Doch im Gegensatz zu Lange liefern wir kein abgeschlossenes Manuskript. Das moderne Konzept der digitalen Bibliothek ermöglicht eine stufenweise Entwicklung der Zugänglichmachung und Präsentation der Inhalte, da vor allem die sich dynamisch entwickelnden technischen Möglichkeiten und die Veränderungen der Nutzerwartungen immer nur Zwischenlösungen hinsichtlich der Erschließungsstandards und der Präsentation zulassen.

---

4 Peter Tenhaef: Gelegenheitsmusik in den „Vitae Pomeranorum" Historische Grundlagen, ausgewählte Werke, Kommentar und Katalog. Frankfurt am Main [u.a.]: Lang, 2000.
5 Lange 1898, S. I–II.

Das Erschließungsprojekt wird durch die Finanzierung der Agnes-Loh-mann-Stiftung ermöglicht. Die Digitalisierung erfolgt in der Universitätsbibliothek Greifswald, die Katalogisierung wird von der Herzog-August-Bibliothek, dem Kompetenzzentrum für Alte Drucke in Wolfenbüttel als Kooperationspartner durchgeführt. Der Bestand wird sowohl im Gemeinsamen Verbundkatalog (GBV) als auch in den nationalbibliografischen Verzeichnissen VD 16, VD 17 und VD 18 und Musik-Drucke im Internationalen Quellenlexikon der Musik (RISM) nachgewiesen.

Mit den Mitteln der Formalkatalogisierung wird i. A. die äußere Form eines Druckes beschrieben. Neben dem Titel eines Drucks werden Informationen zu dem Kollationsvermerk (Umfang, paginierte/unpaginierte Seiten und druckgrafische Ausgestaltung z. B. Porträts, genealogische Tafeln, Noten etc.) gegeben und Angaben zum Verlags- und Druckwesen (Erscheinungs- bzw. Druckort, Erscheinungsjahr etc.) gemacht. Erwähnung finden neben dem geistigen Schöpfer (Verfasser, Komponist) die mit der Schrift in Verbindung stehenden Personen, wie Verleger Drucker, Kupferstecher, Illustratoren u. a.

Die Beschreibung alter Drucke zeichnet sich durch die vorlagengetreue Übertragung der Angaben des Titelblatts, dem Erstellen eines Fingerprints, dem Erfassen von bibliografischen Nachweisen und der sachlichen Erschließung mittels Gattungsbegriffen (z. B. Leichenpredigt, Gelegenheitsschrift: Hochzeit etc.) aus. Darüber hinaus werden Personen erfasst, welche unter inhaltlichen Aspekten von Bedeutung sind, wie die gefeierte/geehrte Person, Beiträger von weiteren im Druck vorhandenen Textteilen (Standreden, Trauergedichte und -liedern, Verfasser eines Vorworts etc.) oder in Textteilen erwähnte Personen, z. B. Widmungsempfänger. Über die differenzierten Funktionsbezeichnungen wird die Relation der jeweiligen Personen zu der bibliografischen Ressource verdeutlicht.

Für die Sacherschließung wird die Liste der Gattungsbegriffe der Arbeitsgemeinschaft Alte Drucke herangezogen. Die Vitae Pomeranorum stellt ein Verzeichnis von Leichenpredigten und personengeschichtlichen Gelegenheitsschriften dar, welche mit dem normierten Vokabular der Schlagwortliste je nach Anlass (Geburt, Hochzeit, Tod, Leichenpredigt usw.) indexiert wird.

Einen systematischen alphabetischen Sammlungseinstieg der landeskundlichen Regionalschriften nach dem Nachnamen (Geburts- und ggf. mehrerer Ehenamen) resp. Namen des jeweiligen Adelsgeschlechts erlaubt die Notation (NZ), wobei die Systematikstelle auf der Grundlage der Regensburger Verbundklassifikation (RVK) in Kombination mit einem Personenlexikon gebildet wird.

Titel:	Programma Qvo Rector Universitatis Gryphiswaldensis Jac. Henr. Balthasar, S. Theol. D. Et Prof. Ordin. Consist. Regii Assessor Et Ad Ædem S. Jacobi Pastor, Hoc Anno Comes Palat. Cæsar. Et Fac. Theol. Decanus. Funus Viri ... Domini M. Johannis Brunstii, Pastoris Qvondam Ecclesiæ Poseritzensis Fidelissimi Vicinæqve Synodi Præpositi Meritissimi, Anno MDCCXLIV. Die XXIV. Maji Pie defuncti Et Die VII. Julii E.A. In Templo Poseritzensi Honorificus Exseqviis Tumulandi Indicit Ejusqve Memoriam Posteris Commendat
Person/en:	Balthasar, Jakob Heinrich von, 1690-1763 [VerfasserIn]
	Brunst, Johann, 1662-1744 [GefeierteR] ; Struck, Hieronymn Johann, -1771 [DruckerIn]
sonstige Körperschaft/en:	Ernst-Moritz-Arndt-Universität Greifswald
Sprache/n:	Latein
Veröffentlichungsangabe:	Gryphiswaldiæ : Typis Hieronymi Johannis Struckii Reg. Acad. Typogr., [1744]
Druckort:	Greifswald
Umfang:	XII Seiten ; 2°
Fingerprint:	|fei| uiue s&bi t,ca erum C 1744Q // nach Exemplar von UB Greifswald
Bibliogr. Zitate:	VD18 90564049
Werktitel:	Programma quo Rector Universitatis Gryphiswaldensis Jac. Henr. Balthasar funus M. Johannis Brunstii memoriam posteris commendat
Anmerkung:	Am Textende: "P.P. Gryphiswaldiæ Sub Sigillo Academiæ Anno MDCCXLIV. Die V. Julii."
	Programma Academicum für Johann Brunst
	Die Rückseite des Titelblattes ist unbedruckt
Bibliogr. Zusammenhang:	Elektronische Reproduktion: Balthasar, Jakob Heinrich von, 1690-1763. Programma Qvo Rector Universitatis Gryphiswaldensis Jac. Henr. Balthasar, S. Theol. D. Et Prof. Ordin. Consist. Regii Assessor Et Ad Ædem S. Jacobi Pastor, Hoc Anno Comes Palat. Cæsar. Et Fac. Theol. Decanus. Funus Viri ... Domini M. Johannis Brunstii, Pastoris Qvondam Ecclesiæ Poseritzensis Fidelissimi Vicinæqve Synodi Præpositi Meritissimi, Anno MDCCXLIV. Die XXIV. Maji Pie defuncti Et Die VII. Julii E.A. In Templo Poseritzensi Honorificus Exseqviis Tumulandi Indicit Ejusqve Memoriam Posteris Commendat. - Greifswald : Universitätsbibliothek, [2017]. - 1 Online-Ressource (XII Seiten)
Gattung/Fach:	*Gelegenheitsschrift:Tod ; Hochschulschrift
Sachgebiete:	NZ 47174
	ᵉˣᵒᵈ Dieses Buch kann als eBook bestellt werden.
Standort:	Alte Universitätsbibliothek Magazin · Bücher aus dem Magazin müssen bestellt werden.
Signatur:	**544/VP 4-255**
Ausleihstatus:	Lesesaalbenutzung
	verfuegbar ➔ Bestellen

Abb. 1: Die Abbildung illustriert beispielhaft den Qualitätsstandard der Katalogisate.

Neben den bibliografischen Metadaten der Formal- und Sacherschließung stellen die Normdatensätze der Gemeinsamen Normdatei (GND) einen wertvollen Baustein bei der Erschließung der Personalschriften dar.

Die Verwendung von Normdatensätzen dient u. a. der Disambiguierung von Personen und stellt eine wichtige Unterstützung beim Browsen und der Recherche im OPAC und der digitalen Bibliothek dar. Der Personennormdatensatz enthält Informationen über Merkmale (Attribute) einer Person (Geschlecht, Religion, Beruf, Lebensstationen, weitere Namensformen etc.) und ist über Hyperlinks mit Datensätzen anderer Personen (Relationen) verknüpft.

Die Normdaten sind Bestandteil der Digitalisierungsmetadaten und dienen auch im digitalen Raum als Quelle, um sich weitergehend über eine Person zu informieren.

Abb. 2: Darstellung eines Normdateneintrages in Der Digitalen Bibliothek Mecklenburg-Vorpommern.
http://www.digitale-bibliothek-mv.de/viewer/metadata/PPN863617077/1/LOG_0000/

Dem logischen Aufbau von Personalschriften, insbesondere Funeralschriften, kann mit den in der Digitalisierungs-Workflowsoftware Goobi zur Verfügung stehenden Strukturelementen (Titelblatt, Widmung, Gedicht usw.) Rechnung getragen werden. Die Strukturierung generiert quasi ein Inhaltsverzeichnis einer Schrift; die Strukturelemente stellen Einsprungpunkte in das Dokument dar, über die der Leser sich einen Überblick über die Schrift verschaffen und komfortabel auf einzelne Textteile zugreifen kann. Eine vertiefte Erschließung einer Schrift erlaubt das Annotieren eines Strukturelements mit Personen. So kann in einer Gedichtsammlung jedes Gedicht mit seinem Autor ausgezeichnet und bei einer Recherche gezielt ermittelt werden.

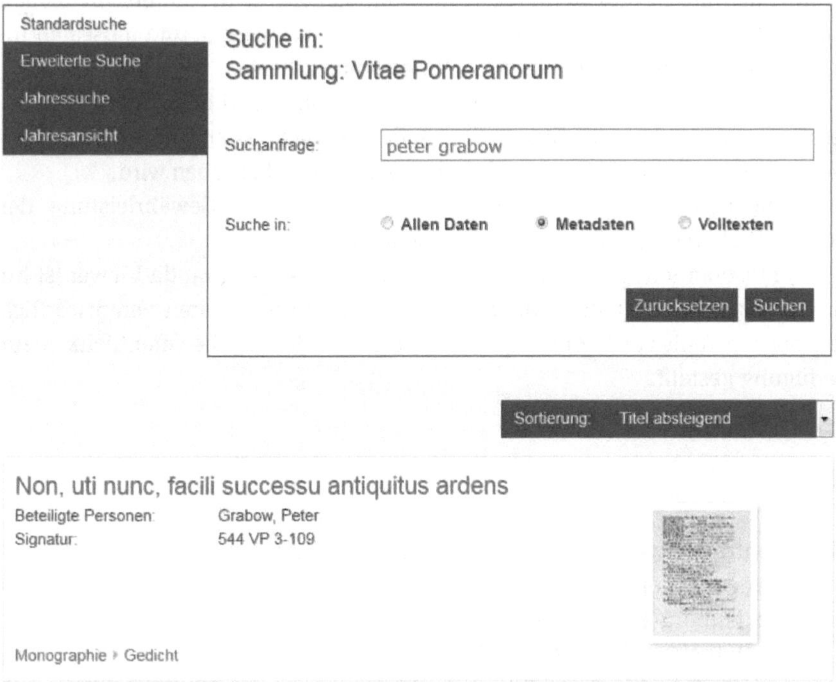

Standardsuche	Suche in:
Erweiterte Suche	Sammlung: Vitae Pomeranorum
Jahressuche	
Jahresansicht	

Suchanfrage: peter grabow

Suche in: ○ Allen Daten   ● Metadaten   ○ Volltexten

Zurücksetzen | Suchen

Sortierung: Titel absteigend   ▾

Non, uti nunc, facili successu antiquitus ardens

Beteiligte Personen: Grabow, Peter
Signatur: 544 VP 3-109

Monographie ▸ Gedicht

Abb. 3: Ermöglichung einer gezielten Recherche im Viewer http://www.digitale-bibliothek-mv.
de/viewer/search/DC:bibliotheken.100universitaetsbibliothek.200vitaepomeranorum;;/DE-
FAULT%3A%28peter+AND+grabow%29/1/DATECREATED/-/

Exkurs: Das Konzept der Digitalen Bibliothek Mecklenburg-Vorpommern

Die Digitale Bibliothek Mecklenburg-Vorpommern ist die gemeinsame zentrale Präsentationsplattform für digitalisierte Kulturgüter aus Bibliotheken, Archiven und Museen des Landes. Sie dient der Erhöhung der Nutzerfreundlichkeit, der Herstellung einer Ressourceneffizienz für alle Beteiligten und der Erzeugung von Synergieeffekten und Innovationen durch breite Kooperation über die Sparten hinweg.

Im technischen Sinne stellt die Digitale Bibliothek ein komplexes Gebilde dar, das funktional aus vier Hauptbereichen besteht:

a) Dateningest: ein Komplex von Schnittstellen für die unterschiedlichen Standarddatenformate der bibliothekarischen, archivalischen und musealen Informationssysteme, die dem Import von Metadaten dienen.

b) Organisation: ein gleichartiges und erprobtes Workflowsystem zur Prozesssteuerung und -verarbeitung (goobi), dass an den beiden Universitätsbibliotheken des Landes in Rostock und Greifswald parallel betrieben wird.

c) Sicherung: leistungsfähige Speichersysteme zur Gewährleistung der Hochverfügbarkeit der Daten und der Nachhaltigkeit.

d) Präsentation: der an der UB Greifswald gehostete Intranda-Viewer ist für die einheitliche Darstellung aller digitalen Objekte und Daten verantwortlich und diverse Tools zur Benutzung dieser Daten werden für die Öffentlichkeit zur Verfügung gestellt.

Wer macht mit?

Die dezentrale Organisation sowie das spartenübergreifende und auf Kooperation bauende Konzept ist ein besonderes Kennzeichen der Digitalen Bibliothek Mecklenburg-Vorpommern.

9 Bibliotheken: Landesbibliothek Schwerin, Universitätsbibliotheken Rostock und Greifswald, Stadtbibliothek Güstrow, mehrere Kirchenbibliotheken und eine Spezialbibliothek.

11 Archive: das Landeshauptarchiv mit den Standorten Schwerin und Greifswald, das Archiv der Nordkirche mit den Standorten Schwerin und Greifswald, die Stadtarchive Rostock, Schwerin, Stralsund, Wismar, die Universitätsarchive in Greifswald und Rostock und das Pfarrarchiv Grimmen.

4 Museen und Sammlungen: das Pommersche Landesmuseum, das Kulturhistorische Museum Rostock, die Historische Kartensammlung und die akademische Kunstsammlung der Universität Greifswald.

Zusammen bieten die Kooperationspartner derzeit ca. 33 000 digitale Objekte mit ca. 3,3 Mio. Images an, wobei 90 % von den Bibliotheken, 7 % von den Archiven und 3 % von den Museen bereitgestellt werden.

Vernetzung, Synergieeffekte und Innovation: Die Digitale Bibliothek M-V steht in einer interoperablen Verbindung zu den Basisangeboten der Bibliotheken und Archive des Landes. Sie ist also über die zentralen Online-Kataloge und über das regionale Archivportal erreichbar und umgekehrt genauso. Die Verbindung der Angebote auf einer Plattform schafft darüber hinaus eine zuvor nicht gekannte Vernetzung von Inhalten, die hier auch noch vertieft werden kann. Hinzu kommt, dass Kultureinrichtungen hier an den technologischen

Fortschritten partizipieren können, die die Universitäten im Rahmen von Forschungsprojekten erzielen.

Die „Vitae Pomeranorum" in der Digitalen Bibliothek Mecklenburg-Vorpommern

Wegen ihrer großen Bedeutung werden die Drucke der Vitae Pomeranorum als eigenständige Sammlung in der Digitalen Bibliothek präsentiert. Die Nutzer können auf eine alphabetische Sortierung nach den Familiennamen zugreifen. Über die erweiterte Suchfunktion kann die Sammlung gezielt nach dem Druck- bzw. Verlagsort, dem Erscheinungsjahr und dem Titel und auch dem Beziehungskennzeichen „Geehrte Person" gesucht werden.

Da die in den Vitae geehrten Persönlichkeiten bedeutende Funktionen in der Verwaltung und Gesellschaft ihrer Region innehatten, wird den Vernetzungsmöglichkeiten innerhalb der Digitalen Bibliothek Mecklenburg-Vorpommern eine große Bedeutung zukommen. Insbesondere zu den Akten der Archive werden zukünftig immer wieder Querverbindungen in die Metadaten übernommen werden können.

Der bibliothekarischen Annotation und der Visualisierung der Informationen in der Digitalen Bibliothek sind Grenzen gesetzt. Eine vertiefte sachliche inhaltliche Beschreibung kann allein mit bibliothekarischen Sach- und Personalmitteln nicht geleistet werden. Wir können schon aus personellen Gründen nicht alle Verbindungen zu im Text genannten Personen oder maßgeblichen Lebensstationen aus einer Schrift heraus ermitteln und abbilden.

Eine granulare Aufbereitung historischer Lebensläufe aus Thüringer Leichenpredigten wird in dem digitalen Editionsprojekt Autothür, eine Entwicklung der Forschungsstelle für Personalschriften, nachahmenswert realisiert.[6]

Neben dem Bereitstellen transkribierter Texte bieten drei Visualisierungskomponenten für die vielfältigen Informationsinhalte interaktive Zugänge für den jeweiligen Text an. Die Darstellung eines Personennetzwerkes sowie die Illustration von Lebensstationen mittels einer Zeitleiste und einer interaktiven Karte ermöglicht den Nutzern ein komfortables Arbeiten mit dem vorliegenden Quellenmaterial.

Mit diesem beispielhaften Erfassungs- und Erschließungsansatz kann ein Projekt nicht konkurrieren, das darauf angelegt ist, in einem überschaubaren

---

6 http://www.personalschriften.de/leichenpredigten/digitale-editionen/autothuer.html.

Zeitraum mit begrenzten Mittel eine möglichst hohe Anzahl von Quellen erstmalig digital zu erschließen. Aber der Weg zu einer späteren Anreichung mit weiteren Metadaten soll geöffnet bleiben. Eine gewisse zukünftige Annäherung an den Standard von Online-Editionen wird voraussichtlich über technische Innovationen, wie die Verbesserung der optischen Zeichenerkennung (OCR) und dem Einsatz computerlinguistischer Verfahren, z. B. der automatischen Identifikation von Eigennamen für Personen, Organisationen, Geographika und Sachthemen (Stichwort: Named Entity Recogniton = NER) erreicht werden.

Ein Weg, um eine Verbesserung der inhaltlichen Aufbereitung zu erreichen ist die Erschließung durch unsere Nutzer. Unter dem Stichwort Crowdsourcing beteiligen sich interessierte Einzelpersonen oder Mitglieder von z. B. heimatkundlichen Vereinen an der Informationsanreicherung der digitalen Objekte. Über einen personalisierten Zugang können registrierte Nutzer Texte transkribieren sowie Objekte mit Kommentaren und Hinweisen versehen.

Abb. 4: Beispiel Crowdsourcing / Transkribieren eines Textes.

Durch die Mitmach-Angebote wird ein Mehrwert geschaffen, den wir aufgrund des hohen zeitlichen Arbeitsaufwandes nicht gewährleisten können.

Die Citizen-Science-Bewegung und deren Förderung durch Drittmittel stellt eine erfolgversprechende Strategie dar, um die Differenz zwischen dem „Machbaren" und dem „Wünschenswerten bzw. Gewünschten" auszugleichen.

Angesichts der Komplexität des Materials führt dieses Projekt durch die Möglichkeiten, die eine exakte Katalogisierung sowie eine Anreicherung mit

Metadaten bieten, zu einem nicht unerheblichen Mehrwert für die Benutzbarkeit der Sammlung Vitae Pomeranorum und dient als Beispiel für gleichartige Projekte.

Literatur

Hartmann, Horst: Die „Vitae Pomeranorum" als kulturhistorische Quelle. In: Baltische Studien N.F. 85 (1999), S. 57–61.

Lange, Edmund: Greifswalder Professoren in der Sammlung Vitae Pomeranorum. In: Baltische Studien. 44 (1894) S. 1–42.

Lange, Edmund: Die Greifswalder Sammlung Vitae Pomeranorum. Alphabetisch nach Geschlechtern verzeichnet. Greifswald: Abel 1898.

Petrick, Christine: Die Vitae Pomeranorum – eine Kostbarkeit der Greifswalder Universitätsbibliothek, in: Zentralblatt für Bibliothekswesen 104 (1990), S. 322–324.

Petrick, Christine: Greifswald I. Universitätsbibliothek, in: Handbuch der Historischen Buchbestände, hg. von Bernhard Fabian, Bd. 16: Mecklenburg-Vorpommern. Brandenburg, hg. von Friedhilde Krause, bearb. von Gerhard Heitz (M-V) u. Ina-Maria Treuter (Brdbg), Hildesheim [u.a.]: Olms-Weidmann, 1996, S. 55–94.

Tenhaef, Peter: Gelegenheitsmusik in den „Vitae Pomeranorum" Historische Grundlagen, ausgewählte Werke, Kommentar und Katalog. Frankfurt am Main [u.a.]: Lang, 2000.

Anita Eichinger

Digitale Bibliothek und Wien Geschichte Wiki – Strategien zur Digitalisierung an der Wienbibliothek im Rathaus

Abstract

Die Wienbibliothek im Rathaus ist eine Spezialbibliothek mit der generellen Ausrichtung auf die Geschichte und Kulturgeschichte der Stadt Wien. Auf die durch die Digitalisierung veränderte Bibliotheksszene hat sie mit der Gründung einer eigenen Digitalen Bibliothek und dem Aufbau eines Online-Lexikons, dem Wien Geschichte Wiki, reagiert. 2011 ging die Digitale Bibliothek mit den historischen Adressbüchern, dem sogenannten „Lehmann" online. Auch fünf Jahre später ist der „Lehmann" unangefochtener Spitzenreiter der Benützung in der digitalen Bibliothek. War der Ausbau der digitalen Bibliothek in den ersten Jahren von Gelegenheiten wie Ausstellungen und Jubiläen geprägt, fußt er nun auf drei Schwerpunkten: Erstens der Digitalisierung von Materialien zur Forschung über Wien, zweitens jener von (Musik-)Handschriften und drittens der anlassbezogenen Digitalisierung im Zuge von Jubiläen, Ausstellungen und Forschungskooperationen. Monatlich besuchen etwa 20 000 Personen die digitale Wienbibliothek, was im Vergleich zum zweiten großen Digitalisierungsprojekt an der Wienbibliothek eher wenig anmutet: Das Wien Geschichte Wiki ist seit September 2014 online und kann nach zweieinhalb Jahren auf mehr als 67 Millionen Zugriffe verweisen. Monatlich greifen mehrere hunderttausend NutzerInnen auf das Online-Lexikon zu. Nicht nur hinsichtlich der Zugriffsrate ist das Wien Geschichte Wiki eine Erfolgsgeschichte. Das Wiki ging mit 27 000 Artikeln online und steht derzeit (April 2017) bei mehr als 37 000 Einträgen und über 5000 Abbildungen. Wien Geschichte Wiki ist ein Kooperationsprojekt zwischen dem Wiener Stadt- und Landesarchiv und der Wienbibliothek. Die beiden Abteilungen betreuen weiterhin das Wiki, sorgen für den weiteren Ausbau, betreiben permanent die Revision der Einträge, sorgen für Qualitätskontrolle, Neuzugänge und Weiterentwicklungen, bringen Personalressourcen ein und stellen auch finanziell den Betrieb sicher. Zusätzliche Kooperationspartner sind erwünscht, aber bisher noch nicht oder nur partiell an Bord.

In der Verknüpfung von digitaler Bibliothek mit dem Wien Geschichte Wiki liegt Potenzial, das in den nächsten Jahren noch stärker genutzt werden soll. Die nähere Beschreibung von Beständen der digitalen Bibliothek im Wien Ge-

https://doi.org/10.1515/9783110501094-004

schichte Wiki, vor allem im Bereich der Verwaltungsschriften, sowie die Anreicherung des Wiki mit Volltexten, Karten und Plänen der digitalen Bibliothek bietet einen Mehrwert, der die Stärken der beiden Online-Angebote noch klarer hervorheben wird.

Allgemeine Positionierung

Die Wienbibliothek im Rathaus, früher: die Wiener Stadt- und Landesbibliothek, war und ist eine Spezialbibliothek mit der generellen Ausrichtung auf die Geschichte und Kulturgeschichte der Stadt Wien. Sie besitzt darüber hinaus den Status einer Amtsbibliothek.

Sie ist eine Archivbibliothek; in ihren Magazinen lagern große Bestände an außerordentlichen, zum Teil originären Materialien, die sie als einen der Gedächtnisspeicher der Stadt qualifizieren. Sie arbeitet beständig am weiteren Ausbau der Sammlungen, erhält Schenkungen oder kauft an. Die Wienbibliothek ist permanent mit der Sichtung, Erfassung und Erschließung neuer Bestände beschäftigt.

In den fast 160 Jahren ihrer Geschichte war sie immer auch eine Öffentliche Bibliothek, d. h. sie stellte ihre Bestände nicht nur den stadteigenen Institutionen und MitarbeiterInnen der Gemeinde Wien, sondern auch der Forschung und dem allgemeinen Publikum zur Verfügung. Auf Grund ihrer historischen Lokalisierung im Rathaus (war und) ist die Wienbibliothek als physischer Ort eine sehr kleine Bibliothek mit etwa 50 Arbeitsplätzen, die ausdrücklich auf ein Spezialpublikum abgestimmt ist, das vor Ort einen bestmöglichen Service erhält. Sie ist eine Präsenzbibliothek; eine Ausleihe ist nur sehr restriktiv möglich. NutzerInnen sind also in der Regel gezwungen, vor Ort zu arbeiten.

In den vergangenen Jahren sind die Räumlichkeiten der Wienbibliothek zunehmend als Treffpunkt und Agora der Wienforschung benutzt worden. Ausstellungen und Veranstaltungen sorgen für den Austausch mit AutorInnen und Szenen in der Stadt, die sich mit der Stadtforschung, mit der Geschichte und Kulturgeschichte Wiens beschäftigen; sie setzen Akzente in der Beschäftigung mit Themen und sorgen für Inputs in die öffentliche Diskussion.

Ausstellungen, Veranstaltungen und Publikationen weisen die Wienbibliothek als Wissensraum aus, der sich aktiv in die Wissensproduktion einschaltet. Schon immer ist die Wienbibliothek als Forschungsbibliothek hervorgetreten, die sich vor allem durch Editionen und Bibliographien, aber auch durch spezifische Forschungen hervorgetan hat. Dadurch konnten die eigenen Sammlungen präsentiert werden. Durch solche Projekte wurden auch Partnerschaften mit anderen Institutionen initiiert.

In den vergangenen zehn Jahren wurde im Bibliothekswesen eine neue Stufe der Entwicklung angestoßen. Elektronische Datenbanken hielten vor allem in den Naturwissenschaften Einzug, das Google-Books-Projekt und die Europeana gaben das Startsignal für eine Massendigitalisierung. Zur Nutzung der Bestände ist damit teilweise die Bibliothek als physischer Ort nicht mehr notwendig. Öffentlich finanzierte Institutionen und Projekte sowie private Anbieter sorgen überdies in der Bibliothekslandschaft für Konkurrenz.

Die Wienbibliothek hat auf die durch die Digitalisierung veränderte Bibliotheksszene erstens durch die Gründung einer eigenen Digitalen Bibliothek reagiert und zweitens durch das mit dem Wiener Stadt- und Landesarchiv gemeinsam betriebene digitale Lexikon Wien Geschichte Wiki eine starke Initiative gesetzt.

Digitale Wienbibliothek

2011 eröffnete die Wienbibliothek mit der Zurverfügungstellung der historischen Adressbücher von 1859 bis 1942 ihre digitale Bibliothek. Damit war der Grundstein für einen Digitalisierungsschwerpunkt gelegt. Neben dem Lehmann stehen heute viele weitere historische Adressbücher, beispielsweise das erste Wiener Gassenverzeichnis von Johann Jordan aus 1701, zur Verfügung.

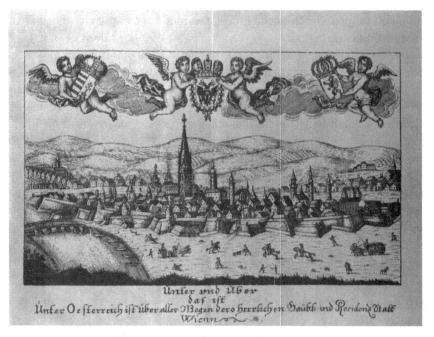

Abb. 1: Johann Jordan: Schatz, Schutz und Schantz deß Ertz-Hertzogtumbs Oesterreich. 1701. WBR, A-10139 (Wienbibliothek im Rathaus).

Aber auch Häuser- und Straßenverzeichnisse finden sich neben historischen Reiseführern und Stadtbeschreibungen sowie Stadtplänen und Karten in digitaler Form. Einen weiteren Schwerpunkt im Bereich der Bücher bildet die sogenannte Verwaltungsliteratur, die eine aufschlussreiche Quelle für Forscherinnen und Forscher darstellt und sukzessiv Eingang in die digitale Bibliothek findet. Der Kommunalkalender und das städtische Jahrbuch, das Amtsblatt der Stadt Wien und die Verwaltungsberichte liefern nicht nur ein Abbild des politischen und administrativen Wirkens in Wien, sondern des kulturellen Lebens und der Stadtentwicklung generell.

Natürlich stellt sich für eine Landesbibliothek immer die Frage, was angesichts von Massendigitalisierungsprojekten großer Einrichtungen sinnvollerweise digitalisiert werden soll. Eine naheliegende Antwort wären handschriftliche Materialien, weil es sich um unikale Bestände handelt. Die Digitalisierung steht hier auch unter einem konservatorischen Aspekt, sind doch die empfindlichen Manuskripte durch die Benützung einer hohen Belastung ausgesetzt. Aus diesem Grund wurden die gesamten Musikhandschriften der Familie Strauss und von Franz Schubert sowie anderer herausragender Komponisten der Wiener Musikgeschichte digital zugänglich gemacht.

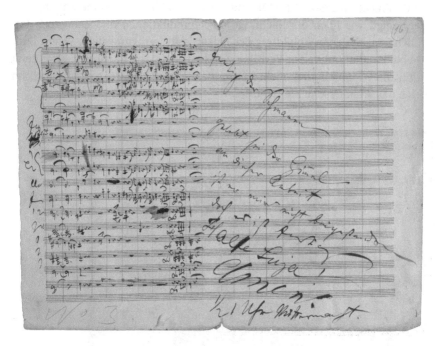

Abb. 2: Johann Strauss: Phänomene. 1857. WBR, Mhf-12897.tif (Wienbibliothek im Rathaus).

Darüber hinaus werden sukzessive die Autographe prominenter Wiener Schriftstellerinnen und Schriftsteller digitalisiert. Schon jetzt kann in Johann Nestroys „Lumpazivagabundus" oder Ferdinand Raimunds „Der Verschwender" online geblättert werden. Laufend werden Raritäten, wie beispielsweise eine handschriftliche Aufstellung von zum Tode Verurteilter aus 1702 bis 1833, digitalisiert. Im Vergleich zu digitalisierten Büchern verzeichnen Handschriften sehr wenige Zugriffe – die Zahl geht über einige wenige pro Monat nicht hinaus.

Gedenkjahre und Ausstellungen sowie Kooperationen mit Forschungseinrichtungen bieten regelmäßig Anlass zu einer thematischen Digitalisierung. Anlässlich des Weltkriegsgedenkjahres 2014 wurden als besondere Highlights die 116 000 Artikeln umfassende Zeitungsausschnittsammlung und die gesamten Plakate aus den Jahren 1914 bis 1918 online gestellt. Über das Zeitzeugnis Plakat werden auch zukünftig die wichtigsten Ereignisse und Epochen Wiens digital abgebildet. Die Wienbibliothek verfügt über mehr als 300 000 Plakate – diese zu digitalisieren und in den nächsten Jahren über die digitale Bibliothek zugänglich zu machen, ist eine Herausforderung, die man in Angriff nehmen wird. Die verstärkte Kataloganreicherung mit Plakaten im letzten Jahr (mehr als

100 000 Plakate wurden 2016/2017 mit Vorschaubildern im Online-Katalog versehen) zeigt, wie hoch die Nachfrage an Reproduktionen und Leihgaben tatsächlich ist, sobald ein Abbildung des Plakats zur Verfügung steht. Sofern Bild- und Fotomaterial online zur Verfügung stehen, steigt die Nachfrage – das zeigt sich für die Wienbibliothek nicht nur im Bereich der Plakate, sondern auch im Bereich des Wien Geschichte Wiki.

Abb. 3: 8. Kriegsanleihe. Wien: J. Weiner, 1918. WBR P-34816 (Wienbibliothek im Rathaus).

Wien Geschichte Wiki

Abb. 4: Startseite des Wien Geschichte Wiki (Wienbibliothek im Rathaus).

Im September 2014 ging das Wien Geschichte Wiki mit 27 000 Artikeln und knapp 3000 Bildern online. Grundlage dafür bildete das „Historische Lexikon Wiens"[1] von Felix Czeike. Das „Historische Lexikon Wiens" ist in fünf Bänden von 1992 bis 1997 erschienen, der Ergänzungsband 2004. Es finden sich darin nicht nur die architektonischen, historischen oder biographischen Highlights der Wiener Geschichte, sondern auch die Besonderheiten der Stadt.

Thematisch ist das Wiki in sechs Kategorien gegliedert (Personen, Bauwerke, topographische Objekte, Organisationen, Ereignisse und Sonstiges), verortbare Daten sind über den wien.at Stadtplan[2] und diversen Kulturgut-Layern[3] dargestellt. Das Wien Geschichte Wiki basiert auf einem semantischen MediaWiki, wodurch zahlreiche Abfragemöglichkeiten gegeben sind. Bereits am Tag der Onlinestellung war klar, dass das Wiki auf eine breite Nutzung stoßen wird, kamen doch die Server an die Grenze ihrer Belastbarkeit bzw. darüber hinaus. Nach einem halben Jahr zählte man mehr als 3 Millionen Zugriffe, nach zweieinhalb Jahren ist diese Zahl auf mehr als 67 Millionen gestiegen. Besonders erfreulich ist, dass die Anzahl der Besucherinnen und Besucher noch immer jeden Monat steigt.

Die aus dem Lexikon übernommenen Artikel gilt es allerdings in die Gegenwart zu überführen. Die Lücke von mehr als 10 Jahren muss geschlossen werden. Dafür bedarf es nicht nur einer Überarbeitung der bereits vorhandenen Artikel, sondern auch einer Erweiterung um alle für Wien relevanten Bauwerke, Organisationen, topographischen Objekte, Ereignisse und Personen. Diese Arbeit kann nicht von zwei Institutionen alleine bewältigt werden. Derzeit wird das Wien Geschichte Wiki hauptsächlich von den beiden Initiatoren, der Wienbibliothek im Rathaus und dem Wiener Stadt- und Landesbibliothek, erweitert und aktualisiert. Aktuell steht das Wiki bei 37 000 Artikeln und fast 5000 Bildern. Das Wiki wurde bereits im Sommer 2015 um die Kategorie der Karten erweitert. Es finden sich derzeit 160 Karten samt inhaltlicher Beschreibung im Wiki. Nachteil ist, dass die hochauflösenden Digitalisate nicht im Wiki selbst zur Verfügung stehen, sondern auf diese in ein anderes Online-Angebot verlinkt wird. Da in absehbarer Zukunft die Annotierung von Karten möglich sein soll, müssen auch hochaufgelöste Digitalisate (und nicht nur Vorschaubilder) ins Wiki eingebunden werden. Wünsche anderer Magistratsabteilungen ihre Bestände georeferenziert ins Wiki einzubringen, mehren sich. Das Straßennamenlexikon der Stadt Wien ist nur ein Beispiel dafür. Seit September 2016 findet

---

1 Felix Czeike: Historisches Lexikon Wien. Wien: Verlag Kremayr & Scheriau, 1992–2004. 6 Bände.
2 https://www.wien.gv.at/stadtplan/ (abgerufen am 20.04.2017).
3 https://www.wien.gv.at/kulturportal/public/ (abgerufen am 20.04.2017).

sich das Straßenlexikon im Wien Geschichte Wiki, nicht nur historische Straßen, sondern jede neue Straßenbenennung wird eingetragen. Im September 2016 wurde mit diesen Daten auch eine App entwickelt, die in die wien.at Live-App[4] eingebettet ist.

Forderungen nach Transparenz und Partizipation sind zentral für die Smart City Wien. Vor diesem Hintergrund ist klar, dass auch die gesamten Daten aus dem Wiki als offene Daten (Stichwort: Open Government Data) für die Entwicklung weiterer Anwendungen wie Apps etc. zur Verfügung stehen sollten. Dieser Forderung konnte bislang leider nicht entsprochen werden, da die Inhalte aus dem Online-Lexikon selbstverständlich urheberrechtsbehaftet sind. Lediglich die semantischen Daten aus den Formularfeldern oder gänzlich neu erstellte Daten kann man zum jetzigen Zeitpunkt freigegeben. Es wird auch in Zukunft weiterhin unterschiedliche Datenarten punkto Rechtsstatus im Wiki geben – nicht alles wird unter eine offene Lizenz zu stellen sein.

Das Wiki ermöglicht auch den gezielten thematischen Zugang zur Wiener Geschichte und Kultur, in dem es u.a. punktgenau in die Bestände der Wienbibliothek im Rathaus leitet und digitale Quellen anbietet. Ziel ist es das Wien Geschichte Wiki mit den digitalen Beständen der Wienbibliothek eng zu vernetzen, insbesondere soll das Wien Geschichte Wiki auch für die Quellenkunde der stadtgeschichtlichen Forschung genutzt werden. Die inhaltliche Beschreibung der Basisliteratur zur Forschung über Wien wird zukünftig im Wien Geschichte Wiki passieren. Vor allem bei Handbüchern aus dem Bereich der Verwaltungsliteratur mit Erscheinungsverläufen von mehr als 100 Jahren ist eine Beschreibung der Inhalte wichtig, aber auch bei Adressbüchern aus verschiedenen Jahren.

Aber das alles kann nicht nur von zwei Abteilungen getragen werden, daher erging bereits im September 2014 im Sinne einer kollaborativen Anwendung die Einladung an die interessierte Bevölkerung, vorhandenes Wissen und Bildmaterial, ins Wien Geschichte Wiki einfließen zu lassen. Dies ist bis dato wenig passiert, auch weil eine aktive Bewerbung zur Mitarbeit kaum stattgefunden hat. Das kleine Redaktionsteam wäre derzeit ohnehin nicht gerüstet für eine sehr aktive Mitarbeit seitens der Bevölkerung, muss doch jeder Artikel geprüft und redaktionell überarbeitet werden. Auch die aktive Suche nach neuen Kooperationspartnern hat bisher zu wenig stattgefunden bzw. haben Kooperationspartner bis dato zu wenig Informationen ins Wiki eingebracht. Dies soll in Zukunft verstärkt passieren, denn das Wiki etabliert sich mehr und mehr als DAS Online-Portal, das historische Inhalte der Stadt zentral anbietet.

---

4 https://www.wien.gv.at/live/app/ (abgerufen am 20.04.2017).

Cross over

Ziel ist es das Wien Geschichte Wiki und die Digitale Bibliothek eng zu vernetzen, insbesondere soll das Wien Geschichte Wiki auch für die Quellenkunde der stadtgeschichtlichen Forschung genutzt werden. Was finde ich wo? Wo beginne ich? Die inhaltliche Beschreibung der Basisliteratur zur Forschung über Wien wird zukünftig im Wien Geschichte Wiki passieren. Diese Art der Aufbereitung von Forschungsmaterialien im Wiki stellt ein Alleinstellungsmerkmal der Wienbibliothek dar. Darüber hinaus würde auch die Position der digitalen Bibliothek in diesem Bereich gestärkt werden. Abteilungsübergreifend könnten hier die NutzerInnen erfahren, was wo wie zu finden ist. Ziel ist es im landeskundlichen Bereich möglichst alle Bestände zu digitalisieren und damit dem Benutzer/der Benutzerin in der digitalen Bibliothek einen umfassenden Bestand zu bieten. In Kooperation mit dem Wiener Stadt- und Landesarchiv will sich die Wienbibliothek als erste Adresse für Forscherinnen und Forscher etablieren und kann durch den Mehrwert der inhaltlichen Erschließung und der genauen Beschreibung von Werken im Wien Geschichte Wiki gegenüber anderen Anbietern punkten.

Links

www.digital.wienbibliothek.at
www.wien.gv.at/wiki

Ulrich Hagenah

Hamburg Open Science – Digitalisierung im Planungskontext für die Open-Access-Infrastruktur der Hamburger Wissenschaft

Dieser Beitrag berichtet über konzeptionelle Ansätze und Vorarbeiten zu einem Digitalisierungsprogramm für Hamburg, das mehr vorsieht als das kontinuierliche Digitalisieren eigener Bestände. Im Wesentlichen konzentriert sich der Bericht auf eine Vorstudie, die von April 2016 bis März 2017 unter dem Titel *Hamburg Open Archive (HOA)* und der Federführung der Hamburger Behörde für Wissenschaft, Forschung und Gleichstellung (BWFG) stattgefunden hat. Kurz vor Abschluss wurde die Benennung in *Hamburg Open Science (HOS)* geändert. Thematisch umfasste die Vorstudie die Förderung und Beratung für Open-Access-Publikationen, Publikations-Repositorien, Forschungsinformationssysteme (FIS) und das Forschungsdatenmanagement der Hamburger Hochschulen, die Digitalisierung forschungsrelevanter Objekte und Materialien, einen Hamburger Archiv-Speicher, einen Aggregator für alle Daten und ein ‚Schaufenster‘ als Ort zur Präsentation Hamburger Forschungsdaten und -ergebnisse. Beteiligt waren die sechs Hamburger Hochschulen in staatlicher Trägerschaft (Universität, Technische Universität, Hochschule für Angewandte Wissenschaft, Hochschule für Musik und Theater, Hochschule für Bildende Künste, Hafen City University), das Universitätsklinikum Hamburg-Eppendorf und die Staats- und Universitätsbibliothek Hamburg Carl von Ossietzky (SUB). Koordiniert wurde die Machbarkeitsstudie von der Capgemini Consulting im Auftrag der BWFG.

Die Studie mündete in einen Antrag auf ein dreieinhalbjähriges Projekt, der an den IT-Globalfonds der Hamburger Finanzbehörde zu stellen war. Dies und eine Zertifizierung des Antrags sind als nachfolgende Schritte in den letzten vier Monaten des Vorprojekts geschehen. Der Antrag durchlief dann ein für alle Anträge an den jährlich für IT-Erneuerungs- und -Innovationsprojekte zur Verfügung stehenden Investitionsfonds verbindliches Bewertungsverfahren, an dessen Ende eine Entscheidung Ende Juni 2017 hätte stehen sollen. Diese ist allerdings bereits im April dergestalt gefallen, dass das Gesamtprojekt nicht aus dem IT-Globalfonds bestritten werden kann, da der finanzielle Aufwand für diese Förderquelle zu umfangreich ist. Für das komplexe Gesamtvorhaben war ein Finanzvolumen einschließlich Eigenanteilen der beteiligten Einrichtungen von 24,409 Mio. € (davon Fremdmittel: 18,643 Mio. €, das Übrige als Eigenanteile der Beteiligten) vorgesehen. Eine anschließende Betriebsphase eingeschlossen und

https://doi.org/10.1515/9783110501094-005

die Finanzierung von insgesamt fünf Jahren Projekt und Betriebsbeginn im Ganzen betrachtet, wie das für eine Wirtschaftlichkeitsbetrachtung als Anforderung vorgegeben war, kam man auf ein gesamtes Finanzvolumen von 35,562 Mio. €.[1] Im Falle der Bewilligung hätte das eigentliche Projekt im Januar 2018 beginnen und Mitte 2021 beendet sein sollen. Unter den nunmehr veränderten Voraussetzungen, dass eine Finanzierung aus anderen Quellen zu suchen war, wurde eine Variierung bzw. Fragmentierung des Projektplans unumgänglich. Die Digitalisierungsmodule wurden herausgenommen, für die übrigen Bereiche in vier Programmlinien (Open-Access-Publikationen, Forschungsdatenmanagement, Forschungsinformationssysteme, Gestaltung des digitalen Kulturwandels) die Möglichkeit geschaffen, im Jahr 2018 für zunächst ein Jahr jeweils agile Teilprojekte zu beantragen mit Verlängerungsoptionen bis 2020. In der Phase zwischen Abfassung und Drucklegung dieses Beitrags liefen diese Teilprojekte an, und auf der anderen Seite konnte für die 2-D-Digitalisierung in den Hamburger wissenschaftlichen Bibliotheken eine andere Finanzierungsquelle gefunden werden, auf die ich unten zurückkomme. Wenngleich es für die Digitalisierungsaktivitäten also nicht zu der integralen Realisierung im HOS-Kontext gekommen ist, erscheint mir gleichwohl eine Darstellung des Digitalisierungs-Moduls der Machbarkeitsstudie sinnvoll, da dort u.a. Erhebungen zum Ist-Stand und Bedarf an Digitalisierung unternommen wurden, wie sie für einen Gesamtstaat – hier einen Stadtstaat – sonst selten vorliegen und in Hamburg auch für weitere Planungen als Basis dienen können.

Es soll hier der besondere Kontext von Digitalisierung ausgeleuchtet werden, der sich aus einem Institutionen übergreifenden, strikt wissenschaftsbezogenen und von der Open-Access-Idee geleiteten Projektansatz ergeben hat. Zum Verständnis sind anfangs einige Bemerkungen zur Vorgeschichte speziell des Digitalisierungs-Anteils von HOS erforderlich. Dann folgt eine eher panoramaartige Darstellung des Gesamtprojekts Hamburg Open Science und seiner politischen Verortung. Daran schließt sich eine differenziertere Beschreibung des Digitalisierungskonzepts an, das im Verlauf der Erarbeitung in einer von sieben Modulgruppen der Vorstudie eine intensive Formungsgeschichte durchlaufen hat.

---

1 Maßgebliche Quelle: Projekteinsetzungsverfügung vom 23.9.2016, geändert am 24.1.2017, in der Version 1.0.

Vorgeschichte

Die SUB Hamburg hat seit 2006 sukzessive besonders wichtige, gefragte, physisch gefährdete oder aus anderen Gründen priorisierte Bestände digitalisiert.[2] Schwerpunkt war zunächst der Aufbau eines „virtuellen Hamburg-Lesesaals"[3] mit den Kernressourcen, die zur Stadt oder Metropolregion Hamburg Forschende benötigen: zentrale Zeitschriften und Bücher, Zeitungen, Adress- und Fernsprechbücher, Karten und Bebauungspläne, Stadtansichten, Portraits, Fotos, Statistiken, Parlamentaria und vieles mehr. Dies folgte aus dem Auftrag der SUB als Hamburgs Landesbibliothek wie auch aus dem Nutzungsdruck auf die einschlägigen regionalen Materialien, der – z.B. bei Bebauungsplänen, Zeitungen und Adressbüchern – eine Benutzung der Originale oft schon nicht mehr zuließ. Der Fokus der Digitalisierung verlagerte sich allmählich auf die Vielfalt der Sondersammlungen: von Frühdrucken, illuminierten Handschriften und Papyri über Nachlassmaterialien, Kupferstiche und Glasplattennegative bis hin zu historischen Karten und Musikalien forderten und förderten die sehr unterschiedlichen, anspruchsvollen Digitalisierungsobjekte die Heranbildung vielfältiger Expertise sowohl im Scan-Team der Medienwerkstatt wie bei der Aufbereitung für die Präsentation in der Software-Plattform Kitodo (key to digital objects).[4] Eine virtuelle Arbeitsstelle Digitalisierung, in der alle Hauptabteilungen der Bibliothek vertreten sind, plant und begleitet seit Mitte 2013 die Digitalisierungsaktivitäten. In verschiedenen drittmittelgeförderten Kooperationsprojekten zur Erschließung und Digitalisierung (Adress- und Fernsprechbücher, VD 17, VD 18, Europeana Newspapers u.a.) entwickelte die SUB die dafür notwendigen organisatorischen und technischen Kompetenzen. Die Ergebnisse der Di-

---

2 Vgl. Hagenah, Ulrich u. Kerstin Wendt: Zehn Jahre Digitalisierung in der SUB Hamburg – zehn Jahre Strategien in Progress. In: Bibliotheksdienst 50 (2016), 10–11, S. 919–942; Hagenah, Ulrich u. Kerstin Wendt: Auf dem Weg zum digitalen Lesesaal Hamburgensien und Sondersammlungen: Retrodigitalisierung in der Staats- und Universitätsbibliothek Hamburg. In: Digitalisierung in Regionalbibliotheken. Hrsg. von Irmgard Siebert. Frankfurt am Main: Klostermann 2012, S. 134–156.
3 Vgl. Hagenah, Ulrich: Auf dem Weg zum digitalen Hamburg-Lesesaal. Retrodigitalisierung und Regionalportal an der SUB Hamburg. In: Schleswig-Holsteinischer Bibliothekstag 2011. Bibliotheken auf dem Weg in die Zukunft. Hrsg. von Rüdiger Schütt. Nordhausen: Bautz 2014 (= Auskunft 34 [2014], 1), S. 39–53.
4 Alle Angebote unter http://digitalisate.sub.uni-hamburg.de/startseite.html; zur Software vgl. http://www.kitodo.org/. Vgl. Wendt, Kerstin u. Michael Luetgen: How to Use Open Source in Digitization Projects – the Goobi Example. Vortrag auf der Konferenz der IFLA News Media Section, Hamburg, 21.4.2016, http://blogs.sub.uni-hamburg.de/ifla-newsmedia/?page_id=242; zur Namensänderung von Goobi zu Kitodo vgl. auch https://de.wikipedia.org/wiki/Kitodo (für alle URLs: 16.7.2016).

gitalisierungsprozesse gingen und gehen routinemäßig über Standardschnittstellen in die Deutsche Digitale Bibliothek[5], die Plattform Europeana Newspapers[6], das Handschriften-Portal der National Library of Israel[7] sowie weitere Fach-, Region-[8] und Material-spezifische Portale ein.

Die SUB verfügt als Hamburgs Landesbibliothek über langjährige Erfahrungen in der Koordination des Bibliothekssektors in der Hansestadt. Mit den anderen wissenschaftlichen Bibliotheken der Stadt hatte es gerade in den 1990er und 2000er Jahren zahlreiche Kooperationsprojekte gegeben, die im weitesten Sinne Fragen der physischen Erhaltung, Reproduktion und koordinierten Publikation des hamburgischen kulturellen Erbes ging: Mikroverfilmung, Massenentsäuerung, spartenübergreifende Koordination der Behandlung von Nachlässen, das Regionalportal HamburgWissen Digital (HWD) als ebenfalls sparten- und materialübergreifender Zugang zu digitalen landeskundlichen Objekten und Informationen, mit integrierten Archiv-, Bibliotheks-, Quellenführern, Blog und Veranstaltungskalender. Alle für das Land relevanten Webressourcen sollten unter einem Recherche-Dach zusammengeführt, damit sowohl leichter greifbar als auch vor allem für die breite Öffentlichkeit sichtbarer gemacht werden. Die intensive Beschäftigung mit den Akteuren und Ergebnissen von Retrodigitalisierung des hamburgischen kulturellen Erbes öffnete auch den Blick für die Materialien, die Digitalisierungsbedarfe und –aktivitäten jenseits der Landeskunde. Parallel gab die bundesweite AG Regionalportale als informelles Austauschforum zu digitalen landeskundlichen Webplattformen wiederum vielfältige Einblicke in Aktivitäten, vor allem veritable Förderprogramme zur Digitalisierung und Kulturgutpräsentation in Ländern vorwiegend des Südens und der Mitte Deutschlands.[9]

So führte eine Vielzahl von Anregungen und Anknüpfungspunkten 2014 zur Formulierung eines Digitalisierungskonzepts der SUB, das sich dezidiert als Dienstleistungsangebot an interessierte Hamburger Gedächtnisinstitutionen richtete, das kulturelle und wissenschaftliche Erbe der Hansestadt digital zugänglich zu machen. Damit würde sich, so die bis heute tragende Hoffnung und Motivation des Projekts, die einmalige Chance ergeben, im Web Bestandteile

---

5 https://www.deutsche-digitale-bibliothek.de/ (1.5.2017).

6 http://www.theeuropeanlibrary.org/tel4/newspapers (1.5.2017); vgl. Hagenah, Ulrich: Das Europeana Newspapers Project und die Hamburger Weltbrand-App zum Kriegsjahr 1914 – Rückblick auf zwei digitale Zeitungsprojekte. In: Zeitungs-Mikrofilm-Nachrichten 18 (2016), Nr. 19, S. 5–9, http://www.mfa-dortmund.de/pdf/MFA-ZMN-2016.pdf (1.5.2017).

7 http://ktiv.nli.org.il (1.5.2017).

8 Z.B. HamburgWissen Digital, das Portal zur Geschichte und Landeskunde Hamburgs, http://www.hamburgwissen-digital.de/home.html (1.5.2017).

9 Vgl. als Überblick http://www.ag-regionalportale.de/ (18.5.2017).

zahlreicher wertvoller Sammlungen zusammenzuführen, die inhaltlich auf das Engste zusammengehören, aber physisch getrennt sind: dies betrifft die in mehreren Segmenten bei verschiedenen Einrichtungen lagernden Nachlässe – die Namen Fritz Schumacher und Philipp Otto Runge seien hier nur beispielhaft genannt – genauso wie einst zusammengehörige, heute auf mehrere Einrichtungen verteilte Bibliotheksbestände – das Altonaer Gymnasium Christianeum oder das Hamburgische Kolonialinstitut (1908–1919) sind hierfür Beispiele – oder die in unterschiedlichen Sammlungen lagernden bedeutsamen Materialien zu Themenclustern wie NS- und Nachkriegsgeschichte, Schiffbau oder Geschichte der Wohlfahrtspflege.

Das Konzept für ein Digitalisierungszentrum erfuhr fachlich positive Einschätzungen und Reaktionen, kam politisch indes zunächst nicht zur Geltung. Zeitlich parallel unternahm die Hamburger Kulturbehörde einen für ihren Zuständigkeitsbereich umfassenden, ambitionierten Versuch, mit dem Konzept einer *eCulture-Cloud* Kulturvermittlung auf vielfältigste Weise in das digitale Zeitalter zu überführen.[10] Dieser Ansatz umschloss die Stiftung Historische Museen Hamburg, das Denkmalschutzamt, das Staatsarchiv, das Planetarium Hamburg und etliche weitere Partner.

Die SUB wurde, obwohl bei der Wissenschaftsbehörde ressortierend, auch als Projektpartner akzeptiert und konnte Teilprojektanträge für die Primärdigitalisierung ihrer Kupferstichsammlung, ihrer Theaterzettel und von Altbeständen der Jüdischen Gemeinde Hamburg (Depositum in der SUB) einbringen. Aus dem vielgestaltigen Antrag konnten dann allerdings nur wenige Teilbereiche einer Realisierung nähergebracht werden. Dabei spielte die Förderung der Retrodigitalisierung eine geringe Rolle. Sie wurde von der Kulturbehörde teilweise auf anderen Kanälen betrieben.

Der Wissenschaftsbereich war mehr oder minder auf sich selbst verwiesen. Ihm brachte die rot-grüne Regierungsbildung nach der Bürgerschaftswahl 2015 den entscheidenden Impuls: Der Koalitionsvertrag[11] enthielt eine Absichtserklärung, unter der Zielprojektion der *Digitalen Stadt* technische Innovationen aller

---

10 Vgl. u.a. Freie und Hansestadt Hamburg / Kulturbehörde: eCulture Agenda 2020. Digitale Zugänge zur Kultur schaffen. [2014]. http://www.hamburg.de/contentblob/4359742/ 51291cc39d56f6ed227d05bdbf6e5a4e/data/eculture-agenda-2020.pdf (21.5.2017); http://www.hamburg.de/kulturbehoerde/eculture/4451726/eculture-cloud/ (20.5.2017).

11 *Zusammen schaffen wir das moderne Hamburg.* Koalitionsvertrag über die Zusammenarbeit in der 21. Legislaturperiode der Hamburgischen Bürgerschaft zwischen der SPD, Landesorganisation Hamburg und Bündnis 90/Die Grünen, Landesverband Hamburg, [2015], http://www.hamburg.de/contentblob/4479010/data/download-koalitionsvertrag-2015.pdf (5.5.2017), u.a. S. 47f. und 52f.

Art für die Entwicklung der Freien und Hansestadt Hamburg nutzbar zu machen und ein offenes Innovationsklima fördern zu wollen.

Hierzu konnte nun auch ein zweiter strategischer Schwerpunkt der SUB beitragen: das Eintreten für den Open-Access-Gedanken, den die Bibliothek sowohl mit dem Verlag Hamburg University Press als auch mit vielfältigen Aktivitäten im Kontext der Open-Access-Bewegung seit Jahren nachdrücklich unterstützt hatte.[12] Das Open-Access-Programm der SUB wie das Digitalisierungskonzept warteten gleichsam nur darauf, auf die Ebene eines gesamthamburgischen strategisch priorisierten Politikziels gehoben zu werden. Auf Anstoß der Senatorin Katharina Fegebank begannen die Hamburger Hochschulen und die SUB Hamburg konkrete Überlegungen zu einer Machbarkeitsstudie für ein *Hamburg Open Archive* unter der Leitidee eines gemeinsamen Daches für den gesamten Komplex der *Open Science* in der Stadt. Wie sich bald erweisen sollte, wurden damit durchaus heterogene Handlungsansätze zusammengebunden. Und mehr noch: Mit der politischen Vorgabe, dass alle Hamburger Hochschulen in staatlicher Trägerschaft, das Universitätsklinikum und die SUB gleichermaßen, auf Augenhöhe und unter Wahrung ihrer Autonomie das Projekt gemeinsam tragen sollten, war ein Aushandlungsprozess höchst unterschiedlicher Interessenlagen auf ebenso unterschiedlichen Größen- und Ressourcenniveaus initiiert, dessen Ausgang in vielerlei Hinsicht offen war bis hin zum Scheitern.

Angemeldet wurde eine Vorstudie *Hamburg Open Archive* als Machbarkeitsstudie für die IT-Planung 2017/2018 im Umfang von ca. € 300 000. Als Motivation des Antrags wurde benannt: „Der Senat strebt in Hamburg ein Innovationsklima an, das die Entwicklung moderner digitaler Anwendungen und Applikationen befördert und die Vernetzung zwischen den daran beteiligten Unternehmen und Institutionen ermöglicht. Deshalb wird der Senat in allen geeigneten, von ihm getragenen bzw. unterstützten Initiativen und Projekten die Chancen der Digitalisierung zum Thema machen. Ziel des Senats ist es, technische Innovationen für die Entwicklung der Freien und Hansestadt Hamburgs als Digitale Stadt nutzbar zu machen. Der Senat will durch sein Handeln Innovation anregen, ermöglichen und unterstützen."[13]

Im zwischen SPD und Bündnis 90/Die Grünen vereinbarten Koalitionsvertrag der 21. Legislaturperiode wird auch die Entwicklung einer Open-Access-Strategie für die Freie und Hansestadt als explizites Ziel genannt, um „die Rah-

---

12 Vgl. https://www.sub.uni-hamburg.de/service/publizieren/open-access/open-access-policy-der-stabi.html (5.5.2017).
13 Behörde für Wissenschaft, Forschung und Gleichstellung: Anmeldung eines unterjährigen IT-Vorhabens: Vorstudie Hamburg Open Archive (HOA), 20.12.2015, S. 3.

menbedingungen dafür [zu] schaffen, dass die Ergebnisse aus öffentlich finanzierter Forschung frei zugänglich gemacht werden können. Dazu werden wir gemeinsam mit den Hochschulen, der Staats- und Universitätsbibliothek Carl von Ossietzky und der Deutschen Zentralbibliothek für Wirtschaftswissenschaften eine Open-Access-Strategie entwickeln." Die freie Verfügbarkeit von Wissensressourcen bezieht sich dabei neben den für Forschung und Lehre bedeutsamen Publikationen und Daten auch auf jegliche in digitaler Form vorliegenden Quellen des kulturellen Erbes. Die Open-Access-Strategie der FHH trägt dem Gedanken der ‚Openness' Rechnung, den der Senat mit der ‚Strategie Digitale Stadt' für die Metropolregion Hamburg u. a. durch Projekte schrittweise verwirklicht.[14]

Von den Grundideen bis zur finalen Struktur von HOA/HOS ereigneten sich mehrere Erweiterungen und Schwerpunktverlagerungen, die hier nicht nachgezeichnet werden sollen, soweit sie mit dem Digitalisierungsthema keine direkte Verbindung haben. Deshalb sei hier als Überblick der Endzustand kurz zusammengefasst und in der graphischen Darstellung wiedergegeben, wie sie dem aus der Vorstudie resultierenden Projektantrag beigegeben wurde. Neben den Digitalisierungsmodulen, auf die später näher und auch in ihrer Genese einzugehen sein wird, stehen die Bereiche Forschungsdatenmanagement, Forschungsinformationssysteme (FIS), Publikations-Repositorien, der Hamburger Archiv-Speicher sowie das Modul Services & Richtlinien (für Open-Access-Publikationen). Die Daten aller dieser Module laufen zusammen in einen Aggregator, aus dem das sogenannte Schaufenster bedient wird als die Präsentationsfläche für alle offen verfügbaren Materialien und Ergebnisse der Hamburger Forschung. Von den Ergebnissen der Digitalisierung werden die für das Web freizugebenden – gemeinfreien und lizenzierten – digitalen Objekte samt Metadaten im Schaufenster präsentiert werden; für die aus rechtlichen Gründen nur eingeschränkt verfügbaren digitalen Objekte wird eine Lösung erarbeitet, die im Aggregator und Schaufenster zumindest die Metadaten verfügbar macht, mit einem Hinweis, in welcher Institution das Digitalisat lokal einsehbar ist.

---

14 *Zusammen schaffen wir das moderne Hamburg* (wie Anm. 10), S. 47. Vgl. auch die Senatsdrucksache 20/14262 (13.1.2015): *Digitales Lehren und Lernen an den staatlichen Hamburger Hochschulen* (1.5.2017).

Systemüberblick Hamburg Open Science

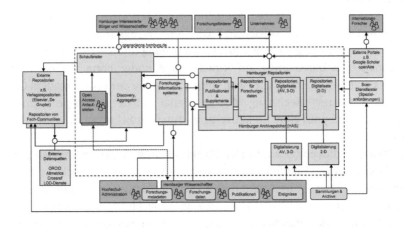

Abb. 1: Systemüberblick Hamburg Open Science Quelle: BWFG / IT und Organisationsentwicklung, 27.1.2017.

Alle Module sollen gemäß einem Meilensteinplan ihre Arbeitsergebnisse sukzessive freischalten, so dass bereits in der Laufzeit des Projekts wesentliche Merkmale von Hamburg Open Science sichtbar und zu nutzen sein werden. Über die inhaltlich wie institutionell heterogenen Teilprojekte werden die jeweils federführenden Einrichtungen während des Projekts die Fachöffentlichkeit informieren. Die SUB Hamburg wird für vier von acht Teilprojekten – in der Vorstudie Module genannt – die Federführung übernehmen, für die sie bereits im Vorfeld aktiv Kompetenzen aufgebaut hatte:

- den zentralen Aggregator und das damit unmittelbar verbundene Schaufenster – hier kann auf die Softwarebasis von beluga[15] zurückgegriffen werden;
- die eng verknüpften Bereiche Publikationsrepositorien und
- Services & Richtlinien, für die grundlegende Erfahrungen aus dem Verlag Hamburg University Press und seinen Repositorien, u.a. für das GIGA, zur Verfügung stehen;[16]

---

15 Vgl. http://beluga-blog.sub.uni-hamburg.de/blog/ (18.5.2017).
16 https://blogs.sub.uni-hamburg.de/hup/; https://blogs.sub.uni-hamburg.de/hup/zeitschriften/giga-journal-family/ (18.5.2017).

– schließlich für die Digitalisierung 2-D, für die seit über zehn Jahren mit unterschiedlichste Materialien Expertise aufgebaut worden ist.[17]

Konzentrieren wir uns nunmehr auf den Teilbereich Digitalisierung im geplanten HOS-Projekt. Die strukturelle Ausgangslage war durch die schon angedeutete politische Parallelführung von Kultur- und Wissenschaftssektor nicht unproblematisch, zumal der Adressat des HOS-Projektantrags, die Hamburger Finanzbehörde als Verantwortliche für IT-Infrastrukturaufbau und -erhaltung, zu Recht kompromisslos darauf besteht, keine Doppelstrukturen aufzubauen. Den Akteuren auf der Arbeitsebene ist durchweg die Situation vertraut, dass ganz nah verwandte, überlappende Bestände in beiden Sektoren lagern und auf die Digitalisierung warten. Eine übergreifende Digitalisierungsstrategie, die für die Hansestadt das wissenschaftlich und für die breite Öffentlichkeit relevante Hamburger Kulturgut im Ganzen in den Blick genommen hätte, war bis zur HOA/HOS-Initiative nicht erkennbar. Und die Anreize auf nationaler Ebene, Kulturgut in das spartenübergreifende Portal der Deutschen Digitalen Bibliothek (DDB) zu liefern, wirkten zwar auf einzelne Institutionen durchaus motivierend – da jedoch die Finanzierung der Digitalisierung den Kulturinstitutionen überlassen blieb und keine nationalen Förderprogramme mit dem DDB-Aufbau einher gingen, agierten die Hamburger Kultur- und Wissenschaftseinrichtungen weitgehend isoliert gemäß ihren jeweiligen Policies, Interessen, Chancen bei der Drittmittelakquise bzw. hauseigenen budgetären Möglichkeiten. D.h. diverse individuelle Motivationsfaktoren, interne und externe Anreizstrukturen – insbesondere finanzielle Ressourcen – waren die bisherigen Bestimmungsfaktoren für die Digitalisierung von Kulturgut in der Freien und Hansestadt Hamburg. Dies musste das Fehlen einer politischen Gesamtstrategie oder zumindest einer pragmatisch ausgerichteten Koordination solcher Aktivitäten kompensieren.

Etliche Besitzer bedeutender Sammlungen hatten sich mit dem förderpolitisch bedingten Wartestand nicht abgefunden, sondern individuelle Digitalisierungsstrategien formuliert und sie nach Kräften, soweit Ressourcen zu mobilisieren waren, auch in die Tat umgesetzt. Beispiele sind u.a. die Hamburger Kunsthalle, das Museum für Kunst und Gewerbe, das Staatsarchiv Hamburg, die am digiCULT-Verbund beteiligten Hamburger Museen, einzelne höchst for-

---

17 Vgl. die Überblicksberichte in Anm. 2–4.

schungsrelevante Sammlungen der Universität wie das Herbarium Hamburgense sowie die SUB.[18]

Eine politische Rahmenbedingung von HOS ist noch zu nennen, ein zeitver-
setzt etwas früher begonnenes Prestigeprojekt des Hamburger Senats mit dem
Titel Hamburg Open Online University (HOOU). Die HOOU ist ein hochschul-
übergreifendes Projekt, welches durch das Netzwerk der sechs staatlichen Hamburger Hochschulen mit dem Universitätsklinikum Eppendorf (UKE), der Behörde für Wissenschaft, Forschung und Gleichstellung (BWFG), der Senatskanzlei
sowie dem Multimedia Kontor Hamburg (MMKH) getragen wird. Ziel des Projekts ist, die klassische Präsenzlehre der Hamburger Hochschulen mit den Möglichkeiten digitaler Technologien zu erweitern und dieses Angebot auch einer
breiten Öffentlichkeit zur Verfügung zu stellen. Die Hamburg Open Online University möchte das Lernen und Arbeiten in hochschulübergreifenden Teams ermöglichen, um neue Lösungswege und Forschungsergebnisse zu erzielen. „Die
Besonderheit des Konzepts liegt in dem Versuch, einen digitalen Raum zu
schaffen, in dem sich Studierende, Lehrende, aber auch die interessierte Öffentlichkeit treffen können, um an interdisziplinären, hochschulübergreifenden
Projekten mit akademischem Anspruch zusammen zu arbeiten." Leitideen sind:
Lernenden-Orientierung & Kollaboration, Wissenschaftlichkeit, Öffnung für
neue Zielgruppen & zivilgesellschaftliche Relevanz, Openness / Open Educatio-
nal Resources.[19] Nicht nur die zugrundeliegende Openness-Strategie, sondern
auch einige ganz praktische Schnittstellen zu HOS sind mit der Anlage beider
Hamburger Großprojekte von vornherein gegeben, weshalb diese Schnittstelle
hier als Rahmenbedingung genannt werden muss und u.a. im Digitalisierungs-
modul mitzudenken ist.

Vorstudie Hamburg Open Archive: Erarbeitung des Konzepts

Teilnehmer am HOA/HOS-Modul Digitalisierung waren in der Vorstudie: SUB
(Federführung, zwei VertreterInnen), Universität (ein Vertreter des Sonderfor-
schungsbereichs 950 Manuskriptkulturen), Regionales Rechenzentrum der Uni-

---

18 http://www.hamburger-kunsthalle.de/; http://www.mkg-hamburg.de/de/; http://www.
museen-sh.de/Museensuche/?region=201.200 (u.a. Altonaer Museum, Archäologisches Museum Hamburg, Museum für Hamburgische Geschichte, Museum der Arbeit, Speicherstadtmu-
seum); http://www.hamburg.de/staatsarchiv/; http://www.herbariumhamburgense.de/;
http://digitalisate.sub.uni-hamburg.de/startseite.html (18.5.2017).
19 http://www.hoou.de/ (23.6.2018).

versität (RRZ, zwei Vertreter), Hochschule für Bildende Künste, Hochschule für Musik und Theater, dazu ‚Reviewerinnen' aus der Bibliothek der Hafencity University und dem Staatsarchiv Hamburg.

Am Beginn der Arbeit stand eine definitorische Klärung, die für bibliothekarische Denkweisen eine Weitung des Begriffs Digitalisierung mit sich brachte, am Ende des Prozesses auch organisatorische Konsequenzen. Die Gruppe verstand in einer Arbeitsdefinition „im Rahmen der Vorstudie und mit Blick auf das Projekt Hamburg Open Archive [...] unter dem Begriff Digitalisierung

1. die Repräsentation von Objekten und Ereignissen in digitalen Daten,
2. die Erfassung identifizierender Metadaten zu diesen digitalen Repräsentationen,
3. die Anreicherung der digitalen Daten mit Funktionen und weiteren Daten zur Darstellung, Beschreibung und Nutzbarmachung der Gegenstände des Digitalisierungsprozesses."

Dass es nicht allein um typische Bibliotheksmaterialien als Objekte gehen sollte, ging aus den Interessenbekundungen des Rechenzentrums im Einklang mit der Universität und den künstlerischen Hochschulen hervor. Das RRZ verwies darauf, dass seit 2009 in der Universität Hamburg Veranstaltungen zur zeit- und ortsunabhängigen Nutzung für Studierende und die interessierte Öffentlichkeit aufgezeichnet und kostenfrei online zur Verfügung gestellt werden. Die Zugriffszahlen zeigten eine hohe Akzeptanz dieses Angebotes. Dies gelte nicht nur für Vorlesungsmitschnitte, sondern auch für entsprechende sonstige Veranstaltungen wie beispielsweise Ringvorlesungen, Kongresse und Sonderveranstaltungen im wissenschaftlichen Kontext. Würden diese Ereignisse nicht digital aufgezeichnet, könnten sie nicht zu Forschungs- oder Informationszwecken im Nachhinein authentisch zugänglich gemacht werden.

Die Digitalisierung von vorhandenen analogen, technisch veralteten AV-Medien öffnet eine breitere Nutzungsmöglichkeit und sorgt für Bestandserhaltung. Schließlich ermöglicht die dreidimensionale Digitalisierung von Objekten und Artefakten deren Visualisierung für die Öffentlichkeit, die zum einen Interesse weckt und zum anderen Objekte sowie deren wissenschaftliche Zusammenhänge erklärt. Für die Wissenschaft ermöglicht sie einen orts- und zeitunabhängigen Zugang zu Hamburger Forschungssammlungen und eröffnet neuartige Forschungsoptionen.

Als Präsentationsplattform hat das RRZ im Bereich AV-Digitalisierung und Veranstaltungsaufzeichnung *Lecture2Go* als eines der bundesweit avanciertesten Systeme aufgebaut, das insbesondere für seine über dieses Repository verfügbaren OpenAccess-Medien bekannt und viel genutzt ist. Dieses soll gezielt ausgebaut werden.[20]

Der Hochschule für Bildende Künste war primär gelegen an einer umfassenden digitalen Dokumentation der Examensarbeiten, Ausstellungen und Performances von Studierenden, was ein professionelles 3-D- und Event-Scanning als Anforderung mit sich brachte. Vergleichbar war die Interessenlage der Hochschule für Musik und Theater. Die sich auftuenden rechtlichen Fragestellungen und Klärungsverfahren hinsichtlich der Präsentationsmöglichkeiten all der ereignisbezogenen Digitalisate sind als ein wesentliches Arbeitsfeld des Hauptprojekts vorgesehen.

Die oben genannte Definition umfasst als wesentlichen Bestandteil den Komplex der prinzipiell unbegrenzten weiteren Anreicherung der erzeugten Scans mit Metadaten und wissenschaftlichen Erschließung. Die Offenheit für eine Bandbreite verschiedener Verfahren und materialspezifischer Strategien ist als wesentlicher Bestandteil in den Antrag für das Hauptprojekt eingegangen. Die Gruppe hat im Weiteren den Digitalisierungsprozess in kleinteilige Schrittfolgen differenziert betrachtet, woraus sich die grundlegenden Ausstattungs- und Finanzbedarfe von Digitalisierungszentren ableiten ließen. Ihre Quantifizierung war an Bedarfserhebungen auszurichten, die für 2-D-Digitalisierung und andererseits die 3-D- und AV-Digitalisierung unterschiedlich intensiv durchgeführt wurden. Mehr dazu im nächsten Abschnitt.

Die federführende SUB unternahm mehrere Erkundungen in Bundesländern, die bereits über – sehr unterschiedlich ausgestaltete – Landesprogramme zur Digitalisierungsförderung verfügen. In der Servicestelle Digitalisierung des Landes Berlin *digiS* waren vor allem die Verfahren bei der Projektauswahl durch eine Jury, die enge fachliche Begleitung von einjährigen Projekten hinsichtlich der Metadaten- und Strukturierungsanforderungen, aber auch die ebenso pragmatische wie wirkungsvolle Durchsetzung von Standards für die Langzeitarchivierung seitens des Konrad-Zuse-Zentrums kennenzulernen. Der inhaltliche Akzent liegt hier im Kontrast zur Hamburger Konstellation auf der exemplarischen Digitalisierung des kulturellen Erbes mit der Senatsverwaltung für Kultur und Europa als dem Geldgeber und gerade nicht auf dem Wissenschaftssektor.[21]

Die Bayerische Staatsbibliothek und ihr repräsentatives Kulturportal *Bavarikon* legten in beeindruckender Detaillierung die Effizienz ihrer ebenso syste-

---

20 Deutlich absehbare Überschneidungen mit dem HOOU-Projekt führten im Verlauf der Arbeit zu gewissen Abstrichen bei Umfang und Dichte der geplanten Veranstaltungsdokumentation.
21 Vgl. https://www.servicestelle-digitalisierung.de/ und https://www.berlin.de/sen/kultur/kulturpolitik/kulturelle-teilhabe/digitalisierung/ (18.5.2017).

matisch wie pragmatisch festgelegten Workflows offen. Die Digitalisierung kultureller ‚Schätze' und ‚Highlights' auf der einen und eines enorm umfangreichen Fundus an historisch-wissenschaftlichen Basisquellen auf der anderen Seite deuten auch die Pole der digitalen Transformation im Kultur- und Wissenschaftsbereich an – und damit den Spagat bei der Integration von Interessen aller ihrer Stakeholder. Aber wenn die Kriterien und Leitlinien des Digitalisierungs-Handelns an ein transparentes übergreifendes Konzept zurückgebunden sind, ist, eine angemessene Ressourcenausstattung vorausgesetzt, der permanent zu leistende Interessenausgleich möglich.[22]

Von der SLUB Dresden holte sich die Projektgruppe sowohl zur Frage der Metadatenstandards als auch der praktischen Durchführung eines integralen „Landesdigitalisierungsprogramms für Wissenschaft und Kultur" wertvollen Rat. In welchem Maße essentiell die frühzeitige und weitsichtige Folgenabschätzung zu Strukturentscheidungen bei jedem einzelnen Projekt ist, das wurde aus den Dresdner Erfahrungen immer wieder deutlich. Ferner konnte hier der systematische Einsatz externer Dienstleister für die Realisierung des Förderprogramms studiert werden.[23]

Für die AV- und 3-D-Digitalisierung konnte das Benchmarking nicht in der Intensität wie für die 2-D-Digitalisierung durchgeführt werden. Dies ließ sich in gewissem Maße dadurch ausgleichen, dass Basisinformationen dazu im Zuge von standardisierten Abfragen an ausgewählte Digitalisierungs-Dienstleister eingeholt wurden. Das geschah in erster Linie mit Blick auf die erforderlichen Kostenschätzungen. Daneben wurden selbstredend in Marktanalysen diverse Angebote und Preisinformationen eingeholt für Hard- und Software, die Erarbeitung neuer Dienstleistungen und die komparativen Vor- und Nachteile des Einsatzes von Digitalisierungsdienstleistern.

Stakeholder-Analyse, Kontextdiagramm

Zunächst wurden Stakeholder der zu konzipierenden Digitalisierungsinfrastruktur benannt und in ihrer Wertigkeit und Position für das Gesamtprojekt einge-

---

22 http://www.bavarikon.de/ (dort unter http://www.bavarikon.de/object/bav:BSB-CMS-0000000000000605 auch die Unterlagen zu Qualitätsstandards, Beantragung, Auswahlverfahren, etc.); die noch aktive Vorgängerplattform ist die Bayerische Landesbibliothek Online (BLO, https://www.bayerische-landesbibliothek-online.de/); Schwerpunkt der Durchführung von Digitalisierungsprojekten ist das Münchner Digitalisierungszentrum (MDZ) der Bayerischen Staatsbibliothek, https://www.digitale-sammlungen.de/ (18.5.2017).
23 http://www.slub-dresden.de/sammlungen/landesdigitalisierungsprogramm/ (18.5.2017).

schätzt. Zumindest im Diskurs der Findungsphase eines so weitreichenden Projekts einmal den Horizont sehr weit zu spannen, indem möglichst umfassend Beteiligte, Betroffene, denkbare Partner, Konkurrenzen und Nutzungsumgebungen benannt wurden, erwies sich in der Folgezeit als sehr nützlich. Auch galt es, die unterschiedlichen Informationsstände und Handlungskontexte der Projektpartner im Austausch miteinander kompatibel zu machen, soweit dies unter großem Zeit- und Handlungsdruck denn erreichbar war.

Die Stakeholder-Analyse ging zusammen mit der Gesamtvorstellung von den Prozessen und Zielsystemen der Digitalisierung, also Repositorien, Langzeitarchiv, Aggregator und Schaufenster in ein Kontextdiagramm ein, wie es aus ihrer jeweiligen Sicht auch die anderen sechs Module von Hamburg Open Science erstellt haben. Es war eine hilfreiche Grundlage für die Diskussion und Verortung von Anforderungen der Module untereinander. Vor allem konnte es als Baustein für eine Gesamtsicht von HOA/HOS fungieren.

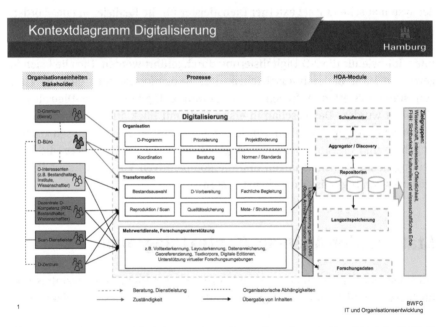

Abb. 2: Kontextdiagramm Digitalisierung. Vorstudie Hamburg Open Archive / Modul 02 Digitalisierung: Kontextdiagramm (Stand 27.8.2016).

Wenn hier als Stakeholder neben den konzipierten Instanzen der Digitalisierungsinfrastruktur nur abstrakt „D-Interessenten (z. B. Bestandhalter, Institute, Wissenschaftler)" genannt sind und als Zielgruppen „Wissenschaft, interessierte Öffentlichkeit, FHH [Freie und Hansestadt Hamburg]: Sichtbarkeit für kulturelles und wissenschaftliches Erbe", so ist damit der diskutierte weitere Horizont wieder auf den politisch gezogenen Handlungsrahmen des Projekts reduziert. Selbstverständlich blieb gedanklich präsent, wenngleich hier ausgeklammert,

- dass eine Hamburger Digitalisierungsförderung und -infrastruktur immer komplementär zu Projekten mit Drittmittelgebern zu betrachten ist;
- dass über bundesweite oder internationale fachliche Kooperationen ein wichtiger Teil von Digitalisierungsaktivität initiiert, mitgesteuert oder -priorisiert wird;
- dass ein bedeutender institutioneller Sektor innerhalb Hamburgs durch das genannte parallele Projekt *eCulture* der Kulturbehörde wissenschaftlich und kulturell bedeutsame Objektgruppen auf anderen Wegen digital transformieren wird – dies betrifft u.a. die Museen und Theater, das Staatsarchiv und das Denkmalschutzamt –, wobei die Haltung zur Open-Access-Präsentation noch diffus erscheint;
- dass die Anforderungen des Wissenschaftsbereichs raschem Wandel unterliegen, vor allem äußerst heterogen sind, einschließlich des Umgangs mit den in der Universität vorhandenen fast 40 wissenschaftlichen Sammlungen – wie an den meisten Universitätsstandorten in ganz unterschiedlicher Weise für Forschung, Lehre, museale Präsentationen oder populärwissenschaftliche Zwecke eingesetzt, damit erst recht verschiedenartigen Anforderungen an eine komplette oder exemplarische Digitalisierung belegt.

Die Vielfalt solcher Umfeld-Faktoren ging in die Reflexion der Projektgruppe ein, musste jedoch mit der Fokussierung der Machbarkeitsstudie auf ihren Kern zunehmend ausgeblendet werden. Für das Hauptprojekt sind gegebenenfalls etliche Stakeholder-Überlegungen wieder aufzunehmen.

Ist- und Bedarfs-Analyse als Grundlage der Nutzenargumentation

3-D-/AV-Digitalisierung

Die folgende Darstellung beschränkt sich im Wesentlichen auf die 2-D-Digitalisierung als den Bereich, für den die SUB im Rahmen der Vorstudie eine umfassende Ist- und Bedarfs-Analyse durchgeführt hat. Vorab aber einige Bemerkungen zu den anderen Sektoren, die in einem Digitalisierungszentrum des Regionalen Rechenzentrums bzw. der Universität Hamburg zusammengefasst werden sollen: Für den Bedarf an Ereignisdigitalisierung verfügte die Hochschule für Bildende Künste aufgrund ihrer Studierenden-, d. h. Examenszahlen und ihrer Veranstaltungsdichte über gewisse Eckdaten. Die Universität hatte Erfahrungen mit der digitalen Aufzeichnung von Veranstaltungen – Vorlesungsmitschnitte, Ringvorlesungen, Kongresse und Sonderveranstaltungen im wissenschaftlichen Kontext –, die auf ein frei skalierbares Portfolio von wünschenswerter Dokumentationsdichte angewendet werden können. Vom Umfang der veraltenden und zu digitalisierenden AV-Medien in der Universität besteht eine ungefähre Mengenvorstellung. Hingegen blieben die Kalkulationsgrundlagen für die zumindest exemplarische Digitalisierung der universitären Sammlungen,[24] die seitens der Universität nachdrücklich im Projektauftrag verankert worden waren, äußerst vage. Die Sammlungen umfassen rund 13,1 Mio. Objekte: von den geologisch-paläontologischen, mineralogischen und zoologischen Sammlungen des Centrums für Naturkunde (CeNak), der anatomischen Lehrsammlung und den medizinhistorischen Sammlungen des UKE über die rechtsmedizinische Präparatesammlung und die Lebendsammlung von Mikroalgen bis zu Gipsabgüssen des Archäologischen Instituts, dem am Kunstgeschichtlichen Seminar eingerichteten Archiv zur Erforschung der Materialikonographie, der Instrumentensammlung der Sternwarte, dem Archiv für Alltägliches Erzählen am Institut für Volkskunde/Kulturanthropologie, einem Computermuseum und einigen Text- und Bild-Sammlungen, die der 2-D-Digitalisierung zuzuordnen sind. Von den 13,1 Mio. Objekten der Universitätssammlungen werden 41% als „3-D-Objekte trocken", 37% als „3-D-Objekte nass", 15% als unbekannte und AV-Objekte sowie 7% (0,882 Mio.) als 2-D-Objekte klassifiziert,[25] letztere dann Material für das 2-D-Digitalisierungszentrum. Einzelne Teilsammlungen wie Teile des *Herbarium Hamburgense* haben bereits Eingang in digitale Fachportale gefunden, in diesem Falle in das JSTOR-Portal Global Plants und die Global Biodiversity Information Facility (GBIF).[26] Generell ist der Wunsch der Zentralstelle für wissenschaftliche Sammlungen bzw. der Universitätsleitung, die Sammlungen zumindest in exemplarischen Ausschnitten in einem von der Universität gepflegten separaten MyCore-Repositorium zu präsentieren. Während der Laufzeit der Machbarkeitsstudie waren konkrete Planungen dazu nicht in Erfahrung zu

---

24 https://www.uni-hamburg.de/einrichtungen/weitere-einrichtungen/museen.html (10.4.2017).

25 Mitteilung der Zentralstelle vom 14.9.2016.

26 Vgl. http://www.herbariumhamburgense.de/index.php und die Unterseite zu Projekten; http://plants.jstor.org (10.4.2017).

bringen, weshalb dafür in den Kalkulationen für die 3-D-/AV-Digitalisierung eher pauschale Bedarfe angesetzt wurden.

2-D-Digitalisierung

Für die in 2-D mit Priorität zu digitalisierenden Objekte war der Bedarf konkreter und präziser zu ermitteln. Allerdings nicht in dem zuerst in der Modulgruppe projektierten Umfang: Nahegelegen hätte eine integrale Erhebung des kulturell und wissenschaftlich besonders relevanten Materials in allen Hamburger Kultur- und Wissenschaftseinrichtungen; anfänglich war sogar eine Einbeziehung des Retrodigitalisierungsbedarfs innerhalb der Fachbehörden, also auf der Ebene der Ministerien, nachgeordneten Einrichtungen und Landesbetriebe im Gespräch. Realisiert werden konnte nach behördlicher Abstimmung letztlich nur die Befragung des Wissenschaftssektors im engeren Sinne, d. h. der sechs staatlichen Hochschulen, des Universitätsklinikums sowie sämtlicher wissenschaftlicher Bibliotheken in Trägerschaft der FHH, gleich welcher Behörde zugehörig. So konnten etwa aus dem Museumssektor, dessen nicht geringe Digitalisierungsaktivitäten oben kurz gestreift wurden, in die Erhebung für HOS nur die jeweiligen Fachbibliotheken der Museen einbezogen werden.

Die Umfrage im Rahmen des HOA-Moduls Digitalisierung fand als Online-Umfrage zwischen dem 15.7. und 31.8.2016 statt. Sie setzte mit einem Teil der gestellten Fragen auf eine zwischen 15.10. und 31.12.2015 von der SUB Hamburg bei den Hamburger wissenschaftlichen Bibliotheken zu deren Digitalisierungsbedarf bereits durchgeführte Untersuchung auf. Deren Ergebnisse wurden in die deckungsgleichen Felder der 2016er Umfrage den Befragten mitgegeben zur Bestätigung oder Korrektur. In etlichen Fällen, in denen aufgrund des ungünstigen, knapp bemessenen Zeitrahmens der HOA-Umfrage Einrichtungen nicht antworten konnten, werden für diese zumindest die Daten aus 2015 verwendet.

Angeschrieben wurden insgesamt 85 Einrichtungen. 38 haben abschließend geantwortet; für sie liegen damit vollständige Ergebnisse vor. Für weitere 25 sind aus 2015 Angaben zum Digitalisierungsbedarf vorhanden, aber keine Antworten zur Umfrage 2016. D. h. 63 Einrichtungen können mit vollständigen Angaben oder zumindest mit Teilergebnissen in die Ergebnisaufstellung eingehen. In fast der Hälfte der Institutionen fanden Ortstermine zur genaueren Begutachtung der Bestände statt. 22 Einrichtungen nahmen nicht teil bzw. haben keine relevanten Bestände und kein Interesse für den Digitalisierungsprozess.

Erfragt wurden einerseits die bereits erfolgten Digitalisierungsaktivitäten, andererseits die vorrangig digitalisierungswürdigen Bestände, gemäß folgenden Kriterien, die angelehnt sind an frühere Erhebungen der SUB zu Fragen der Bestandserhaltung, insbesondere zum Entsäuerungsbedarf:

- Wissenschaftliche Bedeutung
- Bedeutung für die Metropolregion Hamburg
- Bedeutung für die Geschichte der besitzenden Einrichtung
- Nachfrage
- Bestandsschutz

Ferner wurden Fragen zum physischen Zustand der Bestände, zur Einschätzung des Anteils gemeinfreier Bestände für die Präsentation und zum Beratungsbedarf hinsichtlich Digitalisierungstechnik und digitaler Präsentation gestellt. Die Ergebnisse können, wenngleich nur als knappe Querschnittsinformationen, einen Eindruck davon geben, wie umfangreich, wie vielgestaltig und in welchem Ausmaß Institutionen übergreifend kohärent die digitalisierungswürdigen Bestände zur 2-D-Digitalisierung in Hamburger Hochschulen und wissenschaftlichen Bibliotheken sind.

IST-Stand

Die SUB Hamburg hat rund 7300 Monographien, 5000 Periodikabände (von rund 660 Titeln), 1400 Musikdrucke, 85 Musikhandschriften, 260 Karten, 175 Stadtansichten, sieben Zeitungen im Umfang von 2,1 Mio. Seiten, Adress- und Fernsprechbücher im Umfang von 980 Bänden mit 550 000 Seiten, über 42 000 Blatt Nachlassmaterial, 1500 Fotos, 2000 Blatt Grafik, sämtliche 550 hebräischen Handschriften, dazu weitere Handschriften und Papyri digitalisiert.

Aus Beständen der Fachbibliotheken der Universität wurden in den Jahren 2015–2017 in der SUB Hamburg rund 1300 Bände nach Auswahl und aus Mitteln der Universität digitalisiert. An weiteren Aktivitäten einzelner Einrichtungen sind unter anderem zu nennen:

Aus dem Bereich der Universität durch die Hamburger Sternwarte in Bergedorf das historische astronomische Fotoplattenarchiv einschließlich der 1288 Platten der sogen. *Hamburger Durchmusterung* (Schwerpunkt: Quasare); im Asien-Afrika-Institut: bestandsgefährdete alte arabische Drucke in Zusammenarbeit mit dem SFB 950 Manuskriptkulturen, Audiokassetten sowie 300 000 Katalogzettel von Arbeitskarteien, die ins JPG-Format überführt wurden; in der Fachbereichsbibliothek Sprache, Literatur, Medien einige Hundert Videomitschnitte der Theatersammlung (mit Mitteln der Ditze-Stiftung); im Institut für die Geschichte der deutschen Juden die hauseigene Publikationsreihe *Hambur-*

ger Beiträge zur Geschichte der deutschen Juden. In aller Regel wurden Eigenmittel für die Digitalisierung eingesetzt.

Die Hauptbibliothek des Gymnasiums Johanneum, *Bibliotheca Johannei*, hat zur internen Nutzung ca. 850 Fotos digitalisiert, finanziert vom Verein Ehemaliger Schüler. Eine Mitfinanzierung des Harburger Museumsvereins ermöglichte dem Helms-Museum – Stadtmuseum Harburg die Digitalisierung der *Harburger Anzeigen und Nachrichten* von 1949–1961; sie konnte aus Kostengründen dann vorläufig nicht fortgesetzt werden. Das Museum für Bergedorf und die Vierlande hat umfangreiche Foto- und Grafikbestände digitalisiert. Von den Museumsbibliotheken ist sonst zumeist auf Nachfrage digitalisiert worden. Im Bereich der Behörden- und Gerichtsbibliotheken sei die deutschlandweit wohl einmalig dichte Sammlung von Tarifverträgen genannt, woraus für die interne Nutzung in der Bibliothek des Landesarbeitsgerichts und Arbeitsgerichts Hamburg ca. 8800 Verträge vor 1996 bereits digital vorliegen. Es sind an vielen Stellen punktuelle Maßnahmen in Gang gekommen, sehr oft aus Bedürfnissen interner Arbeitszusammenhänge oder der Befriedigung von Nutzeranfragen und -aufträgen heraus. Die SUB und die am Gemeinsamen Bibliotheksverbund beteiligten Bibliotheken machen die Metadaten zu den digitalen Objekten standardisiert zugänglich. Häufig sind die Metadaten aber, dem insularen Charakter der Digitalisierungsprojekte entsprechend, nicht oder nur in speziellen fachlichen Kontexten öffentlich zugänglich. Dadurch bleibt auch das betreffende digitale Material unverdientermaßen weitgehend unbekannt.

Viele der befragten Einrichtungen äußerten großes Interesse an der Digitalisierung ihrer besonders bedeutsamen Bestandssegmente, vor allem aber Beratungsbedarf. Kleine oder gar Ein-Personen-Bibliotheken benötigen umfassende Unterstützung, da Digitalisierungsaktivitäten und die dafür notwendige Expertise sowohl jenseits der laufenden Service-Tätigkeit als auch oft außerhalb des fachlichen Interesses der Mutter-Einrichtung liegen. Letzteres kann jedoch durch neue Projektplanungen, externe finanzielle Anreize oder Kooperationswünsche abrupt in Handlungsdruck in Richtung einer zügigen, großflächigen Digitalisierung umschlagen – eine Situation, in der kleinere Bibliotheken oder Dokumentationseinrichtungen erst recht einer Beratungsinstanz bedürfen.

Was aber in den befragten Einrichtungen tief verwurzelt, weil tägliche Arbeitserfahrung ist, kann man unter dem Schlagwort Problembewusstsein für die physische Gefährdung der Bestände zusammenfassen. Die von der SUB seit über 10 Jahren in Hamburg koordinierte Massenentsäuerung von Bibliotheksbeständen scheint eine erhebliche ‚Awareness' für die Bestandserhaltung allgemein und insbesondere die Säureproblematik bewirkt zu haben – mehr als die Hälfte der Befragten stellte entsprechende Verbindungen her.[27] Entsäuerung und Digitalisierung ergänzen einander, indem z. B. nicht entsäuerungsfähige Bestände – 20–25% des säurehaltigen Materials – ersatzweise wenigstens digitalisierungsfähig sein und so für die Nachwelt gesichert werden können. Und auch entsäuerten Beständen kann man durch eine Digitalisierung erheblichen Nutzungsstress ersparen. Dasselbe gilt für mechanisch abgenutztes oder sonst fragiles Material. Entsäuerung und Digitalisierung stellen keine verzichtbare oder luxuriöse Doppelung von Maßnahmen dar, sondern sorgen gemeinsam erst für die optimale Kombination von Sicherung des Originals und bestmöglicher Nutzbarkeit der Inhalte. Dementsprechend ist im Jahr 2018 von der BWFG und der Hamburgischen Bürgerschaft der Weg für die teilweise Nutzung von Bestandserhaltungsmitteln für die Digitalisierung von 2-D-Material aus Hamburger wissenschaftlichen Bibliotheken frei gemacht worden. Mit dem von der SUB koordinierten Programm *Hamburger Kulturgut im Netz (HaKiN)* werden seit Frühjahr 2018 gefährdete, in der HOA/HOS-Umfrage als besonders digitalisierungswürdig benannte Materialien von Dienstleistungsfirmen digitalisiert. Eine Fortsetzung des Programms 2019/20 ist sehr wahrscheinlich.

SOLL-Erhebung

Die wissenschaftliche Bibliotheken und die Hochschulen in Trägerschaft der FHH haben insgesamt 241 Teilbestände aus 63 Einrichtungen im Umfang von rund 102,8 Mio. Scans bzw. Seiten als prioritär zu digitalisierende Materialien angemeldet. Davon entfallen rund 2/3 auf die Hochschuleinrichtungen und -bibliotheken, das übrige Volumen auf die Bibliotheken von Behörden und Museen. In den Bedarfserhebungen sind zudem etliche Nachlassbestände zur Digitalisierung empfohlen worden, deren Erschließungsstand eine Quantifizierung des Umfangs noch nicht zuließ. Die Mengenangaben beruhen z.T. auf Zählungen und Datenbankabfragen, z.T. auf Schätzungen auf der Basis von Angaben zu laufenden Metern, Mengen von Schubern, Ordnern, Transportboxen, Schrankfächern, Filmrollen usw. Das Vorgehen bei der Anmeldung war unter den Einrichtungen durchaus unterschiedlich: Brachten einige ganze Teilsamm-

---

27 Vgl. Hagenah, Ulrich: Hamburger Verhältnisse 2011. Massenentsäuerung als parteiübergreifende Investition in die Zukunft. In: Eine Zukunft für saures Papier. Perspektiven von Archiven und Bibliotheken nach Abschluss des KUR-Projekts „Nachhaltigkeit der Massenentsäuerung von Bibliotheksgut". Hrsg. von Reinhard Altenhöner [...]. Frankfurt am Main: Klostermann 2012, S. 142–148; Hagenah, Ulrich u. Marlene Grau: Fundraising und Massenentsäuerung. 5 Jahre Action an der SUB Hamburg. In: Bibliotheksdienst 45 (2011), H. 7, S. 614–619.

lungen auch größeren Umfangs an, beschränkten sich andere auf exemplarische Mediengattungen und Ausschnitte.

Die Summe von 102,8 Mio. Scans/Seiten (Datenstand: 10.10.2016) setzt sich zusammen aus:

- 94,55% Druckwerken (97 236 310 Scans/Seiten, in der Regel gebunden, entsprechend knapp 500 000 Bänden)
- 4,17% ungedrucktem Material (4 286 370 Scans/Seiten)
- 1,27% Bildmaterial (1 308 524 Scans)

Daneben wurden 4050 Tondokumente, 15 475 Filmdokumente sowie 2111 Objekte und Ereignisse benannt, wobei letztere für einen Zeitraum von 10 Jahren hochgerechnet wurden. Diese Objektgruppen gehen in die AV-/3-D-Digitalisierung ein.

Die Gesamtmenge von 102,8 Mio. Scans zeigt einen enormen Handlungsdruck an. Es wird einen langen Atem und eine kontinuierliche, verlässliche und erhebliche Finanzierung seitens der Freien und Hansestadt über viele Jahre brauchen, um auch nur die dringendsten Bedarfe abzuarbeiten. Zu hoffen ist, dass sich ein nennenswerter Teil dieses Digitalisierungsbedarfs durch Drittmittel der Forschungs- und Kulturförderung, sei es von der Deutschen Forschungsgemeinschaft, Stiftungen oder anderen den besitzenden Einrichtungen verbundenen Mäzenen wird finanzieren lassen. Bei nicht singulärem Material könnte in dem einen oder anderen Fall eine Digitalisierung außerhalb Hamburgs Aktivitäten vor Ort ersetzen, wie bisher schon u. a. durch die Google-Digitalisierung der Altbestände der Bayerischen Staatsbibliothek geschehen. Das heißt, dass für eine Hamburger Finanzierung letztlich einiges weniger als die genannten knapp 103 Mio. Scans übrig bliebe. Andererseits ist nie auszuschließen, dass aus aktuellen Forschungsinteressen weitere Materialien relativ kurzfristig als zusätzliche Bedarfe benannt werden. Dass vor allem im Nachlassbereich etliche hochrelevante Bestände angemeldet wurden, die derzeit noch nicht seriös zu quantifizieren sind – z. B. die Nachlässe der Architekten Fritz Schumacher, Gustav Oelsner und Karl Schneider in der HafenCity University, von Jakob von Uexküll, Volkmar Sigusch (Universität), den Gebrüdern Wolff (Museum für hamburgische Geschichte), die Künstlerkorrespondenzen und -nachlässe der Kunsthalle –, wurde oben bereits angesprochen.

Die Sonderbestände sind in den Bibliotheken und angrenzenden Sammlungen nur selten so gut und in elektronischen Datenbanken katalogisiert wie die Standard-Druckwerke. Als Findmittel dienen in vielen Fällen Karteien oder listenförmige Inventare in maschinen- oder handschriftlicher Form. Konvolute können mit einer groben Sammelbezeichnung versehen, aber die Einzelobjekte nur per Durchsicht auffindbar sein. Oder Briefbestände sind entweder rein chronologisch oder nach einem Personenalphabet sortiert, aber nicht im Einzelnen recherchierbar. Es gibt viele Varianten und Defizite, die vor einer Digitalisierung zumindest mit einer basalen elektronischen Inventarisierung kompensiert werden müssen, damit die Scans hinreichenden Metadaten zugeordnet und damit präsentierbar gemacht werden können. Dieser vorab zu leistende Erschließungsaufwand ist von Fall zu Fall zu erheben und in eine Ressourcenplanung für Projektförderung und Eigenleistungen angemessen mit einzubeziehen.

Es ist unmöglich, einen einigermaßen repräsentativen Überblick über die Gesamtmenge von 241 Teilbeständen zu geben. Um jedoch wenigstens in einer Skizze zu illustrieren, welche Schwerpunkte ein Digitalisierungsprogramm 2-D zu Hamburger Wissenschaftsmaterialien haben könnte, sind im Folgenden unter zehn Schlagzeilen stichwortartig und exemplarisch Materialien zusammengefasst, die einen Eindruck von der formalen wie inhaltlichen Vielfalt geben können.

Die inhaltliche Seite – zehn Stichworte, zehn Beispiele mit ergänzenden Hinweisen

(1) Gefragtes Forschungsmaterial

BEISPIEL: Bibliothek Warburg: *Bildindex Politische Ikonografie*

Geschätzte 400 000 Bildkarten im Format DIN A 5, die weit mehr als hundert Schlagworten zugeordnet sind (Beschriftung z. T. typografisch, z. T. handschriftlich). Der *Index* vereint Fotoreproduktionen, Kopien, originale Zeitungsausschnitte, Postkarten und Notizen; er organisiert sie mit dem Ziel, eine große Bandbreite von bildlichen Hinweisen auf politische Begriffe, Ansprüche oder Prozesse zu geben. Zur Anregung transdisziplinärer ikonografischer Forschung ein höchst anregendes und (auch international) gefragtes Arbeitsmittel, dessen Nutzen durch die digitale Aufbereitung um ein Vielfaches zu steigern wäre.

Andere Beispiele: Direktorenkorrespondenzen und Unterlagen zu Aktivitäten im Sammlungs- und Ausstellungsbereich der Kunsthalle, des Museums für hamburgische Geschichte u.a.; der Nachlass Johan Adrian Jacobsen (Korrespondenz 1871–1939) im Museum für Völkerkunde; die Musikhandschriften, Händel-Handexemplare, das Brahms-Archiv oder die verschiedene mittelalterliche und frühneuzeitliche Segmente der Handschriftensammlung der SUB.

(2) Quellen zur Regionalgeschichte

BEISPIEL: Verhandlungen zwischen Hamburgs Rat und Bürgerschaft (Acta Conventuum Senatus et Civium) 1410–1859, handschriftlich im Hanseatischen Oberlandesgericht und Staatsarchiv

Andere Beispiele: Stammbücher des Museums für hamburgische Geschichte und der SUB; wichtige handschriftliche Quellen zur Geschichte der Hamburger Hauptkirchen in der SUB; in Sammelbänden zusammengefasste Sammlung von Flug- und Kleinschriften mit sehr seltenen Drucken und 4300 thematische Kapseln mit Kleinschrifttum im Staatsarchiv; frühe Erfahrungsberichte der Überlebenden des KZ Neuengamme, publiziert in den ersten Jahren nach der Befreiung (1945–1955); spezielles Kleinschrifttum zur Geschichte Hamburgs und Altonas in der Arbeitsstelle für Hamburgische Geschichte.

(3) Fachliche Spezialsammlungen

BEISPIEL: Theatersammlung der SUB

Dort Theaterzettel für bis zu 100 000 Aufführungstage der Hamburger Theater zwischen 1783 und 1945, 6800 Blatt Bühnenbild- und Kostümentwürfe, eine Sammlung von Autografen und 8000 Briefen sowie umfangreiche Archive von TheaterfotografInnen.

Andere Beispiele: Numismatische Spezialliteratur im Museum für hamburgische Geschichte, knapp 300 Bücher, Zeitschriften und annotierte Auktionskataloge eines Sammlers; Auktions- und Ausstellungskataloge der Kunsthalle und aus anderen Hamburger Ausstellungshäusern; das Volksliedarchiv des HamburgMuseums; historische Kinder- und Märchenbücher im Altonaer Museum; die Autografensammlungen der SUB; wichtige physikalische Fachzeitschriften des 19. und 20. Jahrhunderts im Fachbereich Physik der Universität; Floren (weltweite Bestimmungsliteratur) der Zentralbibliothek Biologie der Universität; zehn Regalmeter Expeditionsberichte im Bibliotheks- und Informationsservice (BIS) für Erdsystemforschung der Universität; die Tarifvertragssammlung des Landesarbeitsgerichts in 780 DIN A 4-Ordnern.

(4) Hamburger Persönlichkeiten und ihre Nachlässe

BEISPIEL: Walter A. Berendsohn Arbeitsstelle für deutsche Exilliteratur im Fachbereich Sprache, Literatur, Medien der Universität:

Dort der thematische Nukleus Exiltheater im Nachlass des nach Argentinien emigrierten Regisseurs und Theaterkünstlers P. Walter Jacob, der seine eigenen Aktivitäten im Bereich des Exiltheaters und seine weitverzweigte Korrespondenz mit vielen namhaften VertreterInnen der Emigration möglichst lückenlos zu dokumentieren suchte. Er sammelte verschiedenste Zeugnisse des kulturellen Lebens im Exil und stellte u.a. eine annähernd 300 Archivkartons umfassende Sammlung thematisch geordneter Ausschnitte aus historischen (Exil-)Zeitungen zusammen, die an der Forschungsstelle elektronisch erfasst und zur Abfrage online gestellt wurde; dazu eine weit reichende Korrespondenz.

Andere Beispiele: 120 ausgewählte Nachlässe (u.a. Friedrich Gottlieb Klopstock, Matthias Claudius, Wolfgang Borchert, Richard und Ida Dehmel, Detlev von Liliencron, Axel Eggebrecht, Werner von Melle, Fritz Schumacher, Max Sauerlandt, Will Quadflieg, Ida Ehre, Helmut Thielicke) der SUB; die tabakhistorische Sammlung Reemtsma im Museum der Arbeit; Reisetagebücher und Dokumentationen zur Geschichte von Ernährung und Hygiene von Rudolf Otto Neumann in der Bibliothek Hygiene der Behörde für Gesundheit und Verbraucherschutz; das Jakob von Uexküll-Archiv.

(5) Wertvolle Altbestände

BEISPIEL: Gymnasialbibliotheken des Johanneums und des Christianeums mit breiter Überlieferung von Drucken des 15.–18. Jahrhunderts, darunter 31 Inkunabeln und über 500 Drucke des 16. Jahrhunderts.

Andere Beispiele: der kriegsbedingt reduzierte, dennoch sehr wertvolle und umfangreiche Altbestand der SUB, daneben die Altbestände der Kunsthalle und anderer Museen sowie des Staatarchivs.

(6) Themencluster

BEISPIEL: Kolonialgeschichte in verschiedenen Beständen: Kolonialgeschichtliche Literatur aus dem Museum für Völkerkunde, dem Institut für Geografie der Universität, ergänzt durch größere Konvolute von Karten zu den deutschen Kolonien in Afrika in der dortigen Kartensammlung; Segmente aus der früheren Bibliothek des Kolonial-Instituts in der Theologischen Bibliothek und der Bibliothek des Fachbereichs Wirtschaftswissenschaften der Universität.

Andere Beispiele: der Schwerpunkt Wohlfahrtspflege, Fürsorge, Sozialwesen, Sozialpolitik in der Forschungsstelle für Zeitgeschichte, der Zentralbibliothek der Behörden Hamburger Straße und der SUB; drucktechnische Fachliteratur (Schriftmusterbücher aus dem Grafischen Gewerbe) des Museums der Arbeit, dazu die Vorlagenmappen der Hochschule für Bildende Künste, u.a.m.

(7) Virtuelle Zusammenführung

BEISPIEL: Bestände der Gymnasialbibliothek des Christianeums, die nach dem Zweiten Weltkrieg in die SUB überführt wurden, werden virtuell zusammengeführt mit den heute noch im Christianeum stehenden Altbeständen.

Andere Beispiele: In der SUB befinden sich zahlreiche aus Behörden-, Instituts- und Privatbibliotheken in strenger Auswahl übernommene Spezialbestände, die nach der Digitalisierung virtuell mit denen der Herkunftsbibliotheken wieder zusammenkommen (u. a. Institut für Angewandte Botanik, Strom- und Hafenbau, Baubehörde).

Auf andere Weise finden zum Schiffbau Spezialbestände im Netz zusammen: die im DFG-geförderten früheren Sondersammelgebiet der SUB aufgebaute Sammlung zu Wasserfahrzeugen trifft im Netz auf die in der TUB Hamburg-Harburg lagernde Fachliteratur aus der Schiffbautechnischen Versuchsanstalt.

Aus der Forschungsstelle für Zeitgeschichte (FZG) kommen Bestände zum Nationalsozialismus (u. a. HJ-Schulungshefte, Arbeitsdienst) zusammen mit Parallelüberlieferung in der Hamburger Lehrerbibliothek – Landesinstitut für Lehrerbildung und Schulentwicklung.

Frühe Erinnerungsliteratur aus ehemaligen Konzentrationslagern (1945–1950) der FZG kann jene aus der KZ-Gedenkstätte Neuengamme sinnvoll ergänzen.

Die getrennt aufbewahrten Teilnachlässe von Hans Leip im Museum für Hamburgische Geschichte und in der SUB oder die von Philipp Otto Runge in der Kunsthalle und der SUB sind Beispiele für etliche auseinandergerissene Dokumentationen zu Hamburger Persönlichkeiten, die digital gemeinsam verfügbar gemacht werden können.

(8) Populäre Quellen

BEISPIEL: Zeitungen aus Hamburg, Altona, Bergedorf, Harburg, Wandsbek, Wilhelmsburg. Über die von der SUB bereits digitalisierten 2,1 Mio. Seiten Hamburger und Altonaer Zeitungen hinaus liegen weitere 2,1 Mio. Seiten von über 40 Zeitungsunternehmen auf Mikrofilmen vor, die vielfach Bestände mehrerer Einrichtungen zusammenführen. Für die Regionalgeschichte aller Themenbereiche sind Zeitungen eine viel gefragte Massenquelle, die mit einer OCR-Aufbereitung zur Volltextrecherche besonderen Mehrwert gewinnt.

Andere Beispiele: Fotos, (s. u. 9.)

(9) Bildmaterial

BEISPIEL: Portraitsammlung der SUB mit ca. 16 600 Portraits des 17.–20. Jahrhunderts aus aller Welt, von denen 1600 Hamburgerinnen und Hamburger bereits digitalisiert sind.

Andere Beispiele: 1900 Kupferstiche der SUB aus dem 17. und 18. Jahrhundert und 1100 Stadtansichten (110 bzw. 130 bereits digitalisiert); 50 000

Postkarten zur Stadtgeschichte Harburgs im Helms-Museum – Stadtmuseum Harburg; Fotosammlungen u. a. des Museums der Arbeit (100 000), der Theatersammlung der SUB, des Helms-Museums, des früheren Hygiene-Instituts; Bildmaterial in Nachlässen, usw.

(10) Universitätsgeschichte
BEISPIEL: Nachlässe von Werner von Melle und einiger Professoren der Universität Hamburg in der SUB, die intensiv die Frühgeschichte der Universität vor dem und um das Gründungsjahr 1919 dokumentieren, insbesondere das Korrespondenznetz der wissenschaftlichen und (wissenschafts-)politischen Partner.

Andere Beispiele: Hamburger Arbeitsstelle für Universitätsgeschichte: Studentische Flugblätter der Universität Hamburg seit 1967 (57 A4- Ordner mit z.T. physisch stark gefährdetem Bestand); Dissertationen, die in den ersten Jahrzehnten der Universität angefertigt wurden; Schriften von Lehrenden der Gründungszeit.

Um in einem Digitalisierungs-Workflow die Interessen so unterschiedlicher Bestandshalter, die Bibliotheksgrößen und –typen sowie die divergenten Voraussetzungen bei Material und Metadaten in gerechter und effizienter Weise miteinander zu vermitteln, ist – eine kontinuierliche Förderung seitens der FHH über einen längeren Zeitraum vorausgesetzt – ein transparentes Auswahl- und Erledigungsmanagement vonnöten. Verfahrensvorschläge dafür wurden im Zuge der Prozessanalyse und Erstellung des Kontextdiagramms unterbreitet. Je deutlicher der Fokus der Machbarkeitsstudie dann aber auf die Gesamtkostenrechnung gelegt wurde, gerieten diese Governance-Prozesse eher in den Hintergrund und spielten im Antrag am Ende kaum eine Rolle. Gleichwohl ließ sich an vielen Stellen mit den digital zusammenzuführenden überschnittigen Beständen der verschiedenen Einrichtungen jederzeit gut der Nutzen der digitalen Transformation für die wissenschaftliche Infrastruktur demonstrieren.

Kostenkalkulation, Wirtschaftlichkeitsbetrachtung, organisatorisches Format

Die Prozessbetrachtung der Digitalisierung wurde sukzessive mit Kostenfaktoren angereichert, so dass die Modulgruppe nach dreieinhalb Monaten der Beraterfirma Capgemini die erforderlichen Daten für eine Kostenrechnung und Wirtschaftlichkeitsbetrachtung zuliefern konnte. In die monetäre Betrachtung flossen sowohl die Umsetzungskosten im dreieinhalbjährigen Projekt als auch die anschließenden Betriebskosten bis Ende eines Gesamtbetrachtungszeitraums von fünf Jahren ein.

Die Bedarfsanalysen und die Konstellation, dass sich an zwei beteiligten Einrichtungen bereits Kompetenzcluster gebildet hatten, nämlich bei der SUB für die 2-D-Digitalisierung mit der Softwareplattform *Kitodo* und beim RRZ bzw. der Universität für AV- und Event-Digitalisierung mit der Plattform *Lecture2Go*, brachten eine rasch zunehmende Separierung und Parallelführung der Planungen für diese beiden Bereiche mit sich.

Veranschlagt wurden Kosten zunächst für eine dreijährige Projektphase, die wiederum in vier Phasen unterteilt wurde, und zwar von unterschiedlicher Länge in den einzelnen Modulen gemäß deren jeweiligen Bedürfnissen und Planungen. Für das Modul Digitalisierung wurden angesetzt: drei Monate Initialisierung, 12 Monate Fachkonzeption, 18 Monate Implementierung, drei Monate Abschluss.

Für die 2-D-Digitalisierung soll der Personaleinsatz zwischen den Phasen differieren: Während in der Anfangsphase ein wissenschaftlicher Leiter und eine IT-Fachkraft Beschaffungen und weitere Personaleinstellungen in die Wege leiten, soll in der Implementierungsphase, in der am Ende ein voller Produktionsbetrieb erreicht werden soll, die größte Personalstärke erreicht sein. Die durchschnittliche Teamgröße in der Projektphase soll bei fünf liegen und so auch im anschließenden Betrieb.

An Kostenpositionen kamen neben den Personalkosten zum Tragen: Hardware, Softwarelizenzen, Arbeitsplatz- und bauseitige Kosten, Hosting und Netzbetrieb der Server, die Anpassung von Software und Schnittstellen – hier z. B. die Präsentationsschicht für alle Digitalisate in HOS, Closed Access und Open Access; *Kitodo*-Entwicklungen zur Mandantenfähigkeit, Aufbau eines Bildservers, Mehrwertdienste –, externe Beratung, organisatorische Maßnahmen, Marketing, Schulungen und Reisekosten. Eine besondere Rolle nimmt unter den Sachkosten ein exemplarischer Fördertopf für verschiedene Projekttypen (nur Scannen, Scannen + Strukturierung, Unterstützung bei der Metadatenpflege, etc.) ein, der vor allem auch Pilotprojekte mit externen Dienstleistern, die Beschäftigung studentischer Hilfskräfte im Digitalisierungszentrum, befristete Personalverstärkungen u. ä. ermöglichen soll. Als Gesamtkosten des Digitalisierungsmoduls 2-D im Projekt ergab sich eine Summe[28] von 2,381 Mio. €. Das 2-D-Digitalisierungszentrum soll an der SUB angesiedelt werden. Deren Eigenanteil beträgt beim Personal knapp 10%, bei den Sachmitteln 1,7%.

---

28 Für IT-Planung bei der Finanzbehörde angemeldeter Bedarf, Eigenanteil der SUB Hamburg, Verwaltungsgemeinkosten.

Für die Betriebsphase der 2-D-Digitalisierung, d.h. in der Kalkulation die Jahre vier und fünf, wurden pro Jahr 0,855 Mio. € Finanzbedarf ermittelt, um jährlich auf eine Gesamtproduktion von ca. 2 Mio. Scans plus diverse Mehrwertdienste zu kommen. Der Output könnte durch höhere jährliche Zuwendungen der FHH zur Umsetzung in Dienstleisterbeauftragungen weiter erhöht werden. Grundsätzlich war den Projektteilnehmern von der Behörde für Wissenschaft, Forschung und Gleichstellung aufgegeben, dass die Leistungen nach der Projektphase, also in den Jahren vier und fünf, aus den Budgets der beteiligten Einrichtungen zu finanzieren seien. Davon hat sich das Modul 2-D-Digitalisierung jedoch eine Ausnahme ausbedungen, da die aufzubauende Digitalisierungsinfrastruktur, wie anhand der Bedarfsanalyse gezeigt, über 60 bestandhaltenden Einrichtungen dienen soll. Die dafür entstehenden Kosten können nicht der SUB als dem räumlich-organisatorischen Standort der Infrastruktur allein aufgebürdet werden. Insofern wurde in den Betriebskostenansatz analog zu dem „exemplarischen Fördertopf" der Projektphase wiederum ein namhafter sechsstelliger übergreifend zu finanzierender Betrag eingestellt, um damit studentische Hilfskräfte, befristete Personalverstärkungen, Aufträge an Dienstleister, Lizenzkosten für vergriffene Werke u. ä. bestreiten zu können. Der Eigenanteil der SUB würde gemäß der entwickelten Konstruktion für die Betriebsphase bei gut 17% liegen.

Für die AV- und 3-D-Digitalisierung wurden die Bedarfe des RRZ, der Universität sowie der beiden künstlerischen Hochschulen kumuliert. Insgesamt wurden 3,058 Mio. € für drei Projektjahre – bei einer Personalstärke von durchschnittlich knapp neun – beantragt und 0,696 Mio. € pro Jahr für die sich anschließende Betriebsphase (sechs Personen, bei hundertprozentiger Übernahme in die Eigenfinanzierung). Wichtigste Positionen waren dabei in personeller Hinsicht die wissenschaftliche Konzeptionierung der AV- und Ereignis-Digitalisierung, die Entwicklung eines 3-D-Repositoriums, Fotografie, Kameraführung, Scan-Operating, Metadatenbearbeitung sowie die Koordination zwischen Digitalisierungszentrum und Forschung. Sachkosten entstehen vornehmlich für Videokamera- und Foto-Equipment, 3-D-Workstations, Software, Server, 3-D-Hand- und -Raum-Scanner, AV Postprocessing und den Ausbau des *Lecture2Go*-Repositoriums zur Mandantenfähigkeit.

Für Hamburg Open Science insgesamt wurden bezogen auf die Projektphase Mittel in Höhe von 18,643 Mio. € für die IT-Planung (jährlicher Investitionsfonds der Finanzbehörde) angemeldet. Hinzu kommen 2,169 Mio. € Eigenmittel der beteiligten Institutionen und 3, 596 Mio. € für Büroarbeitsplatzpauschale (BAP) und Verwaltungsgemeinkosten, so dass sich in der Summe Projektkosten von 24,409 Mio. € ergeben. Pro anschließendem Betriebsjahr kalkulieren alle Module gemeinsam mit 5,929 Mio. €. Die kostenträchtigsten Module sind dabei die Forschungsinformationssysteme mit 1,687 Mio. €, das Forschungsdatenmanagement mit 1,233 Mio. € und das auch auf alle Hochschulen verteilte Modul Services und Richtlinien, das in erster Linie den Publikationsrepositorien dienen soll, mit 0,963 Mio. €. Danach folgen die beiden Untereinheiten des Moduls Digitalisierung mit den oben genannten Summen, die zusammengenommen jährliche Betriebskosten von mindestens 1,551 Mio. € ergeben.

Diese Ergebnisse der Vorstudie wurden von der federführenden Behörde für Wissenschaft, Forschung und Gleichstellung in das Projektmanagementsystem der FHH, IPUC (IT-Projektplanung und –Controlling), eingegeben, wobei die auf Projektphasen bezogenen Zahlen auf Haushaltsjahr-konforme Werte zu transformieren waren. Für die weitere Evaluation des Vorhabens von erheblicher Bedeutung war die vorausgegangene obligatorische Wirtschaftlichkeitsbetrachtung des Gesamtprojekts durch die BWFG und die Beratungsfirma Capgemini. Bei der monetären Betrachtung wurden sowohl die Umsetzungskosten als auch die Betriebskosten über einen Betrachtungszeitraum von insgesamt 5 Jahren berücksichtigt. Sie ergab zusammengefasst, dass das gesamte Projektbudget einem Kosten-Nutzen-Saldo von ca. −35 Mio. € entspricht und umgelegt über die Barwertmethode einem Kapitelwert von ca. −33,2 Mio. €.

„Es gibt demnach einen signifikanten Investitionsbedarf, um das Projekt erfolgreich durchzuführen. Ein monetärer Nutzen ergibt sich in dieser Berechnung nur zu geringen Anteilen, da überwiegend ein neuer OA-Rahmen inklusive neuer Systeme, Richtlinien, Prozesse, Infrastrukturen und Struktur geschaffen wird. In diesem Sinne werden in Bezug auf die meisten Module weder ein Altsystem abgelöst noch ein manueller Prozess abgeschafft, was zu einer Kosteneinsparung führen könnte. Eine Ausnahme bildet die Einführung eines FIS, ...". Dem Projekt wird ausdrücklich „eine hohe strategische Bedeutung für die Behörde und die FHH zugesprochen. Dies spiegelt sich auch in der qualitativen Nutzenbetrachtung wider: Für die qualitative Wirtschaftlichkeitsbetrachtung ergeben sich 136 von 260 möglichen Nutzenpunkte [sic]. Das entspricht in der Auswertung einer IT-Maßnahme mit ‚überdurchschnittlichen nicht monetäre qualitative [sic] Auswirkungen.' " [29] Deskriptiv-qualitative Kataloge der Projektziele und der Nutzenargumente hatten sämtliche Module in ausgedehnter Form vorgelegt, und sie haben auch Eingang in den Antrag gefunden. Sie brauchen für die Digitalisierung in diesem Band nicht eigens ausgebreitet zu werden. Sie scheinen aber nicht wenig zu dem Gesamteindruck des Projekts bei ersten Evaluationen beigetragen zu haben, dass es sich zwar um ein hochkomplexes und kostenintensives, aber auch kohärentes, konsistentes und einhellig getragenes Vorhaben aller Beteiligten handelt. Die Intensität des Aushandlungsprozesses,

---

[29] Projekteinsetzungsverfügung (wie Anm. 1), S. 31f.

in dem auseinanderlaufende Interessen teilweise nur über eine Erweiterung des Projektprofils miteinander vermittelbar waren, steht auf einem anderen Blatt. Hierbei bewährte sich die koordinierende Rolle der Berater, ohne die es sowohl an dynamisierenden Effekten und professioneller Zusammenführung der Inhalte wie an energischem Interessenausgleich gefehlt hätte. Allerdings geben die Erfahrungen aus der strategisch wie fachlich engagierten, von Zeit- und Leistungsdruck wie divergierenden Interessen der Projektpartner geprägten Kommunikation zwischen Beratungsfirma, Hochschul- und Bibliotheksvertretern auch Veranlassung, sich vielfältiger ‚lessons learned' zu vergewissern. Das wechselseitige Kennenlernen der Denkweisen bei Beratern und Fachleuten band nicht nur anfangs viel Energie und Zeit, sondern blieb ein dialektischer Prozess bis zum Ende, sei es bei den Prozess- und Kostenanalysen, der Aufbereitung von Ergebnistexten oder der Redaktion und Verantwortlichkeit für finale Fassungen.

Die Konstellation Berater – Behörde – beteiligte Einrichtungen differenzierte sich bei beiden zuletzt genannten Partnern weiter in die fachliche Arbeits- und die politische Ebene. Die Schnittstellen waren unterschiedlich durchlässig, die Gesamtkonstruktion überdenkenswert. Die Struktur bestand aus

- einer Lenkungsgruppe (Leiter bzw. Kanzler der beteiligten Institutionen) unter Leitung der BWFG
- einer Runde der Federführerinnen und Federführer jedes Moduls
- den Modulgruppen, bestehend aus potentiell je einer Vertreterin bzw. einem Vertreter der beteiligten Institutionen auf der Arbeitsebene (Teilnahme bei Interesse an dem Modulthema)
- Reviewerinnen und Reviewern der Modulergebnisse aus externen Einrichtungen
- der auf allen Ebenen vertretenen Beratungsfirma Capgemini
- externer Fachberatung, wo erforderlich.

Für das Hauptprojekt wurde nach Diskussion verschiedener Alternativen ein der oben beschriebenen Struktur ähnliches Modell anvisiert. Die Projektleitung sollte bei der Universität Hamburg als dem größten aller Partner liegen. Dort sollte auch das Project Office angesiedelt sein. Die SUB Hamburg sollte vier Teilprojekte, u.a. die 2-D-Digitalisierung, leiten, die Universität Hamburg zwei, die Technische Universität Hamburg-Harburg und die Hochschule für Angewandte Wissenschaften je eines.

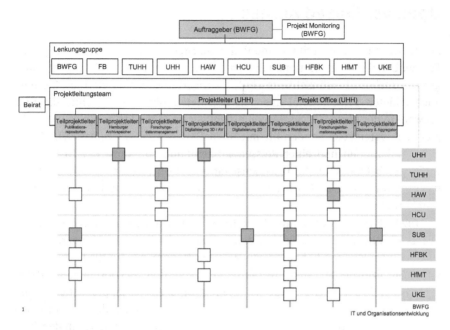

Abb. 3: Organisationsmodell 1 für Hamburg Open Science Quelle: BWFG / IT und Organisationsentwicklung, 27.1.2017.

Eingangs wurde bereits erwähnt, dass die Anmeldung des Gesamtprojekts HOS für den so genannten IT-Globalfonds der Hamburger Finanzbehörde nunmehr aber gescheitert ist. HOS war für die Tragkraft dieses jährlich bereitgestellten, meist mit Anträgen deutlich überzeichneten Fonds für alle Hamburger Behörden als Großprojekt überdimensioniert. Zwischen Abfassung und Drucklegung dieses Beitrags sind, wie oben bereits erwähnt, neue Entscheidungen über Finanzierung und Organisation der Teilprojekte gefallen, die Folgen für den überwölbenden Zusammenhang aller Komponenten haben. Aus fachlicher Sicht der SUB stellt die Kohärenz der ursprünglichen HOS-Projektteile von digitaler Bereitstellung der Forschungsmaterialien und -ergebnisse über die Open-Access-Publikationsberatung und -Repositorien und das Management für Forschungsdaten und Forschungsmetadaten, die alle in den Aggregator und das Schaufenster der Hamburger Wissenschaft münden, einen hohen Wert für sich dar. 2020 oder 2021 werden die Ergebnisse und ihre Kohärenz sichtbar sein. Die in Hamburgs wissenschaftlichen Bibliotheken und Einrichtungen retrodigitalisierten Materialien sollten dann als Forschungsdaten in größtmöglicher Nachnutzbarkeit und Interoperabilität der Wissenschaft zur Verfügung stehen.

Open vs. Closed Access

Bei der Umfrage zum Ist-Stand und Bedarf an Digitalisierung meldete der größte Teil der beteiligten Institutionen Einschränkungen der Präsentationsrechte (aufgrund Urheber-, Persönlichkeitsschutz-, Verwertungsrechten etc.) an. Bei dem angemeldeten Printmaterial aus den beteiligten Bibliotheken ohne die SUB schwankte der Closed-Access-Anteil erheblich; im Mittel lag er bei ca. 50 %. Es gibt auch vereinzelte Sonderfälle mit 100% Closed Access: z.b. das *DDR-Archiv* mit Publikationen und einer Pressedokumentation zur Kunst der DDR in der Fachbereichsbibliothek Kulturwissenschaften der Universität oder die Tarifvertragssammlung der Bibliothek des Landesarbeitsgerichts und Arbeitsgerichts Hamburg.[30]

Die SUB hat bis auf wenige Ausnahmen[31] an Printmedien nur solche für die Digitalisierung angemeldet, die gemeinfrei oder – im Falle von Monographien – bis 1965 erschienen, d.h. in der Regel als vergriffene Werke für die freie Webpräsentation lizenzierbar sind. Insofern sind von den 245 000 angemeldeten Bänden der SUB nur etwa 17 800 (7,2%) nicht Open Access zu präsentieren. Von den ca. 5,4 Mio. angemeldeten Scans von Sonderbeständen aller Institutionen sind geschätzt an die 40% zur Zeit nicht rechtefrei und könnten nur in den Räumen der jeweiligen besitzenden Einrichtung digital präsentiert werden.

Da die Situationen für die angemeldeten 241 Teilbestände so sehr unterschiedlich sind, ist aufs Ganze gesehen von einem Closed-Access-Anteil bei Print von 25–30%, bei Sonderbeständen von 35–40% auszugehen. Wichtig ist aber festzuhalten, dass die ganz überwiegende Zahl der beteiligten Einrichtungen von dem Problem der rechtlichen Präsentationseinschränkungen betroffen ist. Bei der Umfrage in den wissenschaftlichen Bibliotheken 2015 waren genau 50% der damals gemeldeten 226 Teilbestände zumindest partiell nicht gemeinfrei.

Um mit dieser Problematik möglichst nutzungsfreundlich umzugehen, ist zum einen geplant, dass grundsätzlich die Präsentationsplattformen beider Digitalisierungszentren mandantenfähig sein werden, so dass alle Einrichtungen, die für Workflows und Präsentation auf diese zentralen Plattformen zurückgrei-

---

30 Die Tarifvertragssammlung erschließt eine Sammlung von ca. 50 000 Tarifverträgen. Gegründet um 1953; vgl. Zwei Jahrzehnte Arbeitsgerichtsbarkeit in Hamburg (1945–1966). Hamburg: Arbeits- und Sozialbehörde 1967.
31 Pflichtexemplare Hamburger Zeitschriften; Literatur aus den DFG-Sondersammelgebieten der Bibliothek, d. h. aus den bis 2013/14/15 laufenden SSGs: Politik, Verwaltungswissenschaft, Indigene Kulturen Nordamerikas und der Arktis, Spanien/Portugal, Küsten- und Hochseefischerei, dazu aus älteren SSGs jeweils für den Zeitraum, in dem sie von der DFG gefördert wurden: Iberoamerika, Schweden, Wasserfahrzeuge, Seerecht, Versicherungsrecht.

fen wollen, neben der freien zentralen Präsentation eine weitere, auf ihr Haus beschränkte Darbietung allein ihrer nicht gemeinfreien Bestände eingerichtet bekommen können. Wer ohnehin eine eigene Präsentationssoftware einsetzt und die Digitalisate nur individuell präsentieren möchte, kann seine Objekte und Metadaten auch nur dafür ausgeliefert bekommen und muss die technische Limitierung der Präsentation rechtlich geschützter Digitalisate selbst vornehmen.

Zum anderen ist – zumindest für die 2-D-Digitalisate – vorgesehen, dass die Metadaten aller Digitalisate in den Aggregator eingehen sollen, so dass sie für die Recherche auch komplett zur Verfügung stehen. In das Schaufenster gelangen dann die Images der gemeinfreien bzw. lizenzierten Objekte, für die rechtlich eingeschränkten Digitalisate ein Hinweis auf den Ort, an dem Closed Access möglich ist. Auf welchem technischen Wege diese zweigleisige Lösung im Aggregator verankert wird, ist noch offen. Das Desiderat ist unumstritten: Dem Akteur in einer wissenschaftlichen Arbeitsumgebung, der das Hamburger digitalisierte Material nutzen möchte, müssen alle Digitalisate gleich welchen rechtlichen Status dokumentiert, angeboten und der Weg zu ihrer Nutzung aufgezeigt werden. Was undenkbar erscheint: Der Nachlass Werner von Melle in der SUB Hamburg, der vorwiegend aus Korrespondenz des Hamburger Universitätsgründervaters mit seinem wissenschaftlichen und politischen Netzwerk besteht, wird digitalisiert – aber nur jene zwei Drittel der Scans, deren Bezugspersonen keinen Urheberrechtsschutz mehr genießen, gelangen in das Schaufenster von HOS, das restliche Drittel wird nur demjenigen zusätzlich zur Kenntnis gebracht, der das lokale Repository der SUB auch noch konsultiert. Zumindest die Metadaten des gesamten Nachlasses gehören in den HOS-Aggregator und damit die übergreifende Suche in allen Modulbeständen, wenn auch nicht alle Scans dann weltweit nutzbar sind.

Schluss

Dieser Beitrag kann nicht im Detail darstellen, welche Workflows, Services, Standards und Verfahren zur Qualitätssicherung in dem Digitalisierungskonzept vorgesehen sind, genauso wenig die Gewichtungen zwischen Erledigung im Digitalisierungszentrum und durch externe Dienstleister. Das Projekt soll sich nicht in der Bereitstellung von Basisfunktionen und -infrastruktur erschöpfen, sondern ein integraler Bestandteil des Konzepts ist das Angebot von Mehrwertdiensten, die am Ende als bedarfs- und materialabhängige Routinen zum Einsatz kommen, wie z.B. Volltexterkennung, Layouterkennung, Datenanreicherung, Georeferenzierung, die Unterstützung digitaler Editionen und virtueller Forschungsumgebungen. Priorisierungen und Akzentsetzungen werden dabei nicht zuletzt von den fachlichen Bedarfen der bestandhaltenden Institutionen und dem engen Austausch mit interessierten Forschungsteams abhängen. Das Projekt sollte über das Anbieten eines Kernsets von Dienstleistungen hinaus durchlässig für die sich rasch entwickelnden und ablösenden Anwenderbedarfe bleiben.

Aus dem Fundamentalprozess der Digitalisierung gegenwärtiger Gesellschaften haben wir in der HOS-Machbarkeitsstudie nur einen Ausschnitt betrachtet, die wissenschaftsrelevante Digitalisierung von Objekten und Ereignissen. Es ist eine Mammutaufgabe, die mit vielen mittlerweile wohlbekannten Nutzenargumenten gut zu begründen ist. Die Machbarkeitsstudie hat die Beteiligten auch gelehrt, immer aufs Neue klarzumachen, dass nur äußerste Rationalisierung, Effizienzorientierung und Kontextualisierung der Handlungsstrategien im wissenschaftlich-kulturellen Umfeld die Finanzierung einer solchen Mammutaktivität legitimieren können. Daraus leiteten sich einige Maximen ab, mit denen wir in penetranter Variation je öfter argumentieren mussten, desto ferner die Gesprächspartner der Materie standen. Digitalisierung ist mehr als:

- Scannen: sie erfordert frühzeitige, materialadäquate, weitsichtige, integrale Planung aller Schritte eines Workflows bis hin zu allen Aspekten der Präsentation und den Anforderungen der Langzeitarchivierung.
- individuelles, proprietäres Agieren: unabdingbar ist die Befolgung der zentralen Standards für Metadaten, technische Grundlagen, Aufbereitung, Strukturierung und Usability der Angebote.
- bibliothekarische Angebotspolitik: sie kann sinnvoll nur betrieben werden in enger Zusammenführung, möglichst synergetischer, responsiver Kommunikation zwischen bibliothekarischer und fachlicher Expertise bei den Bestandhaltern wie den wissenschaftlichen Bedürfnissen und Fragestellungen.
- spontane Befriedigung wissenschaftlicher Alltagsbedürfnisse: die optimale Ressourcennutzung für die kostenintensive Produktion nachhaltiger Qualität erfordert eine viele Einflussfaktoren berücksichtigende Planung, die Reaktionsschnelligkeit und Flexibilität mit strategischem Blick verbindet.
- bloße Kärrnerarbeit: sie schafft – wenn gut gesteuert, beworben und im Ergebnis präsentiert – kulturelle und wissenschaftliche Kontaktflächen zu lokaler bis weltweiter Vernetzung; damit wird aktives Wissensmanagement für die künftige Präsenz von Kulturgut im Bewusstsein unserer Gesellschaften betrieben.

–   ein lästiger, nach Kassenlage skalierbarer Kostenfaktor im Aufbau avancierter wissenschaftlicher Arbeitsumgebungen: sie ist ein notwendiger, rasche und massive Investitionen erfordernder Strukturbaustein für wissenschaftliches wie regionbezogenes Arbeiten, der auf die Nachfrage einer großen interessierten, anspruchsvollen und ungeduldigen Nutzerschaft aus Nah und Fern reagiert.

Steffen Hankiewicz

Goobi entwickeln – Eine Open-Source Software zur Verwaltung von Workflows in Digitalisierungsprojekten

Abstract

Mit dem Workflow Tracking Tool Goobi entwickeln wir seit dem Jahr 2004 eine Open-Source Software zum Management von kleinen und großen Digitalisierungsprojekten in Bibliotheken, Archiven, Museen und anderen Kultureinrichtungen. Die große Verbreitung dieser Lösung beweist die hohe Flexibilität der Integrierbarkeit in die täglichen Arbeitsabläufe und das hohe Maß an möglicher Automatisierung.

Mittlerweile produzieren zahlreiche Institutionen in vielen Ländern jedes Jahr mehrere Millionen Digitalisate samt standardisierter Metadaten mit Goobi und stellen uns als Softwareentwickler vor immer neue Herausforderungen. Verschiedene Projektziele und Datenmengen, die Heterogenität zwischen den Einrichtungen und Materialarten, die kulturellen und sprachlichen Unterschiede sowie selbst die kleinen Schwierigkeiten des Alltags erfordern stetige Anpassungen und neue Erweiterungen der Software. Denn Digitalisierung ist letztlich doch viel mehr als nur das Erzeugen scharfer Fotos.

Probleme von Digitalisierungsprojekten verstehen

Seit dem Jahr 2004 entwickeln wir in Göttingen eine Open-Source-Software zur Koordinierung von Digitalisierungsprojekten.[1] War dies zunächst noch als Software für den Betrieb allein in einem Projekt für das Digitalisierungszentrum der Universitätsbibliothek Göttingen (Germany) geplant, stellte sich recht schnell heraus, dass sich zahlreiche typische Probleme anderer Digitalisierungsprojekte durch eine klare Workfloworganisation vermeiden lassen. Der Schlüssel zur Lösung scheint dabei in dem Verständnis der Projektziele einerseits und den Herausforderungen andererseits zu liegen. Denn die Erfahrung zeigt, dass bei der Befragung verantwortlicher Projektleiter verschiedener Digi-

---

1 http://www.intranda.com/goobi

https://doi.org/10.1515/9783110501094-006

talisierungszentren selbst im internationalen Vergleich wiederholt die gleichen Herausforderungen im Alltag hervortreten:

- Mehrere zeitgleich ablaufende Projekte
- Verschiedene Workflows für unterschiedliche Ergebnisse
- Eine größere Anzahl involvierter Mitarbeiter, oft in unterschiedlichen Räumen, Abteilungen, Gebäuden oder gar Standorten
- Unterschiedlichste Quellen, aus denen bestehende Daten (Metadaten, Digitalisate) übernommen werden sollen
- Verschiedene Ziele zu denen jeweils am Workflowende die Ergebnisse in unterschiedlichen Formaten geliefert werden sollen
- Unterschiedliche Materialarten mit eigenen Anforderungen und individuell zu erfassenden Meta- und Strukturdaten
- Großer heterogener Pool an Scanhardware verschiedener Hersteller
- Unnötige manuelle Korrekturschleifen, weil Fehler zu spät auffallen und dadurch aufwendige Nacharbeiten erfordern

Dieser Liste an typischen Herausforderungen stehen in annähernd allen Digitalisierungszentren wiederum Wünsche über eine möglichst effiziente Arbeitsweise und die Vorstellung über ideale Ergebnisse gegenüber:

- Wunsch nach hoher Effizienz in der Durchführung der einzelnen Arbeitsaufgaben
- Möglichst hohe Automatisierung von Arbeiten
- Erstellung von standardisierten Ergebnissen
- Überblick über den Fortschritt eines jeden einzelnen Objektes
- Einsichtnahme in die Zuständigkeit jedes Mitarbeiters
- Hohe Qualitätssicherung für die Ergebnisse
- Zentrale und sichere Datenhaltung mit möglichst bequemer Wartung
- Statistiken und Reporting für Projekte, Deadlines, Aufwand und Abrechnung

Neben diesen Anforderungen besteht üblicherweise ebenso häufig der Wunsch nach einer möglichst kostengünstigen, hochgradig individuellen und nutzerfreundlichen Lösung, die im Idealfall bereits existierende Softwarelösungen Dritter nachnutzt oder integriert, um Synergien nutzen zu können. Und natürlich spielt hierbei auch das Zusammenspiel mit verschiedenen Systemen für eine Langzeitarchivierung eine wichtige Rolle, um die innerhalb von Digitalisierungsprojekten aufwendig geschaffenen Daten sicher und verlässlich archiviert zu wissen.

Auf der Basis dieser sehr verschiedenartigen Anforderungen und der Wünsche nach guter Integrierbarkeit fiel unsere Entscheidung zugunsten der Neuentwicklung einer möglichst flexibel erweiterbaren Open-Source-Software.[2]

Mittels Workflows die Arbeit organisieren

Zur Erfüllung dieser Anforderungen einerseits und den Idealvorstellungen über die erwarteten Funktionalitäten andererseits entschieden wir uns zunächst einmal dafür, die Arbeitsweise zur Digitalisierung von Büchern in bisherigen Projekten nachzuvollziehen.

Frühzeitig kristallisierten sich dabei häufig vorkommende zumeist kleinere Arbeitsschritte heraus und gaben den entscheidenden Anstoß zur Konzipierung einer möglichst flexiblen Workflowsteuerung: Ziel für eine effiziente Verarbeitung von Workflows in Digitalisierungsprojekten muss es sein, alle involvierten Arbeiten in möglichst so kleine Einheiten zu zerlegen, dass sich diese als sequentiell abzuarbeitende Aufgaben koordinieren und erledigen lassen.

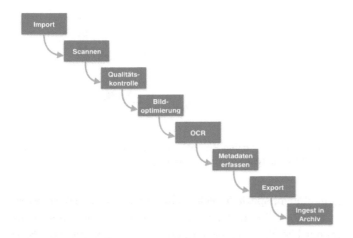

Abb. 1: Ein Workflow besteht aus beliebig vielen Aufgaben, die manuell oder automatisch zu einem fest definierten Zeitpunkt ausgeführt werden.

Auf Basis dieser Erkenntnis konnten wir innerhalb von Goobi eine strikte Trennung von Aufgaben, Zuständigkeiten, Projekten und Rollen vornehmen.

---

2 https://github.com/intranda/goobi

Die so entstandene starke Strukturierung wurde dabei von manchen Projektmitarbeitern zunächst durchaus als einengende Einschränkung empfunden. Doch die Forcierung zu einer im Wesentlichen durch Zuständigkeiten, Reihenfolgen und Validierungen bestimmten Arbeitsweise stellte sich schon bald als Garant für Qualitätssicherung und damit als enorme Effizienzsteigerung heraus. Aufgabenlisten, die für jeden Mitarbeiter in deren Rolle und Berechtigung individuell sind und in der täglichen Benutzung als To-do-Liste abgearbeitet werden, halfen dabei, projektspezifische Komplexitäten zu verbergen und somit die bekannten unnötigen Fehlerquellen zu vermeiden.

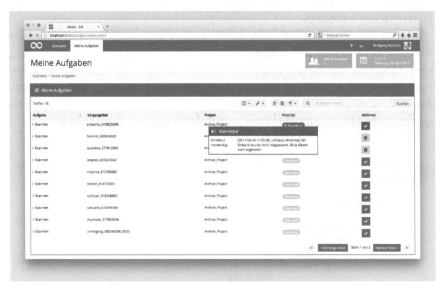

Abb. 2: Arbeitsschritte im Workflow werden den Mitarbeitern als persönliche To-do-Liste angezeigt, die Rechte, Rollen und Projektmitgliedschaft berücksichtigt.

Nicht benötigte Informationen, spezielle technische Arbeitsabläufe sowie selbst die Frage nach dem Speicherort von Objekten, blieben ab diesem Moment für den Anwender hinter der Weboberfläche von Goobi verborgen. Stattdessen hakt der Mitarbeiter in zumeist streng sequentieller Reihenfolge seine erledigten Aufgaben ab und erhält stets nur dann tiefergehende Detailinformationen, wenn er diese zur Durchführung seiner Arbeit auch wirklich benötigt oder weil er diese selbst als Metadaten während seiner Bearbeitung erfassen soll.

Homogene Arbeitsweise erzwingen

Parallel zur Zerlegung der Arbeitsweise in kleinteilige Aufgaben verfolgten wir frühzeitig ebenso den Ansatz von Workflow-Vorlagen. Diese sollten sich zu Projektbeginn erzeugen und im Anschluss für jedes zu digitalisierende Objekt des gleichen Projektes beliebig oft duplizieren lassen.

Diese Idee, mittels verschiedener frei definierbarer Workflow-Vorlagen die Arbeitsweise für hunderte von Objekten vorzugeben, die ab dem Moment der Erzeugung in Goobi diesen Workflow fest durchlaufen, stellte sicher, dass alle Arbeiten von den zuständigen Mitarbeitern zum jeweils richtigen Zeitpunkt vollständig durchgeführt und protokolliert werden. Damit war eine homogene Arbeitsweise sowie auch eine konsistente Ergebniserzeugung sichergestellt. Gleichzeitig gewährleistete diese strenge Vorgabe von Arbeitsabläufen auf der anderen Seite, dass die zumeist extrem umfangreiche Datenhaltung in zentraler, homogener, verlässlicher, nachvollziehbarer und wartungsarmer Struktur erfolgte.

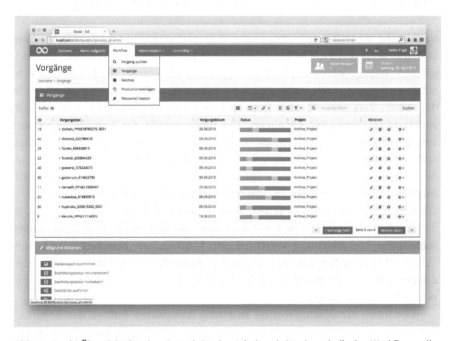

Abb. 3: Goobi-Übersicht für den Fortschritt der Arbeitsschritte innerhalb der Workflows aller Objekte eines Digitalisierungsprojekts.

Auf diese Weise gelang Goobi recht einfach der Spagat zwischen den häufig formulierten Anforderungen und den idealen Wunschvorstellungen vieler Digitalisierungsprojekte:

- Effiziente und einfache Arbeitsweise für den Anwender
- Übersicht und Ergebnisgarantie für den Projektleiter
- Sichere, zentrale, wartungsarme, sowie backupfreundliche Datenhaltung für den Administrator

Spätestens zu dem Zeitpunkt als innerhalb der Workflows auch rechenintensive Automatismen z. B. für Skripte, Bildverarbeitungen und OCR sowie die regelbasierte Erfassung standardisierter Metadaten als METS/MODS in den Funktionsumfang der Software aufgenommen wurden, erkannten viele Kultureinrichtungen in Europa das Potential und schlossen sich der Anwendergemeinschaft um Goobi an.

Verbreitung resultiert in Weiterentwicklung

Nach mehr als 13 Jahren permanenter Weiterentwicklung und der Verbreitung in mittlerweile mehr als 56 Einrichtungen in 12 Ländern (Deutschland, Großbritannien, Israel, Österreich, Schweiz, Spanien, Dänemark, Niederlande, Liechtenstein, Ruanda, USA, Estland) ist die Software kaum noch vergleichbar mit den ersten Versionen. Zwar hatten wir Goobi schon von Anbeginn als Webanwendung mehrsprachig konzipiert. Die Heterogenität der Anforderungen aus verschiedenen Einrichtungen im Alltag, mit unterschiedlichen Projektzielen, anderen Arbeitsweisen, fremden Sprachen und in mehreren Kulturen zeigte jedoch, dass eine monolithische Infrastruktur schnell an ihre Grenzen stößt. Interessant ist, dass hierfür in unserer globalisierten Welt nicht nur die unterschiedlichen technischen Gegebenheiten an den einzelnen Einrichtungen (z. B. verschiedene einzubindende Katalogsysteme) verantwortlich sind. Selbst unterschiedliche Rechtslagen in verschiedenen Ländern, wie beispielsweise bezüglich der Wahrung des Datenschutzes für personenbezogene Daten, stellten uns als Entwickler einer freien Open-Source-Software vor rechtliche Grenzen und neue Herausforderungen.

Der frühe Architekturwechsel zu einem kompakten Aufbau des Softwarekerns mit erweiterbaren Plugins an verschiedensten Stellen löste diese Probleme glücklicherweise schnell und ermöglicht so die komplette Bandbreite vorstellbarer Arbeitsweisen in Digitalisierungsprojekten. Individuell installierbare zumeist freie Plugins erweitern den Funktionsumfang von Goobi nun so, wie es gewünscht oder erfordert wird. Maßgeschneiderte Plugins für Datenimport und Export lassen sich genauso installieren wie besondere Editoren, Automatismen oder spezielle Statistiken.[3]

Anwender und Community

Vom kleinen 2-Mann-Betrieb mit 50 digitalisierten Büchern bis hin zu Großprojekten mit 100 gleichzeitig arbeitenden Mitarbeitern und einer Massenverarbeitung über mehrere verteilte Systeme sind durch die bestehenden Plugin-Erweiterungen mittlerweile alle erdenklichen Projekte bereits erfolgreich mit Goobi koordiniert worden. Manche Workflows lassen sich dabei in sehr ähnlicher Weise in vielen Digitalisierungszentren gleichartig wiederfinden (z. B. Retrodigitalisierung mit Export in ein Präsentationssystem). Andere Workflows hingegen sind so individuell und in die jeweilige Infrastruktur eingepasst, dass sie nicht ohne größere Anpassungen in anderen Institutionen in Betrieb genommen werden können (z. B. Digitalisierung on Demand mit Integrierung eines besonderen Bezahlsystems).

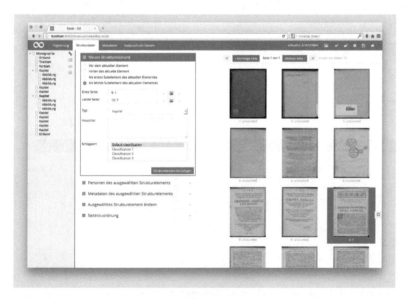

Abb. 4: Der integrierte METS-Editor von Goobi erlaubt die Erzeugung von logischen Strukturen und die Anreicherung mit Metadaten in standardisierten Formaten.

---

3 http://www.goobi.io

Von Seiten der technischen Infrastruktur sind der gewünschten Funktionalität aufgrund der Plugin-Schnittstellen kaum noch Grenzen gesetzt. Dies schlägt sich im immer größer werdenden Pool an Plugins nieder, der den Anwendern zur Verfügung steht. Dabei bestimmen in erster Linie die Anwender, in welche Richtung sich der funktionelle Umfang der Software weiter entwickeln soll. Denn in nationalen und internationalen Anwendertreffen kommt es stets zu einem regen Austausch über Projektvorhaben, Arbeitsweisen und Featurewünsche. Institutionsspezifische Anpassungen werden hierbei ebenso besprochen wie auch größere Entwicklungen in solchen Treffen kooperativ geplant und finanziert werden. Entscheidend ist dabei, dass sich kleine wie große Einrichtungen auf Augenhöhe über Ihre Arbeitsweise, Probleme und Wünsche austauschen, ohne dass große Institutionen allein die weitere Entwicklung dominieren. Auf der Grundlage dieser Zusammenarbeit und weil die Entwicklungsergebnisse im Allgemeinen allen Anwendern lizenzkostenfrei zur Verfügung stehen, erreichte Goobi im Bibliotheksumfeld eine enorme Verbreitung – in kleinen wie in großen Einrichtungen.

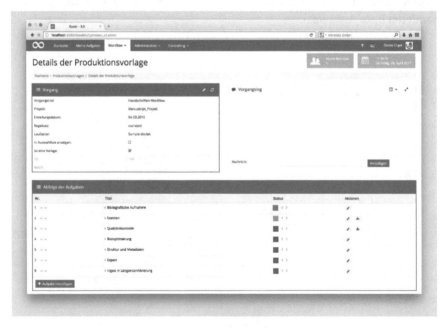

Abb. 5: Eine Workflow-Vorlage kann individuell konfiguriert werden, manuelle und automatische Aufgaben beinhalten und dient anschließend als Vorlage für beliebig viele Objekte eines Projektes.

Dabei ist bemerkenswert, dass eine koordinierte Arbeitsweise mittels Workflow offensichtlich schon deutlich früher ihre Stärken ausspielen kann als gemeinhin erwartet. Der hierbei maßgebliche Faktor für die Frage, ab wann es sich auch für kleinere Projekte lohnt, ein Workflow-Tracking-System einzusetzen, scheint nicht im Zusammenhang mit der Anzahl der zu digitalisierenden Objekte zu stehen. Vielmehr wird der Bedarf an guter Koordinierung deutlich, sobald pro Objekt mehrere durchzuführende Aufgaben anfallen. Vor allem aber entsteht der Bedarf, sobald mehrere Personen bzw. Benutzerrollen involviert sind und daher im Workflow Abhängigkeiten zwischen Personen bzw. zuvor zu erledigenden Arbeiten pro Objekt bestehen. Als Faustregel gilt: Bei mehr als 50 Büchern oder mehr als drei involvierten Personen lohnt sich eine gewissenhafte Koordinierung der Arbeit via Goobi zur Qualitätssicherung und zur Wahrung des Überblicks.

Lessons learned

Eine professionelle mehrsprachige Open-Source-Software für ein internationales Bibliotheksumfeld zu entwickeln stellt deutlich höhere Erwartungen, als man sich zunächst vorstellt. Die Begeisterung über die Erfolge der Verbreitung stehen den stetig wachsenden Anforderungen des komplexen Anwenderumfeldes gegenüber. Stellen bibliographische Metadaten und technische Anforderungen auf der einen Seite bereits hohe Anforderungen, bilden auch sprachliche Unterschiede sowie kulturell bedingte Arbeitsweisen zwischen den Anwendern neue zu meisternde Aufgaben, die im Ergebnis zu einem immer solideren Softwareprodukt führten. Die in den letzten Jahren anhand von Goobi festgestellten wichtigsten Lektionen sind für uns als Entwickler:
- Kleine Institutionen haben keine kleineren Herausforderungen in Digitalisierungsprojekten. Sie sind oftmals aber in der Zusammenarbeit agiler und in der Lösungsfindung flexibler.
- Eine mehrsprachige umfangreiche Dokumentation für Anwender, die den vollständigen Funktionsumfang der stetig entwickelten Software beschreibt, lässt sich unserer Erfahrung nach sehr schwierig aktuell halten und pflegen. Dabei gilt auch heute noch: Anwender erwarten Handbücher, die sich ausdrucken lassen.
- Jede neu implementierte Funktionalität sollte gleich zu Beginn die Möglichkeit haben, sie über eine Konfiguration wieder zu deaktivieren. Viel besser noch: Entwickle frühzeitig eine erweiterbare und solide Plugin-Infra-

struktur! Nur so lassen sich künftige Feature-Wünsche gut integrieren, ohne die Stabilität des Softwarekerns zu gefährden.

- Man sollte immer zu mindestens zwei Einrichtungen einen so guten Kontakt haben, dass dort eine neue Version vor Veröffentlichung unter Produktionsbedingungen für mehrere Wochen getestet wird. Und auch nach diesen Tests sollte man eine neue scheinbar stabile Version nie gleichzeitig bei zu vielen Anwendern installieren.
- Niemals eine bestehende Funktionalität ändern oder entfernen! Es gibt immer mindestens einen Nutzer, der sie doch so anwendet, wie sie ist.
- Verwende, wenn möglich, die eigene Software selbst unter Produktionsbedingungen! Man lernt dadurch viel über die eigene Software und kann deutlich authentischer über deren Anwendung berichten. Darüber hinaus erfährt man als Entwickler so wesentlich eher von Fehlern.
- Es muss zwingend einmal jährlich ein Anwendertreffen organisiert werden, bei dem ca. 50% der Zeit für Vorträge über Arbeitsweisen und Neuerungen und etwa 50% der Zeit für den freien Austausch der Anwender untereinander zur Verfügung steht. Nur so erfährt man als Entwickler, wie die Software tatsächlich eingesetzt wird und was sich die Anwender wünschen.

Ausblick

Die Erfahrungen der letzten 13 Jahre Dauereinsatz von Goobi in zahlreichen Einrichtungen und die Millionen an produzierten Digitalisaten beweisen, wie verlässlich die Infrastruktur im Produktivbetrieb bereits ist. Doch neben der Garantie für einen reibungslosen Betrieb zählt auch, welche funktionellen Erweiterungen bereits in Form von Plugins existieren und welches weitere Innovationspotential hier außerdem einfließen kann. Der stetig wachsende Anwenderkreis von Goobi bietet mit immer neuen individuellen Projektvorhaben einen idealen Nährboden für neue Ideen. Gehört beispielsweise heutzutage die Durchführung von hochqualitativer OCR bereits zum Alltag vieler Digitalisierungsprojekte und erlaubt eine Crowdsourcing-basierte Textkorrektur, so stecken die effiziente Transkription von Handschriften, intelligente Bildanalysen, eine automatisierte Metadatenanreicherung für Named Entities mit persistenter Verlinkung in standardisierten Datenformaten sowie die semantische Analyse der Volltexte noch in früheren Entwicklungs- oder Testphasen.

Die Aufgabe der Workflowsoftware Goobi ist es, die Digitalisate nicht nur koordiniert erstellen zu lassen und dabei den Überblick über Projektfortschritte zu geben. Vielmehr steht während der täglichen Softwareentwicklung auch im

Fokus, wie Goobi durch die Integration neuer innovativer Tools funktionell so erweitert werden kann, dass andere Wissenschaften mit den generierten Digitalisaten und den zugehörigen Metadaten noch besser arbeiten können. Eigene Innovationen sowie andere externe Lösungen können und sollen auch künftig in die Workflows von Digitalisierungsprojekten über Plugins integriert werden. Nur so lassen sich die Inhalte von Millionen digitalisierter Werke für die Forschung nachhaltig produzieren und nachnutzbar zugänglich machen.

Mit der aktuell tatsächlich zu beobachtenden Verlagerung von IT-Services in die Cloud und die damit gerade für Digitalisierungsprojekte verbundene Frage nach effizienten Transfers der Datenmengen zu den Servern innerhalb der Workflows sowie auch mit den sich stetig ändernden Anforderungen auf Metadatenebene (z. B. RDA) stellen sich uns als Entwickler von Goobi täglich neue Herausforderungen. Sobald wir für die nächste Version die Roadmap von Goobi planen, werden wir sicher über die zunehmende Bedeutung der Digital Humanities und deren Erfordernisse nachdenken. Vor allem aber werden wir mit den Anwendern sprechen.

Rudolf Lindpointner
Eine „verrückte" Landesbibliothek? Die Oberösterreichische Landesbibliothek und die Digitalisierung

Die Rahmenbedingungen

Die Oberösterreichische Landesbibliothek, ehemals Bundesstaatliche Studien-
bibliothek in Linz, versteht sich selbst als öffentliche Universalbibliothek, allerdings mit einem Schwerpunkt auf den Geisteswissenschaften, und natürlich auf
den sogenannten Obderennsia, der Literatur aus und über Oberösterreich.
Schon vor der Namensänderung, die mit der 1999 vollzogenen Übernahme der
Bibliothek durch das Land Oberösterreich zusammenhängt, hatte die Bibliothek
de facto und von ihrem Selbstverständnis die Funktion einer Landesbibliothek
wahrgenommen, nicht zuletzt wegen des Pflichtexemplarrechts und ihres Grün-
dungsbestandes. Gegründet wurde die Bibliothek als „bibliotheca publica" aufgrund eines Dekrets von Kaiser Joseph II. im Jahre 1774 mit den Beständen der
damals aufgelösten oberösterreichischen Klöster und der vom Papst aufgelösten
Jesuitenkollegien. Zu diesem Bestand gehören mehr als 1000 Handschriften
und Handschriftenfragmente, davon ca. 350 mittelalterliche. Außerdem ca. 850
Inkunabeln und ca. 30 000 Bände mit Erscheinungsjahren zwischen 1501 und
1800.

Erschlossen sind die Handschriftenbestände im sogenannten Schiffmann-
Katalog, einem maschinschriftlich verfassten Katalog aus dem Jahr 1935, der im
PDF-Format online gestellt ist. Er stellt eine zuverlässige Grundlage dar, bietet
aber keine Tiefenerschließung. Die Inkunabeln sind einerseits vollständig (in-
klusive Exemplarbeschreibung und Provenienzangaben) erfasst im lokalen
Online-Katalog, andererseits auf Basis rudimentärer Kurzkatalogisate auch im
Rahmen des Österreichischen Inkunabelzensus. Für die Bestände 1501–1800
gibt es nur einen Bandkatalog mit Kurzkatalogisaten. Die übrigen Bestände (Gesamtbestand ca. 600.000 Bände) sind zu schätzungsweise 80% im Online-
Katalog erfasst. Der Neuzugang pro Jahr beträgt ungefähr 10.000 Bände.
Exklusive des ebenfalls ständig wachsenden Angebots an elektronischen Medi-
en.

Der Umstieg vom traditionellen Zettelkatalog auf Online-Katalogisierung erfolgte sehr spät, nämlich erst 1 Jahr nach der Übernahme der Bibliothek durch
das Land Oberösterreich, im Jahr 2000, mit dem Beitritt zum Österreichischen

https://doi.org/10.1515/9783110501094-007

Bibliothekenverbund. Seit 2009 wird der Neuzugang in Freihand aufgestellt, der Großteil des übrigen Bestandes ist Magazinbestand.

Die Personalsituation ist relativ angespannt, so muss z.b. der gesamte Altbestand vom Verantwortlichen für die Literaturauswahl eines Großteil des Neuerwerbs, in Personalunion mit der Sacherschließung und Klassifikation im Zuge der Akzession, mit betreut werden. Insgesamt gibt es 24,5 Dienstposten, aufgeteilt auf 31 Köpfe.

Die Ausgangslage für ein zusätzliches, auf Dauer angelegtes Projekt, wie die Digitalisierung von Beständen, war und ist also nicht gerade ideal.

Die Anfänge

Die ersten Schritte zur Digitalisierung wurden bereits in den 1990er Jahren unternommen, nicht im Rahmen eines eigenen Projekts, sondern sporadisch und ohne eigene Infrastruktur. D.h., es wurden einige Handschriften zum Zweck der Restaurierung nach Graz zur Restaurierwerkstätte der dortigen Universitätsbibliothek gebracht und im Zuge dessen auch gleich digitalisiert und auf CD-ROMs gespeichert. Nur eine davon, die Hs.-472 (die Linzer Weltchronik-Kompilation, sog. „Erweiterte Christherre-Chronik"), wurde damals auch tatsächlich online gestellt und auf der Homepage der Bibliothek präsentiert (mit einer Erschließung auf Basis von HTML-Texten und Links).

Der eigentliche Einstieg (im März 2010) erfolgte aber erst mit der Einstellung eines neuen Mitarbeiters, Herrn Dipl.-Päd. Gregor Neuböck MAS MSc, der die Digitalisierung von Anfang an als Zukunftsprojekt energisch anstrebte und vorantrieb und die entscheidenden Weichenstellungen vornahm. Eine dieser Weichenstellungen war die Entscheidung für höchste Qualität auf Scanner-Ebene, d.h. auf Ebene der Reproduktionen als solche. Die zweite Weichenstellung, die sich (aus meiner laienhaften Sicht, wie ich zugeben muss, erst im Nachhinein) als sehr wesentlich herausstellen sollte, war das Beharren auf einem nicht Client- sondern Webbasierten System. Das war schließlich der wesentliche Grund für die Entscheidung für Goobi als Digitalisierungsplattform. Die Arbeit mit Goobi erwies sich als sehr einfach (ein Vormittag genügte zur Einschulung) und die Einschulung weiterer Mitarbeiter für jeweils bestimmte, zugeteilte Aufgaben erfordert kaum Zeit. Eine weitere, fundamentale Weichenstellung war die Entscheidung für höchste Qualität auch im Bereich der inhaltlichen Erschließung. Diese besteht einerseits in der Tiefe der Struktur- und Metadatenerfassung, die natürlich mit einem sehr hohen personellen (in unserem Fall müsste man eher sagen „persönlichen") Aufwand verbunden ist, andererseits in der Tatsache, dass alle Texte mit Ausnahme der Handschriften auch OCR-gelesen werden, also in maschinenlesbaren Text zurückverwandelt werden, mit entsprechend positiven Konsequenzen für die Durchsuchbarkeit.

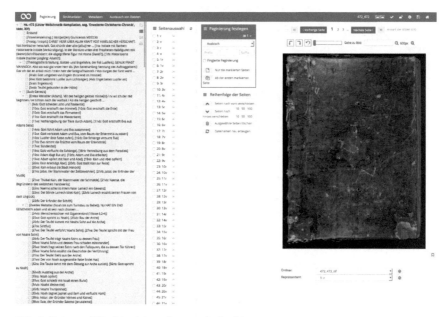

Abb. 1: Meta- und Strukturdatenerfassung in Goobi.

Abb. 2: Volltext wird bei allen Drucken erfasst.

Die strategische Ausgangslage

Man kann und muss sich als verhältnismäßig kleine Bibliothek im Konzert der Großen die Frage stellen, ob es nicht vielleicht ein bisschen verrückt ist, überhaupt damit anzufangen, und wenn, was für Ziele man mit der Digitalisierung von eigenen Beständen anstrebt, wenn doch schon so viele große Bibliotheken, ganz zu schweigen von Google, mit großem Aufwand und entsprechendem Einsatz von Mitteln am selben Ziel arbeiten, und man möglicherweise davon ausgehen kann oder muss, dass vieles von dem, was im eigenen Bestand vorhanden ist, in absehbarer Zeit ohnehin von diesen Großen „erledigt" werden wird.

Diese Frage ist natürlich in Hinsicht auf die verschiedenen Bestandsgruppen durchaus differenziert zu beurteilen. Was die Handschriften betrifft ist natürlich von vorne herein klar, dass diese als Unikate nicht nur einen erheblichen Prestigefaktor für die Bibliothek darstellen, sondern sich aus diesem Grund auch für die Digitalisierung in besonderer Weise anbieten. In diesem Bereich spielt auch die Auftrags-Digitalisierung eine große Rolle. War es früher normal, dass Handschriftenforscher aus der ganzen Welt in gewissen Abständen die Bibliothek aufsuchten, um Einsicht in Handschriften zu nehmen, so werden diesbezügliche Anfragen heute fast ausschließlich in Form von Digitalisaten „beantwortet". Solche Anfragen betreffen häufig nur einzelne Stellen in Handschriften, wir nehmen sie aber zum Anlass, um gegebenenfalls gleich die ganze Handschrift zu digitalisieren und online zur Verfügung zu stellen. Eine besondere Form dieser „Auftragsdigitalisierung" ergibt sich aus der Verbindung mit einem bereits seit längerer Zeit laufenden, vom Forschungsfond FWF finanzierten und federführend von Dr. Katharina Hranitzky durchgeführten und verantworteten, Forschungsprojekt betreffend die wissenschaftliche Katalogisierung der illuminierten Handschriften und Inkunabeln der Oberösterreichischen Landesbibliothek. Dazu, d.h. zum Zweck der Möglichkeit der Implementierung vollständiger und entsprechend umfangreicher Handschriftenbeschreibungen inklusive immanenter Verlinkungen innerhalb der Struktur des Digitalisats, wurden u.a. auch wesentliche neue Features in Goobi realisiert. Auch ein Projekt, bei dem es darum geht, Fragmente aus einer bestimmten Stiftsbibliothek, die heute auf verschiedene Bibliotheken verteilt sind, auf virtueller Basis wieder zusammenzuführen, ist in Vorbereitung. Daneben ist natürlich auch eine systematische Vorgangsweise mit dem Ziel der Digitalisierung des Gesamtbestandes an Handschriften und Fragmenten der Oberösterreichischen Landesbibliothek angestrebt.

Für den Bereich der Inkunabeln gilt das natürlich nicht in demselben Umfang. Hier sind es in erster Linie die illuminierten Stücke, und mit Einschränkungen auch diejenigen mit kolorierten Holzschnitten, die sich vorrangig zur Digitalisierung anbieten. Außerdem besonders seltene Stücke oder solche mit Handschriftenfragmenten auf Einbandelementen oder Vorsatzblättern etc., und nicht zuletzt auch Inkunabeln mit handschriftlichen Eintragungen und Glossen größeren Umfangs.

Abb. 3: LAERTII DIOGENIS VITAE... mit großer vergoldeter P-Initiale.

Was den Bestand 1501–1800 betrifft, so handelt es sich dabei um den bei Weitem am schlechtesten erschlossenen. Einer Digitalisierungsstrategie steht dabei also zunächst das Problem der bibliographischen Erschließung im Weg. Über diesen Bestand ist ganz allgemein wenig bekannt, denn der umfangreiche Bandkatalog bietet nur Kurzkatalogisate. Somit beruht der einzige systematische Zugang auf dem Alphabet der Autorennamen. Ein Teil einer möglichen Strategie in Hinsicht auf die Digitalisierung besteht dabei darin, zunächst Bände mit sogenannten Makulatureinbänden, also Einbänden aus Fragmenten makulierter Pergamenthandschriften, heranzuziehen – natürlich in Verbindung mit einer gleichzeitigen bzw. parallelen Katalogisierung und Exemplarbeschreibung im Online-Katalog. Darüber hinaus ist hier auch vor allem an Auftragsdigitalisierung oder anlassbezogene Projekte kleineren Umfangs zu denken.

Eine besondere Rolle spielen für die Landesbibliothek natürlich die sog. „Obderennsia", landeskundliche Literatur (aus allen Jahrhunderten) im weitesten Sinn. Hier gibt es einerseits zwar vergleichsweise viele Unikate, aber andererseits dennoch auch viele Überschneidungen mit Beständen anderer Bibliotheken, insbesondere der Österreichischen Nationalbibliothek.

Einen weiteren Zugang stellen – wie bereits angedeutet – anlassbezogene Projekte dar, wie z.B. die Digitalisierung von Literatur zum Ersten Weltkrieg. In diesem Zusammenhang wurden von der Landesbibliothek z.B., neben vielen anderen Dokumenten aller Art, die Verlustlisten des k.u.k. Kriegsministeriums (Nr. 1.1914 – 709.1919) vollständig digitalisiert, ein unglaubliches Konvolut an Quartbänden, voll mit Namen und Daten. In dem Beitrag, „Die Verlustlisten Österreich-Ungarns, ein facettenreiches Digitalisierungsprojekt der Oberösterreichischen Landesbibliothek", wird dieses Projekt detailliert vorgestellt.

Ein weiterer Bereich in dem Goobi zum Einsatz kommt hat nichts mit Digitalisierung im eigentlichen Sinn zu tun, nämlich die Archivierung und Präsentation des wachsenden Segments der elektronischen Pflichtexemplare.

Die Vorteile für die Benutzer und für die Bibliothek

Der größte Vorteil für den Benutzer ist natürlich der Standort-ungebundene Zugriff auf die Information. Für die Bibliothek bedeutet dieser Faktor zugleich die teilweise Ermöglichung eines wesentlichen Aspekts ihres Auftrags, nämlich nicht nur die Bevölkerung von Linz und Umgebung mit Literatur zu versorgen, sondern – soweit eben möglich – auch für die in größerer Entfernung von Linz lebende Bevölkerung Oberösterreichs zu wirken. Dafür gibt es, nebenbei bemerkt, auch noch ein eigenes Servicepaket, das unter dem Namen LB-direkt firmiert, und den Versand von Büchern innerhalb Oberösterreichs per Post beinhaltet. Die Standortungebundenheit ist aber besonders auch im Bereich der Handschriftenforschung von zentraler Bedeutung – bis hin zur Möglichkeit, auf virtueller Ebene verstreut vorhandene Fragmente einer ehemals zusammengehörigen Handschrift wieder zusammenzusetzen (wie im oben genannten Projekt), wie auch ganze ehemalige Bibliotheken virtuell zu rekonstruieren.

Ein weiterer positiver Aspekt aus Benutzersicht ist natürlich die Unabhängigkeit von Öffnungszeiten, die ständige Möglichkeit des Zugriffs. Abgesehen davon, dass es auch möglich ist, sich Teile eines Werkes oder ganze Werke „downzuloaden" oder auszudrucken.

Abb. 4: Selektive Downloadmöglichkeit auf der Seite Inhaltsverzeichnis.

Auf Bibliotheksseite kommt besonders der Aspekt des Bestandsschutzes zum Tragen, und zwar nicht nur bezüglich der ohnehin geschützten ganz alten Bestände, sondern auch bezüglich der oft auf schlechtem Papier gedruckten landeskundlichen Werke „jüngeren" Datums.

Ein unschätzbarer Vorteil für die Benutzer liegt natürlich auch darin, dass die digitalisierten Werke nicht nur katalogmäßig auf Verfasser- und Titelebene erschlossen sind, sondern die Erschließung und Suchbarkeit bis auf die Ebene der Struktur- und Metadaten hinunterreicht.

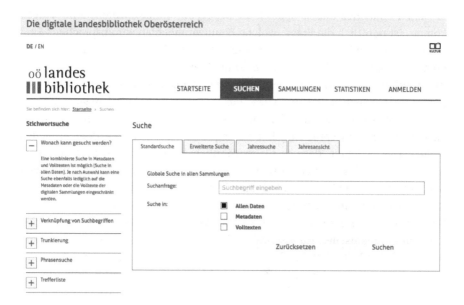

Abb. 5: Suche in Metadaten, Volltexten und erweiterte Suche mit unterschiedlichen Feldern (Autor, Titel, Strukturelement, …).

Dazu kommt noch der Vorteil durch die Optical Character Recognition (OCR), d. h., die Rückverwandlung von Bild in Text, die einerseits den Text vollständig durchsuchbar macht, und andererseits – für weniger Fraktur-Versierte – in Fraktur gedruckte Texte als solche wieder leichter zugänglich macht.

Unser Zugang zur Erschließung der Texte

Einer der größten Vorteile der Digitalisierung besteht in der Möglichkeit zur tieferen Erschließung der gescannten Texte. Wie bereits eingangs erwähnt haben wir von Anfang an die Entscheidung für höchste Qualität auch im Bereich der inhaltlichen Erschließung getroffen. Und zwar genau unter dem Aspekt, für Benutzer einen Mehrwert zu schaffen, der den Aufwand rechtfertigt, auch wenn manche der Texte bereits an anderer Stelle in digitalisierter Form vorhanden sind. Das betrifft in erster Linie das, was man unter Struktur- und Metadaten versteht, also die vollständige „Nachbildung" des Inhaltsverzeichnisses in der Strukturierung des Textes, in vielen Fällen auch wesentlich tiefer, bis hinab auf die Ebene der einzelnen Abbildungen.

Ein Punkt, der dabei, speziell in Bezug auf Handschriften, zum Tragen kommt, ist natürlich die Frage, welche Benutzer möchten wir ansprechen? Sind es „nur" die Handschriftenforscher oder möchten wir auch ein breiteres „Publikum", den sprichwörtlichen Mann oder die Frau „von der Straße", ansprechen? Aufgrund von Erfahrungen bei Führungen zum Thema Handschriften, die immer auf ein sehr breites und vor allem reges Interesse gestoßen sind, war für uns klar, dass wir jedenfalls nicht nur Forscher ansprechen, sondern möglichst viele Leute mit unserem Angebot an digitalisierten Handschriften erreichen wollen. Das bedeutet, dass es für gewöhnlich Interessierte möglich sein soll, nicht nur einen bisher nicht vorhandenen „bildlichen" Zugang dazu zu gewinnen, sondern auch einen unmittelbaren Zusammenhang zwischen den abgebildeten Metadaten und dem, was sie im Digitalisat vor sich sehen, herzustellen. Gemeint ist hier vor allem der Umgang mit dem Thema Abkürzungen in mittelalterlichen lateinischen Handschriften. Wir haben uns, um diesen Zusammenhang auch für Laien herzustellen – die oft die Frage stellen: „Kann denn das überhaupt noch irgendwer lesen?" –, entschlossen, in guter alter bibliothekarischer Manier, die nur in Form von Abkürzungszeichen wiedergegebenen Zeichen in eckiger Klammer darzustellen, – und so eine Art „volkspädagogischen" Ansatz gewählt. Zwecks Suchbarkeit ist der entsprechende Text dann noch ein zweites Mal, ohne eckige Klammern, wiedergegeben.

Crowdsourcing – Die Möglichkeit der Mitarbeit von ‚außen'

Wie eingangs erwähnt ist Goobi nicht ein Client-, sondern ein Webbasiertes System, das den Vorteil hat, dass man ohne Umstände praktisch von jedem Computer im Internet aus an Dokumenten arbeiten sowie Struktur- und Metadaten etc. erstellen kann (nur mit dieser Flexibilität ist die angestrebte Tiefe der Erschließung in unserem Fall zu erreichen). Das gilt natürlich nur für Bibliotheks- bzw. Projektmitarbeiter. Allerdings ist es auch möglich, z.B. Handschriftenforschern beschränkten Zugriff auf das System zu geben, so dass diese eine Handschrift, an der sie arbeiten, direkt in unserem System mit Struktur- und Metadaten versehen können oder auch ausführliche Handschriftenbeschreibungen einfügen können, und zwar unabhängig davon ob sie in Wien oder in Finnland oder sonstwo sitzen.

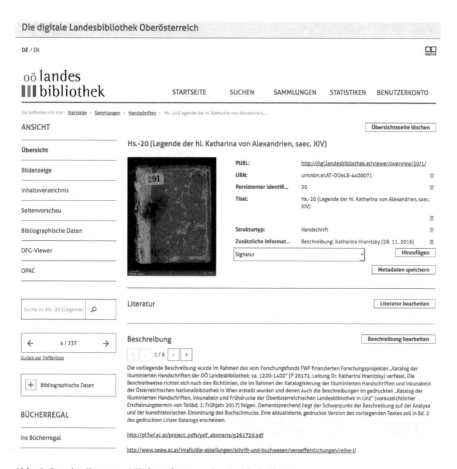

Abb. 6: Beschreibung und Tiefenerfassung der Handschrift 20.

Davon zu unterscheiden ist die Ebene des Crowdsourcing, auf der in Form der Option ‚Volltexte bearbeiten', d.h. Verbesserung der OCR-gelesenen Texte oder Transkription von Handschriften, oder in Form der Option ‚Erfassung von Inhalten', praktisch jede/jeder, der Lust hat und sich anmeldet, an unseren Digitalisaten mitarbeiten kann.

Abb. 7: Transkription einer mittelalterlichen Handschrift.

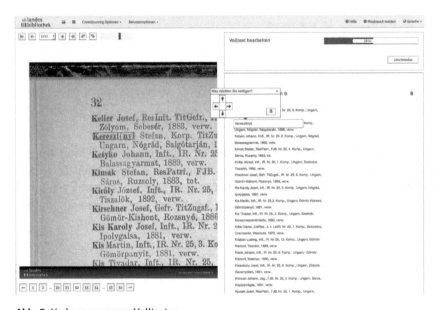

Abb. 8: Verbesserung von Volltexten.

Abb. 9: Inhalte erfassen an einer Abbildung der Handschrift 20.

Einige Zahlen

Der Start unserer Arbeit in Goobi erfolgte, wie gesagt, nach relativ geringer Vorbereitungszeit im März 2010. Mit Stichtag 4. Juli 2018 sind 5274 Werke online (entspricht ca. 439 000 Seiten, davon ca. 403 000 OCR-gelesen).

Importzuwachs von Werken über Zeit

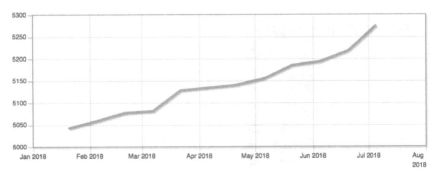

Importierte Seiten und Volltexte

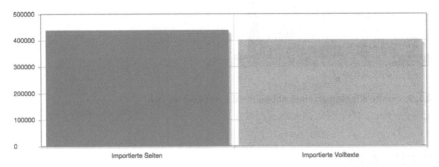

Abb. 10: Anzahl Werke, Seiten und Volltextseiten im Viewer.

Darunter sind ca. 324 (Stand 4. Juli 2018) Handschriften bzw. Handschriften-fragmente. Die Zahl der Seitenaufrufe pro Tag schwankt zwischen 4000 und 15 000.

An den Arbeiten rund um die Digitalisierung, von der Systembetreuung über das Scannen bis hin zur Erfassung von Struktur- und Metadaten sind insgesamt ca. 10 Mitarbeiter beteiligt, wovon nur drei, ausgenommen Gregor Neuböck, der alle Aspekte abdeckt, mit der Erfassung von Struktur- und Metadaten befasst sind, die übrigen Mitarbeiter und Mitarbeiterinnen sind nur einzelne Stunden in diesem Arbeitsbereich tätig.

Im Crowdsourcing sind derzeit ca. 600 Benutzer registriert.

Fazit

Die Digitalisierung ist wesentlich mehr als die bloße Transformation von Buch bzw. Text in Bild (und in hohem Ausmaß auch Rück-Verwandlung von Bild in Text) und die dadurch mögliche ubiquitäre Verfügbarmachung von Texten. Sie ist ein Werkzeug, um alten Quellen neues Leben einzuhauchen und unbeteiligte Außenstehende an die eigenen „Schätze" heranzuführen. Sie „verrückt" den Blick auf die Texte selbst ebenso wie den Blick von außen auf die Bibliothek. Sie kann Begeisterung wecken und sie lebt ihrerseits wesentlich von der Begeisterung der beteiligten oder involvierten MitarbeiterInnen und Personen. Sie kann so nicht nur nach außen, sondern ebenso sehr auch nach innen „wirken", das Selbstbild der Bibliothek und der BibliothekarInnen beeinflussen. Ihre Potentiale sind noch lange nicht ausgeschöpft.

Gregor Neuböck

Die Verlustlisten Österreich-Ungarns – ein facettenreiches Digitalisierungsprojekt der Oberösterreichischen Landesbibliothek

Einleitung

Im Jahr 2012 begann man sich an der Digitalen Landesbibliothek Oberösterreich (DLOÖ[1]) angesichts des 100jährigen Jubiläums *Ausbruch Erster Weltkrieg* bibliotheksintern Gedanken zu machen, wie man denn der Bedeutung dieses Ereignisses gerecht werden könnte.

Nach mehreren Besprechungen einigte man sich darauf, Literatur zum Ersten Weltkrieg aus dem eigenen Bestand zu digitalisieren. Als größtes Einzelprojekt beschloss man die Verlustlisten Österreich-Ungarns[2] zu digitalisieren. Die herausragende Bedeutung dieser Listen für die Genealogie, darf sicherlich als einer der wichtigsten Beweggründe für diese Entscheidung angeführt werden. Unser Anspruch war, dieses umfangreiche Werk so benutzerfreundlich und qualitätsvoll wie möglich zur Verfügung zu stellen.

Was alle unsere digitalisierten Werke auszeichnet, ist eine extrem hohe Dichte an Struktur- und Metadaten[3], die hohe Auflösung der Bilder und ein sehr guter Volltext. In den Richtlinien der Digitalen Landesbibliothek Oberösterreich (DLOÖ) wurde festgelegt, dass Werke durchgehend in Farbe als TIFF[4] mit einer Auflösung von 600 DPI[5] gescannt werden müssen. Bei der Erfassung der Meta- und Strukturdaten ist das Inhaltsverzeichnis eines Werkes vollständig abzubilden. Zusätzlich erfasst wird jedes Bild, Unterkapitel, Vorwort, jede Tabelle, Ein-

---

1 Digitale Landesbibliothek Oberösterreich, kurz auch DLOÖ genannt, ist ein umfangreicher Digitalisierungsworkflow bestehend aus dem Produktionssystem http://goobi.landesbibliothek.at und dem Präsentationssystem http://digi.landesbibliothek.at
2 Die Verlustlisten Österreich-Ungarns: http://digi.landesbibliothek.at/viewer/resolver?urn=urn:nbn:at:AT-OOeLB-1723425
3 Bei der Erfassung von Struktur- und Metadaten wird ein verlinktes Inhaltsverzeichnis erstellt. In diesem werden Kapitel, Abbildungen, Vorworte, Einleitungen,... erfasst.
4 TIFF (Tagged Image File Format) ist eines der ältesten und einfachsten Bildformate. Es speichert Bilddaten verlustfrei, gilt als zuverlässig und eignet sich besonders für die Langzeitarchivierung. Siehe auch: https://de.wikipedia.org/wiki/Tagged_Image_File_Format
5 DPI ist ein Maß für die Punktdichte und gibt somit die Detailgenauigkeit einer Grafik an. Siehe auch: https://de.wikipedia.org/wiki/Punktdichte

https://doi.org/10.1515/9783110501094-008

leitung, Anlage, Beilage, jeder Brief usw. Diese hohe Dichte an Meta- und Strukturdaten bildet unserer Meinung nach die Basis für bestmögliche Usability[6].

Inzwischen sind mehr als 2000 Werke mit dem Schwerpunkt Erster Weltkrieg[7] digitalisiert worden. Damit hat sich die Oberösterreichische Landesbibliothek als ein wichtiger Standort für deutschsprachige Literatur des ersten Weltkrieges etabliert.

Bis Ende 2012 wurden die im Bestand befindlichen Verlustlisten für die Digitalisierung vorbereitet. Viele Bände waren von der Papierqualität (Holzschliffpapier) her in einem äußerst schlechten Zustand. Manche Bände konnten aufgrund der engen Bindung nicht zur Digitalisierung herangezogen werden (zerschneiden wollte man sie nicht), einige wiederum hatten fehlende Seiten und andere Bände fehlten überhaupt. All diese Problemfälle konnten mit Leihgaben aus anderen Bibliotheken erfolgreich behoben werden. Da es bei den Verlustlisten Österreich-Ungarns auch Sonder- und Ergänzungsbände gibt, wurden diese ebenfalls in dieses Projekt aufgenommen.

Namentlich wurden folgende Verlust- und Ergänzungslisten digitalisiert: *Verlustlisten der Jahre 1914 – 1919 von Band 1 – 709, die Alphabetischen Verzeichnisse Nr. I – CXLI, Ergänzungen und Berichtigungen E1 – E11, In Przemysl Kriegsgefangene, zusammengestellt nach den vom russischen Roten Kreuze eingelangten Gefangenenlisten P1 – P4 und Kriegsgefangene, deren Truppenkörper oder Heimatzuständigkeit infolge der mangelhaften Angaben in den vom Roten Kreuze der feindlichen Staaten eingelangten Gefangenenlisten bisher nicht festgestellt werden konnte Nr.1. – Nr.6.*

Alle Bände sind im Viewer nach ihrem Erscheinungsdatum chronologisch sortiert (siehe Abb. 1). Die Alphabetischen Verlustlisten stellen hier eine Ausnahme dar. Sie wurden den jeweils in ihnen enthaltenen fünf Verlustlisten vorangestellt.

---

6 Unter Usabilty oder Benutzerfreundlichkeit versteht man die Nutzungsqualität bei der Interaktion mit einem System einer Software. Siehe auch: https://de.wikipedia.org/wiki/Benutzerfreundlichkeit

7 Schwerpunktsammlung Erster Weltkrieg in der DLOÖ: http://digi.landesbibliothek.at/viewer/browse/DC:index.w.weltkrieg1/-/1/CURRENTNOSORT/-/

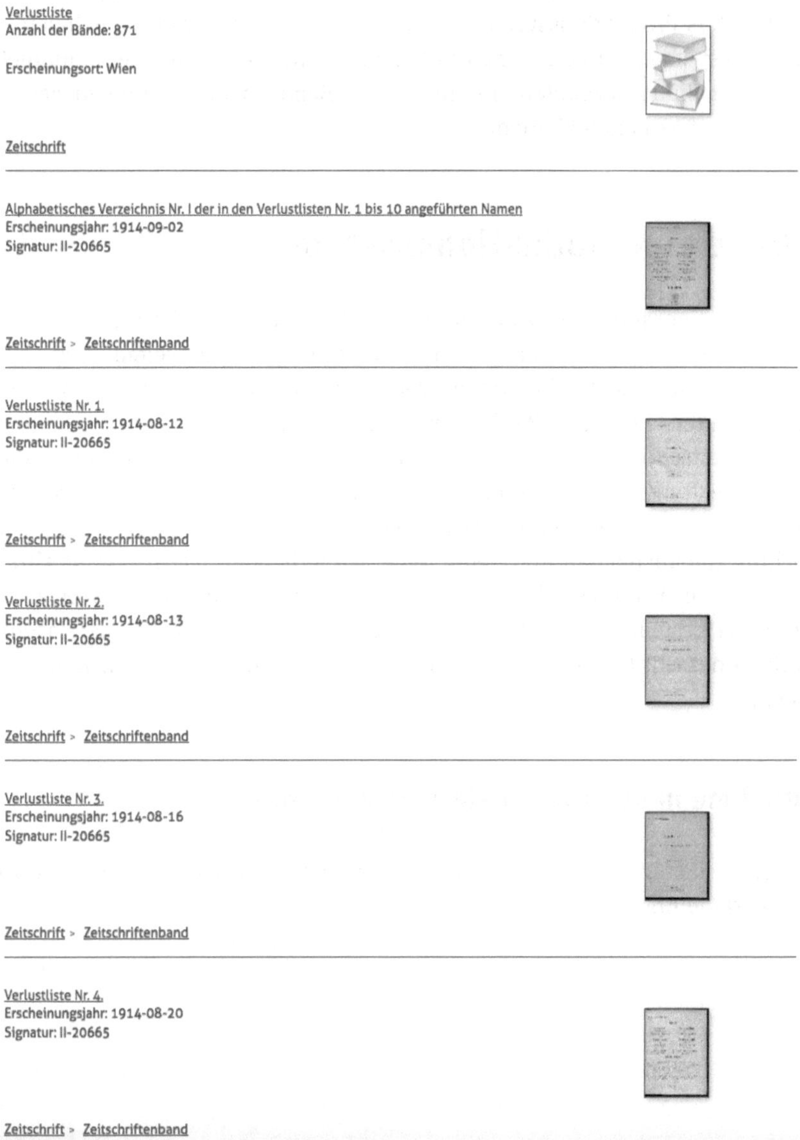

Verlustliste
Anzahl der Bände: 871

Erscheinungsort: Wien

Zeitschrift

Alphabetisches Verzeichnis Nr. I der in den Verlustlisten Nr. 1 bis 10 angeführten Namen
Erscheinungsjahr: 1914-09-02
Signatur: II-20665

Zeitschrift > Zeitschriftenband

Verlustliste Nr. 1.
Erscheinungsjahr: 1914-08-12
Signatur: II-20665

Zeitschrift > Zeitschriftenband

Verlustliste Nr. 2.
Erscheinungsjahr: 1914-08-13
Signatur: II-20665

Zeitschrift > Zeitschriftenband

Verlustliste Nr. 3.
Erscheinungsjahr: 1914-08-16
Signatur: II-20665

Zeitschrift > Zeitschriftenband

Verlustliste Nr. 4.
Erscheinungsjahr: 1914-08-20
Signatur: II-20665

Zeitschrift > Zeitschriftenband

Abb. 1: Sortierung der Verlustlisten nach Erscheinungsdatum.

Die nun folgenden Arbeitsschritte lassen sich grob in zwei Arbeitsbereiche unterteilen. Das Produktionssystem[8], in welchem abgesehen von Ausnahmen nur Bibliothekspersonal arbeitet und das Präsentationssystem[9], in dem Bibliotheksmitarbeiter/Bibliotheksmitarbeiterinnen und Benutzer/Benutzerinnen gemeinsam Inhalte bearbeiten können.

Arbeiten im Produktionssystem

Als Produktionssystem setzen wir die Workflowsoftware GOOBI[10] ein. Diese Software bietet uns umfangreiche Bearbeitungsmöglichkeiten und kann individuell auf Projekte abgestimmt werden. In der Realität bedeutet dies, dass wir z.B. unterschiedliche Werktypen (Mehrbändiges Werk, Bandserie, Monographie, Zeitschrift, Karte, Urkunde, Handschrift, Inkunabel) und unterschiedliche Projekttypen (Elektronische Pflichtexemplare, Oberennsia, Handschriften, Inkunabeln,...) mit GOOBI verwalten können. Genau diese vielfältigen Bearbeitungsmöglichkeiten und deren feine Skalierbarkeit liefern erst die Grundlage für die Features, die den Benutzern/Benutzerinnen im Viewer zur Verfügung gestellt werden. In den folgenden Kapiteln werde ich die einzelnen Bearbeitungsschritte, die unsere Verlustlisten durchlaufen haben, näher vorstellen.

Aufnahme in den Digitalisierungsworkflow

Zu Beginn der Digitalisierung steht der Workflowschritt *Bibliographische Aufnahme* (siehe Abb. 2).

---

8 Das Produktionssystem der Oberösterreichischen Landesbibliothek basiert auf der freien Software GOOBI http://goobi.landesbibliothek.at
9 Das Präsentationssystem basiert auf dem Intranda-Viewer http://digi.landesbibliothek.at
10 GOOBI ist eine Software zur Digitalisierung und steht unter einer GPL-Lizenz. Siehe dazu: https://de.wikipedia.org/wiki/Goobi und http://www.intranda.com/digiverso/goobi/

Abb. 2: Bibliographische Aufnahme.

Angesichts der großen Anzahl an Bänden, wurde mit Vorlagen gearbeitet. Zum Anlegen einer Vorlage wurden die bibliographischen Daten über einen X-Server[11]-Zugang von unserem Bibliothekssystem ALEPH[12] zu GOOBI übertragen. Die einzelnen Bände/Hefte wurden dann nur noch durch geringe Anpassungen der Vorlage generiert. Jeder Band wurde mit einem Laufzettel versehen. Auf diesem ist ein eindeutiger Vorgangsnamen, ein Barcode, das Anlegedatum und das zugehörige Projekt notiert. Neben einem systeminternen GOOBI-Wiki wurden diese Laufzettel auch dazu benutzt, wichtige Infos (z.B. für Folgeschritte) festzuhalten und anzumerken.

Scannen

Das Scannen der einzelnen Bände erforderte umfangreiche Vorbereitungsarbeiten. Der schlechte Zustand der Hefte machte es notwendig den Scanschritt einschlägig vorzubereiten. Wegen der großen Anzahl an Images und dem Mangel an eigenen Personalressourcen mussten wir auf externes Personal zurückgreifen. Die einzelnen Hilfskräfte waren jeweils 4 Wochen lang im Einsatz. Einschulungszeit pro Kraft jeweils ca. zwei Werktage (nach dieser Zeit konnten die

---

11 Der X-Server ermöglicht einen XML-basierten Zugang von externen Systemen auf die Aleph-Datenbank. Siehe auch: https://developers.exlibrisgroup.com/aleph/apis/Aleph-X-Services/introduction-to-aleph-x-services
12 ALEPH ist das derzeitige Bibliothekssystem der OÖ Landesbibliothek. Siehe auch: https://de.wikipedia.org/wiki/Aleph_(Bibliothekssoftware)

Hilfskräfte ohne Unterstützung scannen). Der hier vorgestellte Ablauf, hat reibungslos funktioniert. Nur wenige Scanfehler mussten korrigiert werden und das bei annähernd 50 000 Images. Rückblickend kann gesagt werden, dass dieser Arbeitsschritt auf Basis einer solide durchdachten Vorbereitungszeit optimal abgeschlossen werden konnte. Um beste Ergebnisse zu erhalten, gab und gibt es für die Scanoperatoren folgende Vorschriften:

- Gescannt wird ausschließlich als TIFF in Farbe mit einer Auflösung von 600 dpi.
- Die Bilder dürfen in keiner Weise nachbearbeitet oder verändert werden, weswegen auch darauf zu achten ist, dass die Vorlage beim Scannen möglichst gerade aufliegt.
- Inhalte von Büchern die über zwei Seiten reichen (z.B. Abbildungen, die über zwei Seiten reichen oder Tabellen, deren Spalten auf zwei Seiten aufgeteilt sind) sind mit einem Scan abzubilden.
- Jeweils die ersten drei Scans jedes Bandes werden hinsichtlich Vollständigkeit und Bildschärfe geprüft. Sollten keine Mängel zu beanstanden sein, ist der gesamte Band ohne weitere Bildkontrolle zu scannen.
- Beim Scannen ist darauf zu achten, dass der Scanrahmen ein wenig größer (Vorlage muss vollständig abgebildet sein) ist als die Vorlage. Um den richtigen Bildausschnitt wählen zu können, verfügt unser Scanner (CopiBook A2+; 600) über eine Echtzeitanzeige. Mit dieser kann der richtige Ausschnitt um die einzelnen Seiten recht einfach festgelegt werden.
- Nach dem letzten Scan eines Bandes erfolgt die Qualitätskontrolle. Diese beschränkt sich auf die Kontrolle der Dateigröße der einzelnen Scans. Die Dateien sollten in etwa gleich groß sein. Scanfehler würden demnach rasch auffallen (insbesondere 0 kByte-Dateien und dgl.). Diese Form der Qualitätskontrolle hat sich rückblickend als extrem effektiv und damit ressourcenschonend gezeigt und wird deswegen bei allen Scanprojekten der DLOÖ, ausgenommen Handschriften, eingesetzt. Bei diesen erfolgt ausnahmslos eine Einzelkontrolle aller Bilder hinsichtlich Schärfe und Vollständigkeit.

Herunterrechnen der Bilder

Im nächsten Arbeitsschritt, der übrigens automatisiert in unserem Produktionssystem GOOBI abläuft, wird eine komprimierte Kopie der Bilder erstellt. Das Herunterrechnen der Bilder ist aus Performancegründen zwingend notwendig. GOOBI legt dazu zunächst einen weiteren Bilderordner an und komprimiert anschließend die enthaltenen Bilder. Es handelt sich weiterhin um 600 dpi-TIFFs mit einer JPEG[13]-Komprimierung (Komprimierungsgrad: ca. 12–14% der Aus-gangsgröße). Die unkomprimierten TIFFs dienen allein der Langzeitarchivie-rung. Diese werden für die folgenden Arbeitsschritte sowie zur Präsentation im Viewer nicht mehr benötigt.

Meta- und Strukturdatenbearbeitung

Die Meta- und Strukturdatenbearbeitung war neben dem Scannen der weitaus aufwendigste Schritt und teilt sich in drei große Bereiche.

Im ersten Schritt erfolgt die *Paginierung*. In diesem werden die Bilder den Seiten zugeordnet. Neben Arabisch/Römisch/unnummeriert kann auch Freitext verwendet werden. Die Zählung selber ermöglicht Seiten-, Spalten- und Blatt-zählung sowie die Vergabe von recto-verso Seiten/Blätter. Falsch/doppelt ge-scannte Bilder werden mit einem Mausklick verschoben oder gelöscht. Mit den beiden Optionen *Nur markierte Seiten* und *Ab der ersten markierten Seite* können Werke rasch paginiert werden. Sollten weitere Arbeiten am Scanner notwendig sein, werden mit Hilfe eines internen GOOBI-Wiki, die entsprechenden Informa-tionen (z.B. Seite 11 als Bild 7 einfügen) an den Scanschritt bzw. Scanoperator als Fehlermeldung gesendet. Im selben Moment verschwindet der Vorgang aus dem Arbeitsbereich *Meta- und Strukturdatenbearbeitung*. Dafür erscheint dieser wieder im Arbeitsbereich *Scannen*. Man spricht in diesem Zusammenhang vom *Aufgeräumten Schreibtisch/Arbeitsbereich*. Aufgrund bestimmter Berechtigun-gen sieht man nur Vorgänge, die sich im eigenen Arbeitsschritt befinden.

Im zweiten Schritt *Strukturdaten* wird das *Gerüst* der einzelnen Bände auf-gebaut. Diese waren im Fall der Verlustlisten Österreich-Ungarns meist Kapitel und Unterkapitel, vereinzelt auch andere Strukturelemente wie z.B. Anhänge.

An der OÖ Landesbibliothek findet durchgehend eine intensive Erfassung von Struktur- und Metadaten statt. Aus den erfassten Daten wird automatisch ein verlinktes Inhaltsverzeichnis generiert. Dieses ermöglicht im Viewer das ra-sche Aufrufen von einzelnen Kapiteln und Strukturen. Im Falle der Verlustlisten wurden die Offiziere, Mannschaften, Nachträge usw. als eigene Kapitel erfasst. Jedes dieser Kapitel erhielt zusätzlich Unterkapitel zu allen Buchstaben des Al-phabets (siehe Abb. 3). So hat man einen wesentlich rascheren Zugriff auf einen gesuchten Familiennamen, ohne dutzende Seiten durchblättern zu müssen, denn der automatisiert erkannte Volltext ist, wenn auch auf einem sehr hohen

---

13 JPEG (Joint Photographic Experts Group), beschreibt Methoden zur Bildkompression. Siehe auch: https://de.wikipedia.org/wiki/JPEG

Niveau, nie zu 100% richtig, weswegen manche Namen in der Volltextsuche nicht gefunden werden, ergo erblättert werden müssen.

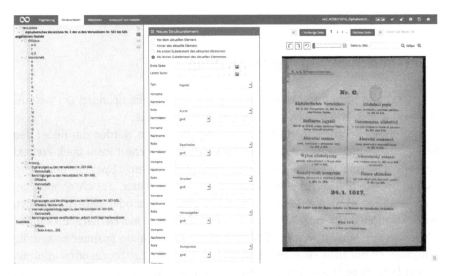

Abb. 3: Erfassung granularer Strukturdaten in GOOBI zur einfacheren Navigation für die BenutzerInnen.

Im dritten Unterpunkt *Metadaten* fand in älteren GOOBI-Versionen noch die Vergabe der Metadaten statt, also z. B. die Vergabe des Metadatums *Haupttitel Mannschaft* für ein Strukturelement (z. B. *Kapitel*). Heute dient dieser Punkt nur mehr zur Kontrolle der zuvor eingegebenen Daten, denn die neue Version von GOOBI ermöglicht gleichzeitig die Erfassung von Strukur- und Metadaten inklusive Autor/Autorin sowie eventuell vorhandenem GND-Eintrag.

Volltexterkennung (OCR[14])

Der Schritt der Volltexterkennung läuft automatisch ab und bedarf nur der Schrifteinstellung. Die Auswahl zwischen Antiqua- und Frakturschriften stellt die Grundlage für eine gute Texterkennungsrate dar. Der Taskmanager[15] (siehe

---

14 OCR kommt von optical character recognition und bezeichnet die automatisierte Texterkennung von Bildern. Siehe auch: https://de.wikipedia.org/wiki/Texterkennung
15 Der Taskmanager ist eine Softwarekomponente, die den OCR-Schritt vollständig steuert. Alle Kopiervorgänge innerhalb dieses aber auch die Verwaltung von Schriftguthaben für den OCR-Prozess werden mit diesem Werkzeug verwaltet.

Abb. 4) steuert alle Prozesse dieses Schrittes. Es handelt sich dabei um das Kopieren der Bilder zum OCR-Server, das Rückführen der OCR-Ergebnisse (Volltexte inklusive Vektordaten) zu GOOBI und der Export aller Daten in den Viewer. Für ältere Drucke verwenden wir die Schriftoption *OldEnglish*. Diese hat bei Drucken aus dem 16. Jahrhundert zu wesentlich besseren Volltexten geführt. Zusätzlich zum Text werden auch Wortkoordinaten erfasst, die das Highlighting[16] in der Bildanzeige ermöglichen.

Abb. 4: Taskmanager.

---

[16] Unter Highlighting versteht man die farbliche Kennzeichnung von Volltextsuchtreffern in der Bildanzeige. Diese ist nur möglich, wenn im OCR-Schritt auch Vektoren erfasst werden. Siehe auch: https://de.wikipedia.org/wiki/Syntaxhervorhebung

Persistente Identifier

Persistente Identifier sind eine Grundvoraussetzung für wissenschaftliches Arbeiten mit Digitalen Objekten. Als technische Grundlage verwenden wir hierzu URNs[17]. Diese werden für unsere Werke bis auf Seitenebene automatisiert von GOOBI generiert. Die OBVSG[18] betreibt für den Österreichischen Bibliothekenverbund einen URN-Resolver[19] der diese URNs auflösen kann und dafür sorgt, dass immer mindestens eine gültige URL einer URN zugeordnet ist. Dies verhindert den lästigen Browser Fehler 404[20].

Export in das Präsentationssystem

Nach erfolgreichem Abschluss des OCR-Schrittes erfolgt der Export aller Bilder eines Werkes in das Präsentationssystem. Zusätzlich zu den Bildern werden Meta- und Strukturdaten sowie eventuell vorhandene Volltexte veröffentlicht.

URN-Eintragung

Unser Präsentationssystem verfügt über eine OAI-PMH-Schnittstelle[21]. In dieser werden unterschiedliche maschinenlesbare Formate angeboten. Unter anderem könnten auch die URNs der Werke maschinell abgefragt werden. Zurzeit müssen diese Daten noch manuell in den Katalog eingetragen werden. Dieser Arbeitsschritt ist für unsere Katalogisierer und Katalogisiererinnen nur ein Erinnerungsschritt. Nach der Eintragung der URN eines Werkes in den Katalog wird der Bearbeitungsschritt abgeschlossen und der Vorgang *verschwindet* im selben Moment aus deren Arbeitsbereich. Damit verbunden wird nun auch im Katalog/

---

17 URN (Uniform Resource Name) ist ein Uniform Resource Identifier (URI) der einem bestimmten Schema folgt und weltweit nur einmalig für eine Ressource vergeben wird, dauerhaft und ortsunabhängig ist. Siehe auch: https://de.wikipedia.org/wiki/Uniform_Resource_Name
18 OBVSG (Österreichische Bibliothekenverbund und Service GmbH). Siehe auch: https://www.obvsg.at/
19 URN:NBN-Resolver für Österreich: Siehe auch: https://resolver.obvsg.at/
20 Der Browserfehler 404 ist das Ergebnis fehlerhafter Links, weil eine Ressource verschoben oder gelöscht wurde. Siehe auch: https://de.wikipedia.org/wiki/Toter_Link
21 OAI (Open Archives Initiative) versucht Digitalisate besser zugänglich zu machen. Dazu hat sie das OAI Protocol for Metadata Harvesting (OAI-PMH) entwickelt. Siehe auch: https://de.wikipedia.org/wiki/Open_Archives_Initiative#OAI_Protocol_for_Metadata_Harvesting Die OAI-PMH-Schnittstelle der DLOÖ finden sie unter: http://digi.landesbibliothek.at/viewer/oai

Suchmaschine eine PURL[22] direkt zum Digitalisat unter *LINKS/Volltext* angezeigt.

Archivierung

Durch die Archivierung soll die langfristige Verfügbarkeit der Daten garantiert werden. In der URN-Policy des Österreichischen Bibliothekenverbundes verpflichten sich alle Teilnehmer die langfristige Verfügbarkeit der Digitalisate zu gewährleisten. Um eine bestmögliche Verfügbarkeit zu gewähren verwenden wir das Bildformat TIFF und für die Metadaten XML[23]. Seit einigen Jahren komprimieren wir unsere Bilder nicht mehr, da das Zippen von Bildern als problematisch angesehen werden kann. Heute verwenden wir nur mehr Tarbal[24]-Container zur Archivierung. Über ein Skript werden die Master-TIFFs[25] vom Produktionsserver verschoben, alle übrigen Daten (Meta- und Strukturdaten, OCR-Ergebnisse und nutzergenerierte Daten) werden kopiert.

Die Daten werden bei diesem Prozess auf eine zusätzliche NAS[26] verschoben bzw. kopiert. Sobald eine NAS voll ist, wird sie als Sicherungskopie an einem sicheren Ort verwahrt. Einmal jährlich werden nach dem Zufallsprinzip mindestens drei verschiedene Vorgänge[27] einer Archiv-NAS entpackt und auf Datenvalidität hin untersucht. Sollte nur ein Fehler auftreten, müssen zwingend alle auf der NAS befindlichen Vorgänge geprüft und gegebenenfalls mit der Zweitsicherung wiederhergestellt werden.

---

22 PURL steht für persistent URL. Diese besteht aus einem Link in Verbindung mit einer URN und verweist auf einen Linkresolver. Siehe auch: https://de.wikipedia.org/wiki/Persistent_Uniform_Resource_Locator

23 XML (Extensible Markup Language). Siehe auch: https://de.wikipedia.org/wiki/Extensible_Markup_Language

24 Tarbal oder Tar ist ein Packprogramm das selbige Dateien erzeugt. Dabei werden Dateien wie in einem Container zusammengeklebt. Somit sind Bilder und Metadaten gemeinsam archiviert. Siehe auch: https://de.wikipedia.org/wiki/Tar

25 Mit MasterTIFFs sind hochauflösenden (600 dpi) TIFF-Bilder gemeint, die ursprünglich gescannt wurden.

26 NAS (Network Attached Storage) ist ein einfacher Dateiserver, meist mit Linux als Betriebssystem ausgestattet, in einem Netzwerk. Dieser dient als relativ billige Sicherung für Serverdaten. Siehe auch: https://de.wikipedia.org/wiki/Network_Attached_Storage

27 Als Vorgänge werden alle Werke im Produktionssystem GOOBI bezeichnet. Jeder Vorgang erhält einen individuellen Vorgangsnamen und ist so jederzeit aufzufinden.

Arbeiten im Präsentationssystem

Seit mehr als zwei Jahren verwenden wir in unserem Viewer verschiedene Web 2.0[28]-Werkzeuge und setzen diese zur Metadatenanreicherung ein.

Bei den Verlustlisten Österreich-Ungarns[29] läuft von Juni 2016 bis Ende 2017 ein Projekt zur Korrektur des Volltextes. Dazu nutzen wir ein Crowdsourcing[30]-Tool. Mit diesem werden die Vor- und Nachnamen in der jeweiligen Landessprache (man geht von mindestens 10 verschiedenen Sprachen aus) korrigiert. Die unterschiedlichen Zeichen stellen für die Darstellung kein Problem dar, weil die dahinterliegende Datenbank den UTF-8-Standard[31] erfüllt. Der automatisiert erstellte Volltext gilt schon heute als ausgezeichnet, da es sich bei den Verlustlisten aber um ein sehr wichtiges genealogisches Werkzeug handelt, haben wir uns dazu entschlossen, jeden Namen (festgehalten wurden in diesen Listen die Namen von Verletzten Vermissten, Toten und Gefangenen) der ehemaligen österreichisch-ungarischen Armee, auffindbar zu machen.

Da wir uns außerstande sahen alle Verlustlisten zu korrigieren, stellen wir in diesem Projekt nur die Namen aller Alphabetischen Verlustlisten und die der Ergänzungslisten richtig. Man kann davon ausgehen, dass nach Abschluss des Projektes alle Namen[32] über die Volltextsuche aufgefunden werden können.

Anmeldung

Um im Crowdsourcing der OÖ Landesbibliothek mitzuarbeiten bedarf es nur weniger Schritte. Entweder man hat einen Google-Account, dann kann man sich über OpenID[33] einloggen oder man meldet sich über einen lokalen Account an.

---

28 Web 2.0 steht für eine Reihe von kollaborativen Werkzeugen des Internets. Siehe auch: https://de.wikipedia.org/wiki/Web_2.0

29 Die Verlustlisten Österreichs in der DLOÖ: http://digi.landesbibliothek.at/viewer/browse/DC:periodika.verlustliste/-/1/CURRENTNOSORT/-/

30 Bei Crowdsourcing wird Arbeit an externe, freiwillige Kräfte ausgelagert. Siehe auch: https://de.wikipedia.org/wiki/Crowdsourcing

31 UTF-8 ist eine weit verbreitete Zeichencodierung und hat eine zentrale Bedeutung für die globale Zeichencodierung im Internet. Siehe auch: https://de.wikipedia.org/wiki/UTF-8

32 Je nach Quelle kann man davon ausgehen, dass Österreich-Ungarn ca. 1,5 Mio Soldaten verloren hat und gut 3,6 Mio Verletzte zu beklagen hatte. Siehe auch: http://www.centre-robert-schuman.org/userfiles/files/REPERES%20-%20Modul%201-1-1%20-%20Notiz%20-%20Bilanz%20in%20Ziffern%20des%20Ersten%20Weltkrieges%20-%20DE.pdf

33 OpenID bezeichnet ein offenes dezentrales Authentifizierungssystem. Siehe auch: https://de.wikipedia.org/wiki/OpenID

Volltexte verbessern

Der Einstieg erfolgt nach der Anmeldung auf unserer Webseite (http://digi. landesbibliothek.at). Danach klickt man beim erstmaligen Aufruf des Crowd auf den Link *Am Digitalisat mitarbeiten.*

Hat man einmal eine Seite im Crowd bearbeitet, kann man direkt über *Meine letzten Aktivitäten* einsteigen, denn es werden die letzten zehn bearbeiteten Seiten automatisch als Linkliste gespeichert.

In der Oberfläche des Crowd befindet sich auf der linken Seite das Bild und rechts der erkannte Volltext (siehe Abb. 5). Da auch Wortkoordinaten erfasst werden, wird ein farbiger Rahmen synchron links und rechts angezeigt (also Bildbereich und zugehöriger Text), sobald man den Mauszeiger über ein Wort bewegt. Klickt man nun auf ein Wort, erscheint auf der Volltextseite ein erweiterter Rahmen um das ausgewählte Wort, dabei ist es unerheblich, ob man den Mausklick auf der rechten (Text) oder linken (Bildbereich) Seite ausführt. Nun lässt sich im Kasten auf der rechten Seite der Volltext bearbeiten.

Zeitgleich wird das *Bearbeiten Werkzeug* (*Was möchten Sie einfügen?*) eingeblendet.

Dieses ermöglicht noch weitere Arbeitsschritte:

- Zeile davor/danach einfügen
- Wort davor/danach einfügen
- Wort löschen

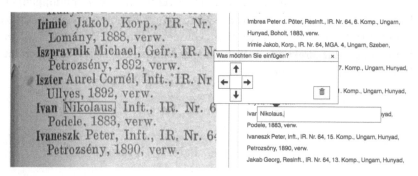

Abb. 5: Volltexte bearbeiten.

Wird der Volltext nun gespeichert, erfolgt eine Neuindexierung des Werkes durch den Solr[34]-Indexer und die zuvor noch nicht erkannten Namen werden bei einer neuerlichen Suchanfrage aufgefunden.

Präsentation der Verlustlisten im Viewer

Die Verlustlisten lassen sich auf vielfältige Weise darstellen. Die Basis dafür stellen die in der Einleitung schon angeführten hohen Qualitätsstandards im Produktionssystem dar.

Unsere *Erstbenutzer* kommen zu 99% über Google-Suche, allerdings sieht die Sache bei unseren *Stammkunden* schon anders aus. Von diesen werden die unterschiedlichen Darstellungsmöglichkeiten und vielfältigen Suchmöglichkeiten sehr wohl genutzt. In den folgenden Unterkapiteln werde ich diese näher vorstellen und erklären.

Ansichten der Verlustlisten

Links von der *Bildansicht* befindet sich ein verlinktes Inhaltsverzeichnis, welches aus den zuvor in GOOBI eingegebenen Meta- und Strukturdaten automatisch generiert wird. Mit diesem lässt sich rasch und gezielt eine Auswahl zwischen den verschiedenen Kapiteln und Strukturen (z. B. Abbildungen) eines Buches treffen. Im Inhaltsverzeichnis kann man auch sofort erkennen, dass die *Verlustliste Nr. 7.,* ein Band des übergeordneten Werkes *Verlustliste* ist. Diese Verlinkung führt direkt zur Auflistung aller Verlustlisten, geordnet nach ihrem Erscheinungsdatum (siehe Abb. 6).

---

34 Solr (Search on Lucene and Resin) ist ein Servlet (Java-Klasse) welches Anfragen (Suchanfragen) von Webservern entgegennehmen kann. Siehe auch: https://de.wikipedia.org/wiki/Apache_Lucene#Solr und https://de.wikipedia.org/wiki/Servlet

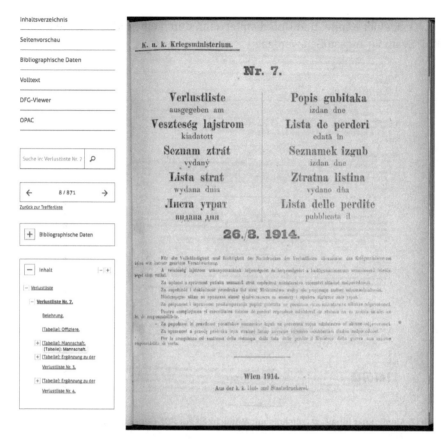

Abb. 6: Bildansicht mit verlinktem Inhaltsverzeichnis.

In der *Bildansicht* wird oberhalb jedes Bildes eine PURL angezeigt. Diese bildet die Basis für wissenschaftliches Arbeiten. Rechts von der PURL wird ein kleines PDF-Symbol angezeigt. Ein Klick darauf startet die Generierung eines PDFs des aktuellen Bildes.

Mit dem Menüpunkt *Inhaltsverzeichnis*[35] gelangt man auf eine Seite mit dem zuvor schon erwähnten Inhaltsverzeichnis (siehe Abb. 7). Der Unterschied zum Inhaltsverzeichnis der *Bildansicht* besteht darin, dass hier anstelle der Bildanzeige das gesamte Inhaltsverzeichnis (alle hierarchischen Ebenen werden sofort ausgeklappt) dargestellt wird. Jeder Teil des Inhaltsverzeichnisses ist verlinkt und kann direkt aufgerufen werden. Die PDF-Generierung des gesamten Werkes

---

35 Beispiel der Ansicht "Inhaltsverzeichnis" innerhalb der DLOÖ: http://digi.landesbibliothek. at/viewer/!toc/AC08513816_Verlustliste_Nr_0030/1/LOG_0003/

bzw. einzelner Kapitel und Unterkapitel kann durch einen Klick auf die kleinen PDF-Symbole angestoßen werden.

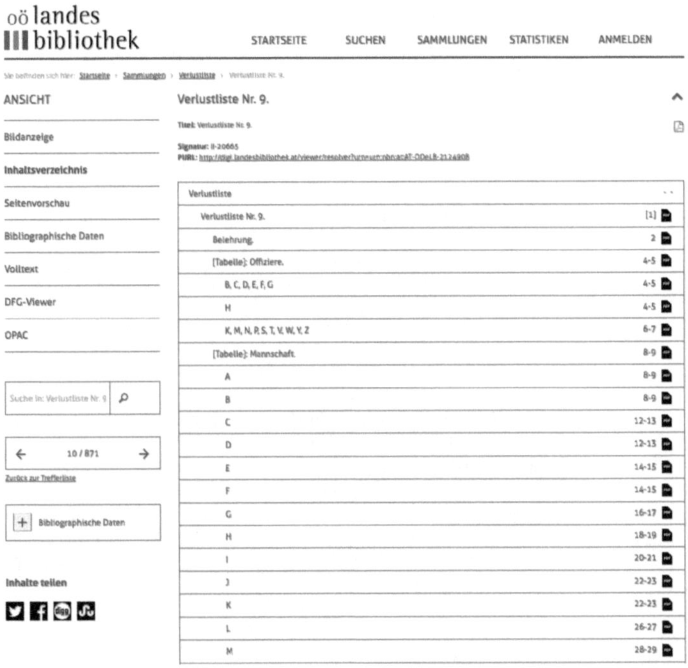

Abb. 7: Menüpunkt Inhaltsverzeichnis mit Möglichkeit zur PDF-Generierung.

Da die generierten PDFs bei uns nicht vorgehalten sondern in Echtzeit erstellt werden und unsere PDFs eine druckfähige Auflösung aufweisen, erscheint nach dem Klick auf das PDF-Symbol ein Dialogfenster, in das optional auch die eigene Email eingetragen werden kann. Wird dies gemacht, erhält man eine Benachrichtigung mit dem Downloadlink. CAPTCHA[36] verhindert, dass Bots[37] unseren Downloadserver zum Erliegen bringen. Ganz am unteren Ende der Seite *Inhaltsverzeichnis* besteht die Möglichkeit das Werk in unterschiedlichen Daten-

---

36 CAPTCHA (Completely Automated Public Turing test to tell Computers and Humans Apart) dient zur automatisierten Unterscheidung zwischen Menschen und Robotern (Bots). Siehe auch: https://de.wikipedia.org/wiki/Captcha

37 Bots sind Computerprogramme, die weitgehend autonom Aufgaben abarbeiten können. Manchmal werden diese auch missbräuchlich eingesetzt. Siehe auch: https://de.wikipedia.org/wiki/Bot

formaten herunterzuladen (METS[38], MARCXML[39], Dublin Core[40], ESE[41], PDF und EPUB[42]). EPUB ist insbesondere für Personen interessant, die nur am Text eines Werkes interessiert sind. Vorteilhaft ist die geringe Datenmenge, sowie die Tatsache, dass sogar das verlinkte Inhaltsverzeichnis der Bücher mitgeliefert wird.

In der *Seitenvorschau* werden Thumbnails[43] angezeigt, die eine grobe Voransicht auf jeweils dreißig Seiten ermöglicht. So kann man sich rasch einen Überblick über ein Werk verschaffen.

Der Menüpunkt *Bibliographische Daten*[44] (siehe Abb. 8) zeigt die bibliographischen Grunddaten eines Werkes an. Es werden auch LOD[45] eingebunden, wie z. B. GND[46] oder WIKIPEDIA. GND-Daten werden in Echtzeit von der DNB[47] abgerufen. Die Darstellung erfolgt in einem eigenen Layer[48]. Der GND-Datensatz wird vollständig indexiert und steht auch für die Suche zur Verfügung. In der Praxis bedeutet dies, dass verschiedenen Schreibweisen eines Autors/einer Autorin bei einer Suchanfrage aufgefunden werden können.

---

38 METS (Metadata Encoding Transmission Standard) ist ein XML basiertes Format zur Beschreibung von digitalen Sammlungen. Siehe auch: https://de.wikipedia.org/wiki/Metadata_Encoding_%26_Transmission_Standard

39 MARCXML (Machine Readable Cataloging XML) ist ein XML-Schema das auf dem MARC21 Standard basiert. Es wurde für den Austausch von bibliographischen Daten entwickelt. Siehe auch: https://en.wikipedia.org/wiki/MARC_standards

40 Einfaches, standardisiertes bibliographisches Datenformat zur Beschreibung von Dokumenten. Siehe auch: https://de.wikipedia.org/wiki/Dublin_Core

41 ESE ist ein einfaches Datenformat innerhalb der Europeana. Wird momentan von EDM abgelöst. Siehe auch: http://irights-media.de/webbooks/dervergangenheiteinezukunft/chapter/von-ese-zu-edm-und-darueber-hinaus-wie-europeana-zugang-zu-objekten-des-kulturellen-erbes-ermoeglicht/

42 EPUB (electronic Publication) ist ein offener Standard für eBooks. Siehe auch: https://de.wikipedia.org/wiki/EPUB

43 Thumbnails auch Vorschaubilder genannt, werden auf vielen Webseiten zum raschen Zugriff auf die Originalbilder eingesetzt. Siehe auch: https://de.wikipedia.org/wiki/Vorschaubild Beispiel einer Seitenvorschau innerhalb der DLOÖ: http://digi.landesbibliothek.at/viewer/!toc/AC08513816_Verlustliste_Nr_0030/1/LOG_0003/

44 http://digi.landesbibliothek.at/viewer/!metadata/AC08513816_Verlustliste_Nr_0030/1/-/

45 LOD (Linked Open Data) bezeichnet frei verfügbare Quellen des Internets die per URI in Webseiten eingebaut werden können. Siehe auch: https://de.wikipedia.org/wiki/Linked_Open_Data

46 GND (Gemeinsame Normdatei) ist eine Normdatei für Personen, Körperschaften, Kongresse, Geografika, Sachschlagwörter und Werktitel. Siehe auch: https://de.wikipedia.org/wiki/Gemeinsame_Normdatei

47 DNB (Deutsche Nationalbibliothek). Siehe auch: http://www.dnb.de/DE/Standardisierung/GND/gnd_node.html

48 Layer ermöglichen die freie Positionierung von Elementen innerhalb von HTML-Text.

ANSICHT

Bildanzeige

Inhaltsverzeichnis

Seitenvorschau

Bibliographische Daten

Volltext

DFG-Viewer

OPAC

Suche in: Erinnerungen de

← 8 / 871 →

Zurück zur Trefferliste

+ Inhalt

Inhalte teilen

Bibliographische Daten

URN:	urn:nbn:at:AT-OOeLB-4644210
Persistenter Identifier:	AC00906679
Titel:	Erinnerungen des Kronprinzen Wilhelm
Untertitel:	aus den Aufzeichnungen, Dokumenten, Tagebüchern und Gesprächen
Signatur:	I-35660
Autor:	Preussen, Friedrich Wilhelm von
Herausgeber:	Rosner, Karl
Strukturtyp:	Monographie
Herausgeber:	Cotta
Erscheinungsjahr:	1922
Erscheinungsort:	Stuttgart [u.a.]
Erstellungsdatum:	09.05.17 19:18
Sammlung:	Weltkrieg I.
Umfang:	347 S. : Ill.
Sprache:	ger
Datierung:	1922
Illustrationsangabe:	Ill.
Größe:	205x135

Strukturtyp:	Einband
Sammlung:	Weltkrieg I.

Normdaten anzeigen

Details

Quelle	Internet DbA (WBIS) Das Bundesarchiv, Zentrale Datenbank Nachlässe LCAuth, angepasst an KIDS
Lebensdaten	1882-1951
Geburtsort	Potsdam
Sohn	Preußen, Louis Ferdinand von
Exakte Leben...	06.05.1882-20.07.1951
Name	Preußen, Wilhelm von
Ehefrau	Preußen, Cecilie von
Alternative S...	Wilhelm Friedrich Wilhelm Guglielmo Preußen, Friedrich Wilhelm Victor August Ernst von Hohenzollern, Wilhelm Hohenzollern, Guillermo de Hohenzollern, Wilhelm von Preussen, Wilhelm Preussen, Wilhelm von
Sterbeort	Hechingen
Identifier	11877185X
Beruf	Offizier
Vater	Wilhelm
URI	http://d-nb.info /gnd/11877185X

Downloads

| METS | MARCXML | Dublin Core | ESE | DFG-Viewer | OPAC | PDF | EPUB |

Abb. 8: Ansicht Bibliographische Daten.

Suchen/Browsen in den Verlustlisten

Bei den Suchtreffern ist ersichtlich, ob es sich um einen Volltexttreffer oder einen Treffer in den Meta- und Strukturdaten handelt. Volltexttreffer werden durch ein Highlighting (siehe Abb. 9) kenntlich gemacht, was das Auffinden eines Treffers in textintensiven Seiten erheblich erleichtert.

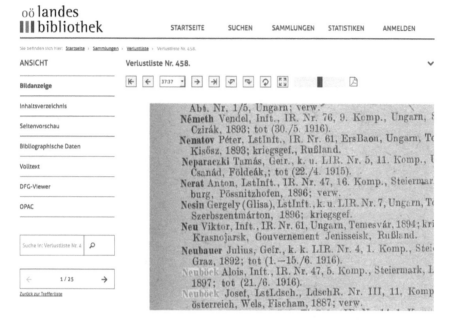

Abb. 9: Highlighting im Volltexttreffer.

Möchte man die Suche in der DLOÖ exklusiv auf die Verlustlisten einschränken, muss man zunächst *Sammlungen/Periodika/Verlustliste* auswählen. Danach werden die Verlustlisten inklusive einer Suchmaske geladen.

Die Suche auf Ebene einer einzelnen Verlustliste ist in der *Bildanzeige* möglich. Der Suchschlitz befindet sich links von der Bildanzeige.

Eine weitere Möglichkeit in den Verlustlisten gezielt zu *browsen* ist die *Jahressuche* oder *Jahresansicht*. Bei der Jahressuche kann nach der Auswahl von Start- und Endzeitpunkt und der Sammlung die Ansicht bis auf Monats- und Tagesebene verfeinert werden. Die Jahresansicht (siehe Abb. 10) liefert eine Kalenderansicht mit verlinkten Tagen, die zu den einzelnen Heften führen.

Jahresansicht

Bitte ein Jahr auswählen

| 1915, Gefundene Werke: 590 | ▾ |

Sammlung

| - - 1915 | ▾ |

Zurücksetzen

Januar							
Mo	Di	Mi	Do	Fr	Sa	So
			1	2	3	4
5	6	7	8	9	10	11
12	13	14	15	16	17	18
19	20	21	22	23	24	25
26	27	28	29	30	31	

Februar						
Mo	Di	Mi	Do	Fr	Sa	So
						1
2	3	4	5	6	7	8
9	10	11	12	13	14	15
16	17	18	19	20	21	22
23	24	25	26	27	28	

März						
Mo	Di	Mi	Do	Fr	Sa	So
						1
2	3	4	5	6	7	8
9	10	11	12	13	14	15
16	17	18	19	20	21	22
23	24	25	26	27	28	29
30	31					

April						
Mo	Di	Mi	Do	Fr	Sa	So
		1	2	3	4	5
6	7	8	9	10	11	12
13	14	15	16	17	18	19
20	21	22	23	24	25	26
27	28	29	30			

Mai						
Mo	Di	Mi	Do	Fr	Sa	So
				1	2	3
4	5	6	7	8	9	10
11	12	13	14	15	16	17
18	19	20	21	22	23	24
25	26	27	28	29	30	31

Juni						
Mo	Di	Mi	Do	Fr	Sa	So
1	2	3	4	5	6	7
8	9	10	11	12	13	14
15	16	17	18	19	20	21
22	23	24	25	26	27	28
29	30					

Juli						
Mo	Di	Mi	Do	Fr	Sa	So
		1	2	3	4	5
6	7	8	9	10	11	12
13	14	15	16	17	18	19
20	21	22	23	24	25	26
27	28	29	30	31		

August						
Mo	Di	Mi	Do	Fr	Sa	So
					1	2
3	4	5	6	7	8	9
10	11	12	13	14	15	16
17	18	19	20	21	22	23
24	25	26	27	28	29	30
31						

September						
Mo	Di	Mi	Do	Fr	Sa	So
	1	2	3	4	5	6
7	8	9	10	11	12	13
14	15	16	17	18	19	20
21	22	23	24	25	26	27
28	29	30				

Abb. 10: Jahresansicht der Sammlung Verlustliste für das Jahr 1915.

Zahlen

Im letzten Abschnitt stelle ich den Umfang des Digitalisierungsprojektes der Verlustlisten dar und gebe Einblicke in die Zugriffszahlen aber auch z. B. in welchem Umfang bisher in den Verlustlisten mit Hilfe des Crowd gearbeitet wurde.

Insgesamt wurden 872 Bände, was ca. 50 000 Images entspricht, digitalisiert. Bei diesen Bänden wurden ca. 54 000 Metadaten erfasst. Zusätzlich wurden mehr als 35 000 Strukturdaten (bevorzugt Kapitel) eingepflegt. In keiner anderen Bibliothek wurden die Verlustlisten Österreich-Ungarns so vollständig und mit einem so hohen Qualitätsanspruch digitalisiert.

Korrektur der Verlustlisten Österreich-Ungarns mit dem Crowd-Modul

Mit unserem Crowdsourcing-Tool arbeiten wir daran ca. 10 600 Seiten (Alphabetischen Verlustlisten plus Ergänzungslisten) richtig zu stellen. Bisher wurden ca. 6000 Seiten kontrolliert. Auf einer Seite befinden sich ca. 70 – 100 Namen. Bis 31. 12. 2017 haben drei Personen im Gesamtausmaß von 53 Stunden pro Woche an der Korrektur der Verlustlisten Österreich-Ungarns gearbeitet. Hausintern sind einige Kolleginnen und Kollegen immer wieder mal stundenweise (gesamt ca. zwei Stunden pro Woche) an diesem Projekt beteiligt.

Zugriffe auf die Verlustlisten Österreich-Ungarns

Pro Tag erfolgen derzeit ca. 2000 bis 3000 Seitenaufrufe, an manchen Tagen bis zu 5000, Tendenz stetig steigend. Neben diesen Seitenaufrufen zeigt sich auch an vielen persönlichen Mails und Telefonanrufen, wie stark dieses genealogische Werkzeug Verwendung findet. Fast täglich werden Anfragen im Zusammenhang mit den Verlustlisten an mich herangetragen. Die Zugriffe kommen neben Österreich und Deutschland verstärkt aus den Ländern der ehemaligen österreichisch-ungarischen Monarchie und den Ländern der Entente. Zugriffe aus über 180 verschiedenen Ländern zeugen von der internationalen Bedeutung der Verlustlisten.

Fazit

Dieses Projekt hat uns viele wertvolle Erfahrungen gebracht. Die Fehler, die wir bei diesem Projekt machen durften, haben uns dabei geholfen die Qualität für zukünftige Projekte weiter zu steigern, neue Ideen zu entwickeln, voranzutreiben und vorhandene Services zu verbessern.

Der Weg Klasse statt Masse hat sich vollends bewährt.

Kleine und mittlere Bibliotheken standen und stehen unter einem gewissen Druck angesichts der ungeheuren Digitalisierungswelle, die auch vor Bibliotheken nicht Halt macht. Die großen Player in der Branche bringen viele Vorteile wie z.B. umfangreiche Unterstützung durch Rechenzentren, eigene Software-Entwicklerabteilungen, große Digitalisierungsabteilungen oder leichteren Zugang zu Großprojektförderungen mit, die den kleinen Bibliotheken meist schwer zugänglich sind oder überhaupt verwehrt bleiben.

Trotzdem hat sich an unserem Beispiel gezeigt, dass man mit geringen Budgetmitteln und wenig Personalressourcen viel bewegen kann. Das Zauberwort heißt Qualität. Denn genau in diesem Bereich kann man mit den großen Bibliotheken auf Augenhöhe agieren und aus deren Schatten treten. Die Benutzer und Benutzerinnen erkennen sehr wohl, wenn eine besonders gute Qualität geliefert wird und nehmen derartige Angebote gerne an. Neue Wege zu bestreiten bedeutet ein Risiko einzugehen, eröffnet aber auch Chancen. Die Digitalisierung von Literatur zum Ersten Weltkrieg hat dazu geführt, dass die OÖ Landesbibliothek die Zugriffe auf http://digi.landesbibliothek.at vervielfachen konnte. Die Verlustlisten stellen dabei die *Zugriffscow*[49] dar. Durch dieses Erfolgsprojekt konnten wir unsere Digitalisierungsambitionen weiter verstärken und identitätsstiftende Bestände, die sogenannten urheberrechtsfreien Obderennsia[50] und Handschriften verstärkt digitalisieren. Die Umwegrentabilität der Verlustliste hat sich bezahlt gemacht. GOOBI hat uns, wie so oft in den letzten Jahren scherzhaft formuliert, nicht in die Wüste Gobi, sondern in den Garten Eden der Digitalisierung geführt.

---

49 http://digi.landesbibliothek.at/viewer/resolver?urn=urn:nbn:at:AT-OOeLB-1723425
50 Als Obderennsia wird Literatur mit Bezug zu Oberösterreich bezeichnet.

Siegfried Peis
Warum werden Zeitungen digitalisiert?

Zeitungen dokumentieren neben der internationalen auch die regionale und lokale Geschichte, Politik, Kultur, Sport und Gesellschaftsfragen. Gerade jetzt – im immer größer werdenden Europa – steigt das Interesse an der eigenen Region. Diese wird in kaum einer Quelle so gut abgedeckt wie in Zeitungen. Als Beispiel sei nachfolgend die Landeszeitung für die Lüneburger Heide genannt.

Das Web und das Archiv der gedruckten Zeitung werden Partner, zum Nutzen der Leser. Der Sekundenzeiger der Geschichte, wie Schopenhauer einst die Zeitungen pointiert charakterisierte, tickt jetzt in der tausendjährigen Salzstadt Lüneburg digital. Gut 400 000 LZ-Seiten (Lüneburger Zeitung) aus den Jahrgängen 1946 bis heute wurden gescannt und aufbereitet. Die LZ-Verleger sehen sich nicht nur als verlässlicher Nachrichten-Kanal Nr. 1 der Region, sondern nehmen auch ihren Auftrag als Chronisten ernst, denn passiert ist für die Nachwelt nur das, was Schwarz auf Weiß in einer Zeitung gedruckt wurde. Zum flüchtigen Internet verhält sich die Zeitung da wie ein Gerücht zu einer Urkunde.

Die Landeszeitung für die Lüneburger Heide liegt digital als Nachschlagewerk mit allen Ausgaben im Internet vor: Ob der Schwarzmarkt-Skandal im Nachkriegs-Lüneburg, bei dem Bauern Kohlewaggons gegen Kartoffelwaggons verschoben haben, ob die aufsehenerregende LZ-Serie „Lüneburg 45" von Chefredakteur Helmuth Pless, ob Skandale wie die Cosmotel-Pleite in den 70er-Jahren des vorherigen Jahrtausends oder der Bruch des Jahrhundertbauwerks Elbeseiten-Kanal in den 80er-Jahren. Die Fakten der Gegenwartsgeschichte sind nur noch einen Klick entfernt. Und das gilt auch für Geburtsanzeigen, die von Jubilaren gesucht werden oder die als Geschenk für Silberne oder Goldene Hochzeiten herangezogen werden. Sie sind künftig für angemeldete Abonnenten schnell auf dem Bildschirm verfügbar. Und jeder hat ein Kontingent an Ausdrucken im PDF-Format frei.

„Der PATRIOT" ist ab dem Jahrgang 1848 bis heute, unter dem Motto „Eine Zeitung digitalisiert ihr historisches Erbe", digitalisiert.

Damit wurde die Zeitung zum Nachschlagewerk der Geschichte im Erscheinungsgebiet des „PATRIOT", von der gescheiterten Revolution 1848 bis zur Gründung des Deutschen Reiches 1871 wird jede gewünschte Information im digitalen Archiv der Zeitung zum Lesen angeboten. Die Recherchemöglichkeiten sind fast unbegrenzt und reichen bis in die heutige Zeit. Die Suche nach dem „1.

https://doi.org/10.1515/9783110501094-009

Weltkrieg" wird eher erfolglos verlaufen, da in den damaligen Zeitungen noch keine Aufzählung wie 1. oder 2. Weltkrieg vorgenommen wurde.

Nachfolgend eine beispielhafte Themenauswahl: Geschichte der gescheiterten Revolution 1848, Gründung des Deutschen Kaiserreiches, Weimarer Republik, Machtübernahme der NSDAP, Hitler-Diktatur und Nachkriegszeit bis heute.

Von der gescheiterten Revolution 1848 bis zur Gründung des Deutschen Reiches 1871.

Das Deutsche Kaiserreich von 1890 bis zum Ausbruch des Ersten Weltkriegs 1914.

Von der gescheiterten Revolution 1848 bis zur Gründung des Deutschen Reiches 1871.

Die Innen- und Außenpolitik Bismarcks (1871 – 1890).

Das Deutsche Kaiserreich von 1890 bis zum Ausbruch der Ersten Weltkriegs 1914.

Die Industrielle Revolution in England und Deutschland (1780 – 1914).

Europäischer Kolonialismus und Imperialismus (1520 – 1914).

Der Erste Weltkrieg (1914 – 1918).

Der Weg zur Weimarer Republik (1918 – 1919).

Der Kampf um die Staatsgewalt in der Weimarer Republik (1919 – 1933).

Die Machtübernahme der NSDAP und die Errichtung der Diktatur Hitlers (1933 – 1939).

Der Zweite Weltkrieg (1939 – 1945).

Interessante geschichtliche Themen, die tagesaktuell im digitalen Archiv der Zeitung recherchiert werden können.

Abb. 1: Suchbeispiele in historischen Seiten „Mindener Tageblatt" (Quelle: PPS).

Das Archiv einer Lokalzeitung bietet unzählige Zugriffs- und Vermarktungsmöglichkeiten

- geeignet für breite Bevölkerungsschichten, Schüler, Studenten und Wissenschaftler
- einfach und schnell
- weltweit unabhängig von Ort und Zeit online zugänglich
- Archivbestände, die sehr oft vom Zerfall bedroht sind, werden geschont, Stichwort „Bestandserhaltung"
- Zeitgewinn bei gleichzeitig qualitativ hochwertigen Rechercheergebnissen, da die Recherche im digitalen Archiv Sekunden dauert. Die Suche in analogen Medien kann hingegen Tage dauern
- Vermarktung über Geburtstagszeitungen
- Vermarktung über ePaper
- Das digitale Archiv als Werbeträger durch Einbindung von Werbung beim Aufruf von Zeitungsseiten
- Recherche von Firmengeschichten als optionales Buchgeschenk
- Vereinsgeschichten durch Vereinsjubiläen
- Ahnenforschung
- historische Nachforschungen
- Bereicherung des Geschichtsunterrichts in Schulen durch die kostenfreie Nutzung des Zeitungsarchivs

Nachdem kaum eine Bibliothek lückenlos alle Ausgaben einer Zeitung hat, bietet sich durch die Digitalisierung erstmals die Möglichkeit einer echten Gesamtschau einer Zeitung. Fehlende Ausgaben einer Zeitung können durch Nachscannen von Exemplaren anderer Bibliotheken ergänzt werden, wodurch virtuell eine vollständige Ausgabe erzeugt wird.

Gerade Zeitungen mit ihren Großformaten und dem brüchigen Papier sind bei der Manipulation starken Belastungen ausgesetzt. Sind sie digitalisiert, müssen Sie nicht mehr manipuliert werden.

Scantechnologie

Unsere Scananlagen werden speziell für das Scannen von großformatigen Büchern entwickelt. Wir scannen die Doppelseiten ohne Bundverzerrung. Unsere Kapazität liegt bei monatlich ca. 450.000 Seiten.

Die Wahl des Ausgabeformates wird durch die Vorlage bestimmt:

- **Bitonal:** Tageszeitungen, die in Schwarz/Weiß gedruckt sind
- **Graustufe:** Tiefdruckvorlagen wie Illustrierte, Magazine und Kataloge
- **Farbscan:** Farbig gedruckte Zeitungen, Bücher, Magazine

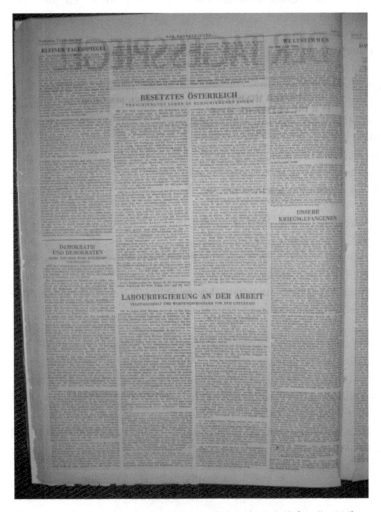

Abb. 2: Ansicht der Originalseite mit durchscheinender Schrift (Quelle: PPS).

Donnerstag, 25. Oktober 1945 · DER TAGESSPIEGEL · Seite 2

KLEINER TAGESSPIEGEL

BESETZTES ÖSTERREICH
VERSCHIEDENES LEBEN IN VERSCHIEDENEN ZONEN

DEMOKRATIE UND DEMOKRATEN
LEBEN UND REDE EINES ENGLISCHEN STAATSMANNS

LABOURREGIERUNG AN DER ARBEIT
STAATSHAUSHALT UND WOHNUNGSPROGRAMM VOR DEM UNTERHAUS

WELTSTIMMEN

UNSERE KRIEGSGEFANGENEN

Abb. 3: Scan der gleichen Seite mit weißem Hintergrund, für OCR optimiert (Quelle: PPS).

Wir setzen für jedes Medium die passende Scantechnologie ein.

Mit dem Umzug 2009 in unsere neuen Produktionsräume war auch die Umstellung der Scannerantriebe von Pneumatik auf Elektronik verbunden. Wir produzieren heute mit einer bisher nicht erreichten Scanqualität. Der Andruck kann präziser gesteuert werden, die Störanfälligkeit ist äußerst gering. Dadurch erreichten wir eine erhebliche Steigerung der Produktion sowohl in der Quantität als auch in der Qualität. In der Praxis hat sich eine Auflösung von 300 dpi für die nachfolgende Texterkennung als optimal erwiesen. Der Hintergrund und die Buchstabenzwischenräume werden ohne Schmutzpartikel in reinem Weiß dargestellt.

Die Scanqualität ist maßgebend für alle weiteren Schritte bis hin zur Separierung der Einzelartikel

- verzerrungsfreier Scan der Doppelseite vom gebundenen Buch
- korrekte Ausrichtung der Seiten
- sauberer Hintergrund, Pixelentfernung auch zwischen den Buchstaben und Zeilen
- kontrastreiche Wiedergabe der Schriftzeichen
- visuelle Überprüfung der Seiten; manuelle Korrektur eventuell vorhandener Fehler
- Prüfung mittels Software auf fehlerfreie Erkennung sowie Vollständigkeit
- eine Scanauflösung von 300 dpi bringt aus unserer Erfahrung die besten OCR-Ergebnisse
- schwarz/weiße Seiten scannen wir bitonal, farbige Seiten entsprechend in Farbe

Automatisierte Artikelerkennung via XML

Die Extrahierung von Einzelartikel aus der Ganzseitendarstellung gescannter Zeitungsseiten ist der Wunsch eines jeden Archivars. Die Artikel aus der digitalen Zeitungsproduktion ab etwa Anfang der 90er Jahre ist sicher kein Kunststück, da jeder Artikel weitgehend als EPS[1] in rechteckiger Form vorliegt. Problematisch wird dies bei alten Beständen aus Bleisatzzeiten, wo der Schach-

---

1 https://de.wikipedia.org/wiki/Encapsulated_PostScript

telumbruch noch als Gestaltungselement gebraucht wurde. Je verschachtelter um so schöner.

Um dies zu erreichen, mußte die Layout- und die Spaltenerkennung optimiert werden. Die Abbildungen zeigen die herkömmliche Layouterkennung aus OCR-Programmen und die Erkennung mit PPS-Korrekturprogrammen.

XML & PDF

Mit Informationen ist es wie mit der Energie: Sie verpuffen, wenn man sie nicht richtig behandelt. Ebenso wenig wie Energie lassen sich Informationen aus dem Nichts gewinnen. Daher ist es wichtig, im gesamten Arbeitsablauf jede nur mögliche Information zu erhalten. Dies beginnt bereits beim Scannen. Nur mit sorgfältig gescannten Vorlagen, die nach Möglichkeit alle verfügbaren Informationen enthalten und nicht relevante Informationen wie z.B. Verschmutzungen unterdrücken, kann eine qualitativ hochwertige Texterkennung (OCR) stattfinden. Aber auch nach der OCR sollten alle verfügbaren Informationen erhalten bleiben.

Ein Format verspricht dies im besonderen Maße: XML. In XML können beliebige Bestandteile durch logische Markierungen gekennzeichnet und festgehalten werden. Im Gegensatz zu PDF lässt sich auch anscheinend Unwichtiges, was sonst verloren ginge, abspeichern und zur späteren Verwendung wieder aktivieren. Dies ist besonders bei der Artikel-Erkennung wichtig. Nicht nur der Text, sondern der gesamte Kontext, in dem sich der Artikel befindet, muß erhalten bleiben. PDF ist auf eine optimale Reproduktion des Erscheinungsbildes ausgerichtet. Diesen Kontext aber nur aus dem Erscheinungsbild automatisch wiederzufinden, ist so gut wie umöglich.

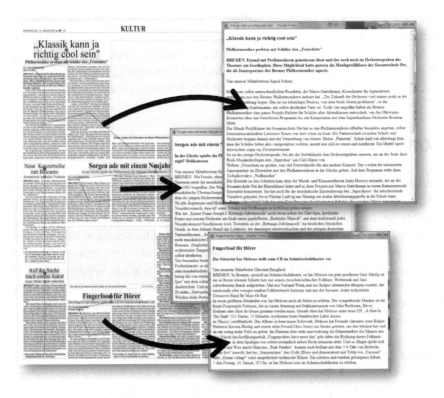

Abb. 4: Einzelartikel XML mit automatischer Artikel-Separierung erstellt (Quelle: PPS).

Sie betreuen ein Digitalisierungsprojekt?

Wir geben Ihnen Tipps aus der Erfahrung von 16 Jahren Digitalisierung und der Produktion von über 26 Millionen Zeitungsseiten aus 53 Tageszeitungen. Seit 2001 digitalisieren wir Tageszeitungen. Bis heute ist dies ein langer, mühseliger und mit Problemen gespickter Weg, den wir mit viel Freude und Engagement gegangen sind. Für alle technischen Schwierigkeiten, angefangen vom Scannen der Zeitungsseiten aus dem gebundenen Buch, OCR, Layouterkennung bis zum automatisch separierten Einzelartikel mußten Lösungen für einen Automatismus gefunden werden. Eine sinnvolle Produktion ist nur mit einem ausgeklügelten Workflow zu realisieren, wie wir ihn heute anbieten können. Nachfolgend stelle ich einige hilfreiche fachliche Tipps aus der Praxis dar.

Der erste Schritt zur Digitalisierung beginnt mit der Bestandsaufnahme. Die komplexe Aufgabe der Digitalisierung eines Zeitungsarchivs vom Scan bis zum automatisch separierten Einzelartikel erfordert jahrelange Erfahrung und startet mit der buchbinderischen Vorbereitung der zu digitalisierenden Bestände.

In welchem Aufnahmemodus sollen Bände gescannt werden? Graustufe, Bitonal oder Farbe? Die Beantwortung dieser Frage ist einfach und wird durch die Vorlage bestimmt.

Graustufe wird gewählt für Fotos und Zeitschriften, die in Graustufe gedruckt sind (Tiefdruck). Schwarz/Weiß-Modus (bitonal) empfehlen ich nur für reine, dunkle Schriften oder für reine Strichgrafiken auf weißem Hintergrund. Das betrifft auch gerasterte Bilder in Tageszeitungen, da jeder Rasterpunkt in Schwarz oder Weiß dargestellt wird und Graustufe einen Hof in unterschiedlichen Grauwerten um jeden Punkt bildet, der die Darstellung verändert.

Bitonal werden alle Tageszeitungen gescannt, die auch in s/w gedruckt sind, Zeitungen im Buchdruck oder im Offsetdruck. In diesen Druckverfahren gibt es keine Graustufe. Beim Scannen ist dabei zu beachten, dass die Scan-Einstellungen so gewählt sind, dass die Rasterpunkte korrekt dargestellt und auch kleinste Punkte erhalten bleiben. Eine Einstellung der Scanauflösung von 300 dpi bringt für die spätere Texterkennung die besten Ergebnisse.

Farbe wird natürlich bei farbigen Vorlagen angewandt. Auch hier ist eine Auflösung von 300 dpi für die spätere Texterkennung ausreichend.

Die Scanqualität ist maßgebend für alle weiteren Bearbeitungsschritte bis zur Separierung der Einzelartikel.

Die Verarbeitung nach dem Scannen

Geraderichten und Säubern

Die bereits beim Scannen getrennten Seiten werden nun für die OCR vorbereitet. Dazu müssen diese exakt geradegerichtet sein, Schmutzpartikel zwischen den Zeilen werden entfernt und weiße Punkte in großen Überschriften werden gefüllt.

Abb. 5: Rohscan, „Lohrer Echo" (Quelle: PPS).

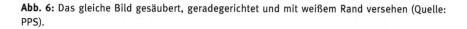

Abb. 6: Das gleiche Bild gesäubert, geradegerichtet und mit weißem Rand versehen (Quelle: PPS).

Text- und Layouterkennung

Die Layouterkennung der OCR-Software ist nicht ausreichend für die spätere Artikelseparierung. Daher ist es erforderlich, nach dem OCR-Lauf das Layout zu korrigieren. Durchläufe, in denen die Zeilen von mehreren nebeneinanderliegenden Spalten zusammengeführt werden, müssen korrigiert und die Spalten korrekt erkannt werden.

Der letzte Punkt im Workflow der Zeitungsdigitalisierung ist wohl der komplizierteste: die Automatische Artikel-Separierung.

Abb. 7: Layouterkennung FineReader Standard, Markierung der einzelnen Artikelelemente fehlerhaft (Quelle: PPS).

Abb. 8: Layouterkennung mit PPS-Software, Artikelelemente erkannt und gekennzeichnet. Typischer Schachtelumbruch (Quelle: PPS).

AA-S steht für Automatische Artikel-Separierung

Ziel der AA-S ist die automatische Erstellung von Einzelartikeln ohne jeden manuellen Eingriff. Die AA-S ordnet die erkannten Artikelelemente und stellt den korrekten Lesefluss her. In der vor-digitalen Produktion mit „kunstvollem" Schachtelumbruch ist dies äußerst kompliziert. Es gelingt nicht immer, aber mit einer Erkennungsrate von deutlich über 80% ist dies schon eine beachtliche Rate. Nur eine automatisierte Arbeitsweise ermöglicht die Verarbeitung dieser gigantischen Datenmengen. Im Durchschnitt werden aus einer redaktionellen Seite etwa 10 Einzelartikel extrahiert, so dass schnell Artikel in Millionenzahl zu verarbeiten sind.

Abb. 9: Automatische Artikelerkennung mit Lesefluss-Optimierung (AAS) (Quelle: PPS).

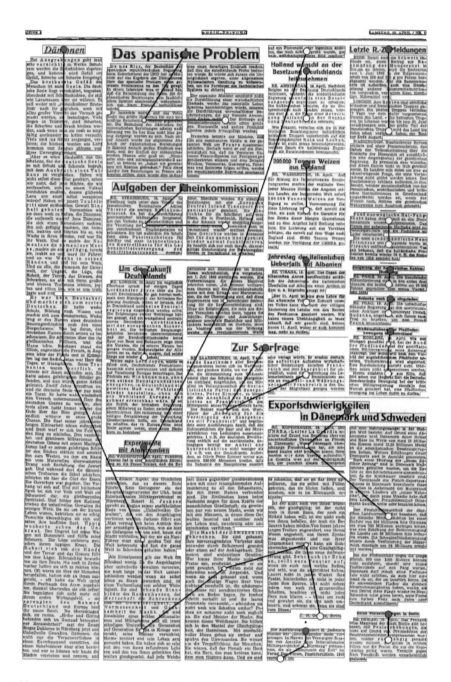

Abb. 10: Erkannte Artikel mit Lesefluss-Optimierung (Quelle: PPS).

Artikelelemente, die wir erkennen:
- Dachzeile
- Titel
- Untertitel
- Zwischentitel
- Vorspann
- Text
- Bildunterschrift
- Bild
- Autoren
- Ressorts
- Rubriken
- Artikelfortsetzungen

Artikelsorten, die wir erkennen:
- Redaktionelle Artikel → 90%
- Werbung → 65% (wird gefiltert)
- Todesanzeigen → 87%
- Bilder + Bildunterschrift → 90%

Durchschnittliche Genauigkeit der Erkennung bei Tageszeitungen:
- Lesefluss des Artikels → 90% (abhängig von der Gestaltung des Seiten-layouts)
- Layouterkennung → 87% (abhängig von Zustand und Qualität der einzelnen Elemente der Seite)
- OCR Erkennung → 99,9% (abhängig von der Druckqualität)
- Unsere letzte Entwicklung: Lesefluß-Optimierung in der PDF-Seite.

Auf http://www.prepress-systeme.de/ finden sich technische Informationen und Referenzen.

Abb. 11: Automatisch erkanntes Layout mit PPS-Editor, Schachtelumbruch (Quelle: PPS).

Im Rahmen unserer Dienstleistung (Zeitungs-Digitalisierung: „Vom Papier ins digitale Archiv") bieten wir eine Lösung für dieses Problem. Die üblichen auf dem Markt befindlichen OCR-Produkte sind leider nicht immer in der Lage die Zusammengehörigkeit von Textblöcken bei Zeitungsausgaben vor der digitalen Produktion zu erkennen.

Dafür entwickelten wir einen XML-Konverter. Aufgrund einer semantischen und typografischen Analyse erkennt die Software via XML die Zusammengehörigkeit von Textblöcken, Überschriften, Grafiken, Tabellen und Bildern und führt Textblöcke zusammen, auch wenn sich diese über mehrere Seiten verteilen.

Bilder werden als TIFFs oder JPGs geliefert.

Die Scans erhalten eine Verzeichnisstruktur nach Absprache, Muster einer solchen vorbereiteten Struktur, die schon beim Scannen vergeben werden kann, um spätere Konvertierungen zu ermöglichen. Zu den technischen Voraussetzungen gibt es erhebliche Bedenken in Bezug auf die Verarbeitung von Mikrofilmen.

Abb. 12: Digitalisierungsergebnis vom Film (Quelle: PPS).

Abb. 13: Digitalisierungsergebnis Scan vom Papier-Original (Quelle: PPS).

Vergleich Film und Scan

Die Verarbeitung vom Mikrofilm hört sich vorerst einfach und kostengünstig an. Während der Produktion sind allerdings viele Probleme zu bewältigen.

Mikrofilme sind Graustufenfilme und enthalten viele Unsauberkeiten und Bund-Verzerrungen, die sich in dieser Technologie nicht vermeiden lassen. Die Kosten für eine spätere Weiterverarbeitung durch die Text- und Layouterkennung bis hin zur automatischen Artikelseparierung steigen dadurch extrem an. Die Seiten auf Mikrofilm sind als Doppelseite aufgenommen und müssen getrennt werden. Die Vergabe des Dateinamens erfolgt manuell und muß mit der dargestellten Seite übereinstimmen. Der Nachbearbeitungsaufwand wie Geraderichten der Seiten, Schmutz entfernen, gleichmäßige Ränder um jede Seite erzeugen, Schmutzpartikel zwischen den Zeilen und im Zwischenschlag der Spalten entfernen, ist sehr aufwendig und mit erheblichen Folgekosten verbunden. Mit dem sogenannten „Despeckle" wird mehr zerstört als gewonnen. Dabei werden die einzelnen Buchstaben angegriffen, Interpunktions- und Rasterpunkte in den Bildern eliminiert.

Mehrwert durch digitale Zeitungsarchive

Die neuen Medien haben die Lesegewohnheiten radikal verändert. Die heutige Generation kommt fast ohne geruckte Zeitung aus. Immer mehr Abonnenten von Zeitungen greifen auf im Netz bereitgestellte e-Paper zu. Die junge Generation interessiert sich wieder mehr für die geschichtliche Entwicklung in ihrer Region – historische Zeitungen sind hierfür eine hervorragende Quelle. Aufwändige Suchen in alten Zeitungsbänden sind aber nicht immer möglich und erfordern große Erfahrung. Digitalisierte Zeitungsarchive ermöglichen einem großen Personenkreis die Recherche nach Themen, Daten und Ereignissen. Wir haben bisher 55 Zeitungen mit rund 27 Mio. Seiten vom Scan bis zum automatisch separierten Einzelartikel erschlossen. Darunter auch Zeitungen, die bisher nur als Druckausgabe zur Verfügung standen. Unsere ältesten Zeitungen sind DER PATRIOT, ab 1846 und das MINDENER TAGEBLATT, ab 1858. Schulen können dieses Angebot kostenlos nutzen. Die Redaktionsarbeit wird durch schnelle Recherchemöglichkeiten effizienter und kostengünstiger.

Ein Beispiel der Refinanzierung eines digitalen Archivs zeigt DIE ZEIT. Der Verlag produzierte aus den Digitalisaten ab 1945 das ZEIT-LEXIKON (20 Bände). Mit dem Verkaufserlös dieses Produktes konnten die Digitalisierungskosten fast ausgeglichen werden.

Matthias J. Pernerstorfer

„Einem hochverehrten Publikum ans Herz gelegt…"
Bibliographische & inhaltliche Erschließung, Digitalisierung und Präsentation von Theaterjournalen und -almanachen

Die Möglichkeiten der Digitalisierung haben vielfach, besonders in den historischen Wissenschaften, eine Aufbruchsstimmung ausgelöst. Sie speisen die Hoffnung, nun endlich die Quellen in ihrer Gesamtheit in Form von digitalen Repräsentationen – und am besten im Volltext – zur Verfügung gestellt zu bekommen.[1] Vonseiten der besitzenden Institutionen korrespondiert dieser Hoffnung der Wunsch, im Dienste der Sicherung des kulturellen Erbes die Originale nicht mehr aus den Magazinen holen zu müssen.

Bei der Bewertung dieses grundlegenden Wandels, der unbestritten immense Vorteile bringt und die Arbeit in vielem deutlich vereinfacht, wird leicht unterschätzt, dass aus pragmatischen Gründen gegenwärtig nur eine Auswahl von Quellen (-gruppen wie -gattungen) der Digitalisierung zugeführt wird. Die Forschung stürzt sich verständlicherweise auf diese nun bequem zugänglichen Quellen, wohingegen der nicht digitalisierte Rest in den Hintergrund tritt, zumal langjährige Archivforschungen immer weniger gern gefördert werden (sofern es sich nicht um die Aufarbeitung herausragender Bestände handelt).

Außerdem sei nicht übersehen, dass die technischen Neuerungen methodische Änderungen implizieren: Auf der einen Seite rückt das Detail in den Vordergrund, da die digitale Recherche das Auffinden von „Neuem" durch Zufallsfunde leicht macht, auf der anderen Seite könnte man von einem neuen Positivismus sprechen. Die Konsequenzen aus diesen Entwicklungen lassen sich aus wissenschaftsgeschichtlicher Perspektive nur teilweise heute schon beschreiben.

Im Zuge der hier angedeuteten tiefgreifenden strukturellen Veränderungen, die Bibliotheken in den letzten 20 Jahren durchgemacht haben, korreliert dem digital turn häufig ein Generationenwechsel: Verhältnismäßig junges Personal, geschult in modernen Methoden und erfahren im Umgang mit den aktuellen

---

1 Einen ästhetisch sehr ansprechenden Ausdruck findet diese Hoffnung in einem Trailer des Fachinformationsdienst (FID) Darstellende Kunst: https://www.performing-arts.eu/spages/trailer

https://doi.org/10.1515/9783110501094-010

technischen Hilfsmitteln (und vielfach auf Projektebene, d.h. befristet engagiert), digitalisiert und präsentiert mit moderner Technologie Bestände, die davor durch Kataloge oder Bibliographien oder gar nicht erschlossen waren. Da
vieles an diesen Projekten „neu" und der Dialog mit den „Alten" schwierig und
mühsam sein kann, wird eben dieser Dialog oftmals gleich gar nicht gesucht.

Ein Gegenbeispiel dafür bietet die Zusammenarbeit des Berliner Bibliothekars, Bibliographen und Theaterhistorikers Paul S. Urich mit dem theater- und
kulturhistorischen Forschungsinstitut Don Juan Archiv Wien an einem Projekt
zu den deutschsprachigen Theaterjournalen und -almanachen aus der Zeit von
1750 bis 1918.

Kooperationspartner

Abseits von universitären Entwicklungen und bibliothekarischen Trends treffen
bei diesem Projekt zwei private Langzeitinitiativen zusammen, die einander
fruchtbar ergänzen – und durchaus Anstoß geben können, vergleichbare
Kooperationen zu versuchen.

Paul S. Ulrich

Geboren 1944 in Lebanon (Pennsylvania, USA), hatte Paul S. Ulrich bereits als
Schüler der Phillips Exeter Academy (1960–62) einen Nebenjob als Bibliothekar.
In seiner Zeit am Lebanon Valley College (1962–66) fotografierte er für die
Schulzeitung. Während des Studiums der Theaterwissenschaft an der Pennsyl-
vania State University (1966–68) arbeitete er in der Presseabteilung des Som-
mertheaters, wirkte jedes Trimester an einer Hauptaufführung des Arena- und
Proszeniumstheaters mit und hatte eine Assistenz zur Theatergeschichte inne.

Nach dem Abschluss seines Studiums trat P. S. Ulrich eine Stelle am
Schiller-College für US-Studenten (1968–72) an, zuerst in Bönnigheim, danach
in Kleiningersheim und Heidelberg. Von dort aus kam er nach Berlin, wo er
eine Ausbildung zum Bibliothekar machte (1974–76) und an der Amerika Ge-
denkbibliothek (ab 1995 eine Abteilung der Zentral- und Landesbibliothek Berlin) als Bibliothekar und Leiter der EDV bis zu seiner Pensionierung 2009 tätig
war und u. a. die deutschsprachige Oberfläche für *Question-Point* und *Open
World Cat* gestaltete. Seine besondere Vorliebe für das Suchen und Finden von
Informationen führte ihn dazu, dass er u. a. 1996 für SIBMAS das *International*

Directory of Performing Arts Collections erstellte,[2] das 2000 auch über die SIB-MAS-Homepage veröffentlicht und bis 2008 vom Autor aktuell gehalten wurde – mittlerweile jedoch offline ist. Seit 2009 katalogisiert P. S. Ulrich Theaterzettel der Staatsbibliothek Preußischer Kulturbesitz in Berlin 2[3] und der Theatersammlung Meiningen.

Seit den 1980er Jahren verzeichnet und sammelt P. S. Ulrich Theateralmanche und -journale. Mit *A Preliminary Bibliography of German-Language Theatre Almanacs, Yearbooks, Calendars and Journals of the 18th and 19th Centuries* hat er 1994 eine erste Bibliographie mit 1300 Einträgen publiziert, mittlerweile konnte er insgesamt über 6500 lokale Theateralmanache nachweisen und über 4500 bearbeiten; eine entsprechende Publikation, durch welche die Drucke nicht nur bibliographisch, sondern auch inhaltlich erschlossen werden sollen, ist in der Reihe *Bibliographica* des Don Juan Archivs Wien geplant. Erfasst werden die Bände, die den gesamten damaligen deutsch- bzw. gemischtsprachigen Raum abdecken, in einer relationalen Datenbank.

Neben zahlreichen Aufsätzen zur Theaterpraxis vor allem des 19. Jahrhunderts, in denen er sein Material, anhand von Einzelstudien auswertet, ist vor allem auf eine Publikation hinzuweisen: Ulrichs *Biographisches Verzeichnis für Theater-, Tanz und Musik. Fundstellennachweis aus deutschsprachigen Nachschlagewerken und Jahrbüchern*, das zuerst mit 35 000 Einträgen 1984, danach in einer deutlich erweiterten, zweibändigen Fassung mit 90 000 Einträgen 1997 erschienen ist und als absolutes Standardwerk für die theaterhistorisch orientierte biographische Forschung gilt.[4] Mittlerweile wurde auch dieses Material auf insgesamt rund 120 000 Einträge noch deutlich vermehrt.[5]

Paul S. Ulrich ist Vorsitzender der *Gesellschaft für Theatergeschichte* und Schatzmeister der *Thalia Germanica*, von deren gleichnamiger Publikationsreihe er 13 Bände redaktionell betreut hat.

---

2 Siehe dazu Ulrich 2012c.
3 Siehe Ulrich 2012b.
4 Ulrich 1997.
5 Zu den Überlegungen, dieses Datenmaterial online zugänglich zu machen, siehe unten 160 f.

Abb. 1: Paul S. Ulrich.

Don Juan Archiv Wien

Das Don Juan Archiv Wien,[6] zugehörig zur Firmengruppe Hollitzer (gegründet 1849), ist eine theater- und kulturhistorische Forschungseinrichtung; seine Kernaufgabe liegt in der Dokumentation und Erforschung der Geschichte des Don-Juan-Stoffes von den spanischen Anfängen im frühen 17. Jahrhundert bis zum *Don Giovanni* von Lorenzo da Ponte und Wolfgang Amadé Mozart (Uraufführung: Prag 1787).

Sich mit Don Juan zu beschäftigen, einer theater- und kulturgeschichtlich bedeutenden Figur der Neuzeit, die europaweit Verbreitung gefunden hat und weltweit findet, bedingt einen möglichst weiten Blick über Grenzen hinaus. Die Projekte des Don Juan Archivs, von seinem namensgebenden Standort Wien ausgehend, erstrecken sich daher auf Mittel-, Zentral- wie Mediterran-Europa (im weitesten Sinne) und umfassen die Theater- und Operngeschichte von den Anfängen bis ins 19. Jahrhundert. Vom Dreh- und Angelpunkt „Don Juan" ausgehend sind drei Forschungskreise maßgeblich: *Bibliographica*, *Ottomania* und *Diplomatica*.

---

6 Siehe auch Pernerstorfer 2014.

Geschichte des „Don Juan Archivs"

Hans Ernst Weidinger (* 1949), Opernliebhaber und aktiver Theaterhistoriker, führt als Eigentümer der Firmengruppe Hollitzer die Unternehmenstradition fort, indem er Wirtschaft, Wissenschaft und Kunst verbindet. Er baut seine Bibliothek seit den 1960er Jahren auf, widmet sich seit den 1970er Jahren der Geschichte des Don-Juan-Stoffes von ihrem Beginn bis zum Ende des 18. Jahrhunderts. 1986 bringt er in Regensburg den *Don Giovanni* in eigener Bearbeitung zur einer festlichen Aufführung, gründet 1987, veranlasst vom 200-Jahr-Jubiläum der Uraufführung des *Don Giovanni*, das „Don Juan Archiv" für eigene Forschung und präsentierte 2002 einen Teil die Ergebnisse als Dissertation in 16 Bänden mit dem Titel IL *DISSOLUTO PUNITO. Untersuchungen zur äußeren und inneren Entstehungsgeschichte von Lorenzo da Pontes & Wolfgang Amadeus Mozarts DON GIOVANNI.*

Nach Abschluss seiner eigenen Arbeit stellte Weidinger diese Sammlung der Forschung zur Verfügung. Zu diesem Zweck wurde eine Kooperation mit dem aufstrebenden Da Ponte Institut für Librettologie, Don Juan Forschung und Sammlungsgeschichte in der Goethegasse 1 (1010 Wien) geschlossen. Das Institut stand unter künstlerisch-wissenschaftlicher Leitung von Herbert Lachmayer, der – anlässlich der Wiedereröffnung der Mailänder Scala 2004 – mit seinem Team für eine Ausstellung zu Antonio Salieri („Auf den Spuren von Mozart")[7] nach Mailand engagiert worden war. Ein besseres Institut war damals weitum nicht zu finden. Das ‚Don-Juan-Archiv' wurde dem Da Ponte Institut daher leihweise anvertraut, und trotz seines kleinen Rahmens konnte es 2003–2004 einen relevanten Beitrag bereits zur Salieri-Ausstellung leisten, insbesondere jedoch 2004–2006 zu Katalog und Essayband der Mozart-Ausstellung „MOZART. Experiment Aufklärung in der Albertina".[8]

Die Leihvereinbarung mit dem Da Ponte Institut war mit Ende des Mozartjahrs befristet, und so wurde das ‚Don Juan Archiv' seinem Eigentümer rückübergeben; die Räume konnten mit übernommen werden. Zugleich übertrug Weidinger die wissen- und wirtschaftliche Nutzung im Rahmen der Firmengruppe der Hollitzer Baustoffwerke Graz GmbH, die eine entsprechende Forschungsabteilung einrichtete und die Sammlung als „Don Juan Archiv Wien" 2007 öffentlich zugänglich machte. Die vorteilhafte Entwicklung machte es nach einigen Jahren nötig und möglich, eine größere Bleibe zu finden – den heutigen Sitz des Don Juan Archivs sowie seiner Schwestereinrichtungen Stvdivm fæsvlanvm (2009) und Hollitzer Verlag (2011) in der Trautsongasse 6/6 (1080 Wien).

---

7 Lachmayer, Haigermoser, Eisendle 2004.
8 Lachmayer 2006a und 2006b.

Abb. 2: Don Juan Archiv Wien, Alte Bibliothek.

Don-Juan-Bibliographien

Bibliographische Forschung spielt für das Don Juan Archiv – das bibliothekarisch den gesamten Buchbestand von H. E. Weidinger und seiner Familie, die *Biblioteca Ernestea Sezzatense*, betreut – eine zentrale Rolle. Das beginnt bei der Dokumentation von Quellen zum Don-Juan-Stoff, für die drei Bibliographien hervorzuheben sind:

Die erste ist das Grundlagenwerk zur italienischen Oper bis zum Ende des 18. Jahrhunderts: Der Katalog *I libretti italiani a stampa dalle origini al 1800. Con 16 Indici analitici* von Claudio Sartori (1913–1994). Die Erwerbung der Publikationsrechte von den Verlegern erfolgte 1996, im Anschluss wurden die Daten in eine digitale Form gebracht und in eine eigens programmierte Datenbank eingespielt. Diese kann derzeit im Don Juan Archiv genutzt werden; die Daten ortsunabhängig zugänglich zu machen, ist geplant.

Die zweite ist das thematisch grundlegende ‚Don-Juan-Register‘ von Armand Edward Singer (1914–2007): Die seit 1954 in drei Ausgaben samt zahlreichen Appendices veröffentlichte *Bibliography of the Don Juan Theme, Versions and Criticism*. Erworben wurden das zugehörige Material sowie die Publikationsrechte 2004 von A. E. Singer, mit dem H. E. Weidinger in langjähriger

Freundschaft verbunden war, und der West Virginia University Press. Derzeit wird die Einspielung der Daten in den Online-Katalog des Don Juan Archivs vorbereitet.

Das verbindende Dritte ist der „Dokumentarische Anhang" zu H. E. Weidingers *Il Dissoluto Punito*. Diese Studie umfasst die bibliographische Verzeichnung, die Kommentierung sowie die Reproduktion von Theaterstücken, Opern und Balletten (Bände V–XIII) mit dem Don-Juan-Stoff von den Anfängen im Spanien des frühen 17. Jahrhunderts bis zum *Don Giovanni* von Da Ponte und Mozart. Hier ist A. E. Singers Bibliographie eingearbeitet und ergänzt (Bände VI–XIII)[9] sowie C. Sartoris Katalog betreffend Don-Juan-Dichter und -Komponisten (ebenda) sowie mit Blick auf Operntopographie und Repertoireforschung (Bände XIV–XVI) einer differenzierten Auswertung unterzogen. Die in einer Datenbank verfügbaren Informationen werden laufend ergänzt, wodurch für die Zeit bis 1800 die umfassendste Quellendokumentation zu diesem Thema entstanden ist.

Forschungskreis *Bibliographica*

Neben der Betreuung der *Biblioteca Ernestea Sezzatense* und der Arbeit an den genannten, für die Don-Juan-Forschung zentralen Bibliographien hatte die Aufarbeitung zweier Theatersammlungen die Etablierung des Forschungskreises *Bibliographica* am Don Juan Archiv zur Folge.

Untersucht wurde 2006/07 die „Theater-Bibliothek Pálffy" am Institut für Theater-, Film- und Medienwissenschaft der Universität Wien, eine Sammlung von Theaterdrucken vornehmlich der zweiten Hälfte des 18. Jahrhunderts (1741–1842), die von musik- und theaterliebhabenden Mitgliedern der gräflichen Familie Pálffy von Erdöd angelegt worden ist.[10]

Seither steht eine Theatersammlung von knapp 3000 Bänden mit einem Schwerpunkt auf dem 19. Jahrhundert (1751–1932) im Zentrum, die in ihrem Kern ursprünglich vom Schauspieler und Theaterhistoriker Otto Rub (1856–1942) angelegt worden ist. Sie wurde 1941/42 für die geplante „Führerbibliothek" Adolf Hitlers in Linz auf legalem Wege erworben und 1943/44 zum Schutz vor Fliegerangriffen im Salzbergwerk Aussee eingelagert; danach kam sie über mehrere Stationen in Salzburg und Wien 1969 als herrenloses Gut in die Kartause Mauerbach, um 1996 beim Mauerbach Benefit Sale zugunsten der Opfer des Holocaust versteigert zu werden. Dort wurde sie durch H. E. Weidinger erwor-

---

9 Siehe Singer 1998, S. 141, 151 und Singer 2003, S. II, 6–8, 13, 41–42, 47–48, 50–51, 56.
10 Zum Bestand der Sammlung siehe Pernerstorfer 2008.

ben, der 2007 das Don Juan Archiv mit der Betreuung der von ihm Komplex Mauerbach benannten Sammlung betraute. Zusätzlich zur historischen Aufarbeitung[11] wurde als Forschungskooperation mit der Wiener Firma Treventus Mechatronics von August 2010 bis November 2012 eine digitale Präsentation der Sammlung erarbeitet.

Wesentlichen Anteil am Profil des Forschungskreises *Bibliographica* haben auch drei Spezialisten auf dem Gebiet der Quellenforschungen und ihre Sammlungen, denn drei Bestände sehr besonderer Forschungsmaterialien sind in den vergangenen Jahren an das Don Juan Archiv gelangt. Es sind jene von Reinhart Meyer (Regensburg) zu Drama und Theater des 18. Jahrhunderts im Heiligen Römischen Reich,[12] von Otmar Seemann (Wien) zu der auf Theater spezialisierten Wiener Verlagsbuchhandlung Wallishausser (1784–1964)[13] sowie eben von P. S. Ulrich zur deutschsprachigen Theaterpublizistik von 1750 bis 1918.

In der diesem Forschungskreis zugehörigen, von Matthias J. Pernerstorfer und Hans Ernst Weidinger herausgegebenen Publikationsreihe – ebenfalls *Bibliographica* genannt – sind bisher zwei Bände erschienen. Diese sind als Ergebnis der von 2010 bis 2015 laufenden „Wiener Theaterzettel-Initiative" mit Forschungsgesprächen, Exkursionen und internationalen Tagungen dem Theaterzettel und seinen Sammlungen gewidmet.

Theater – Zettel – Sammlungen. Erschließung, Digitalisierung, Forschung (2012) enthält neben theaterhistorischen Beiträgen allgemeine Texte zur Situation der Digitalisierung von Theaterzetteln sowie Aufsätze zu Digitalisierungsprojekten in Deutschland (Berlin, Detmold, Düsseldorf, Erfurt, Weimar), Österreich (Wien) und Russland (Moskau).

Theater – Zettel – Sammlungen 2. Bestände, Erschließung, Forschung (2015) verbindet ebenfalls wissenschaftliche und bibliothekarische Beiträge, legt jedoch einen Schwerpunkt auf die Beschreibung von Sammlungen in Deutschland (Düsseldorf, Frankfurt am Main, Hamburg, München, Ulm, Würzburg),

---

11 Der Bestand der Sammlung ist recherchierbar unter http://www.donjuanarchiv.at/archiv-bibliothek/komplex-mauerbach.html. Zum „Komplex Mauerbach" und seiner Geschichte siehe Dalinger 2013. Eine große Publikation zum „Komplex Mauerbach" mit Studie von Brigitte Dalinger und Katalog von Matthias J. Pernerstorfer und Andrea Gruber ist in Vorbereitung

12 Es handelt sich um die Forschungsmaterialien zu Reinhart Meyers *Bibliographia dramatica et dramaticorum. Kommentierte Bibliographie der im ehemaligen deutschen Reichsgebiet gedruckten und gespielten Dramen des 18. Jahrhunderts nebst deren Bearbeitungen und Übersetzungen und ihrer Rezeption bis in die Gegenwart* (1986–2012). Die Zusammenarbeit mit dem Autor führte u. a. zur Publikation seiner *Schriften zur Theater- und Kulturgeschichte des 18. Jahrhunderts*, hg. von Matthias J. Pernerstorfer (2012).

13 Siehe dazu Pernerstorfer und Gruber 2015a.

Tschechien (Prag, Brünn) und Serbien (Belgrad und Novi Sad). Zudem sind innovative Beiträge zur Erschließung von Theaterzetteln enthalten.[14]

Paul S. Ulrich referierte im Rahmen der vom Don Juan Archiv und der Wienbibliothek im Rathaus veranstalteten Tagung „Theater – Zettel – Sammlungen" (2011) und verfasste zwei Beiträge für den zugehörigen Tagungsband: „Theaterzettel und Theateralmanache. Quellenkritische Anmerkungen" und „Das ‚Theaterzettelprojekt' der Staatsbibliothek zu Berlin".[15] Seither besteht eine Zusammenarbeit zwischen Forscher und Forschungsinstitut.

Kooperation
zu Theateralmanachen und -journalen

Dieser langjährige Kontakt führte im Herbst 2014 zu einer konkreten Kooperationsvereinbarung für die gemeinsame Arbeit zur Theaterpublizistik, insbesondere zu universalen Theateralmanachen und lokalen Theaterjournalen, von 1750 bis 1918 im deutschsprachigen Raum.[16] In diesem Rahmen werden zwei Projekte verfolgt:

a) „Theaterpublizistik 1750–1918 digital", d. h. Aufbau eines vollständigen digitalen Archivs zu universalen Theateralmanachen und lokalen Theaterjournalen, das unter Nennung der „Sammlung Paul S. Ulrich" über die Homepage des Don Juan Archivs online zugänglich gemacht werden soll.

b) „Theatertopographie und Repertoire", d. h. eine Auswertung des gesammelten Materials in Form einer gedruckten mehrbändigen Publikation.

Die gemeinsame Arbeit wurde in unterschiedlichen Bereichen publik gemacht und zur Diskussion gestellt. Es erschien ein Bericht zu „Theaterpublizistik 1750–1918 digital" in der Zeitschrift der Kunst- und Museumsbibliotheken (AKMB-news 2015-2),[17] Andrea Gruber und Matthias J. Pernerstorfer hielten am 26. Februar 2016 einen Vortrag im Rahmen der Tagung „digitale Bibliothek. Vernetzte Welten" in Graz und Andrea Gruber, Matthias J. Pernerstorfer und Paul S. Ulrich referierten am 8. Juli 2016 bei den „42. Internationalen Nestroy-Gesprächen" in Schwechat, um auch ein theaterhistorisches Publikum zu erreichen.

---

14 Siehe dazu Pernerstorfer 2018, S. 189–193.
15 Ulrich 2012a und 2012b.
16 Sehr herzlich möchte ich Andrea Gruber, der Bibliothekarin, und Jennifer Plank, der ehemaligen Leiterin der Digitalisierungsabteilung des Don Juan Archivs für ihre Mitarbeit an diesem Projekt danken.
17 Pernerstorfer – Gruber 2015a.

Universale Theateralmanache und lokale Theaterjournale sind Medien, die zwar eine gewisse Schnittmenge bei den erhaltenen Informationen haben, die sich aber in mehrerlei Hinsicht deutlich voneinander unterscheiden – und bezüglich ihrer wissenschaftlichen Aufarbeitung unterschiedliche Anforderungen stellen.

Universale Theateralmanache

Universale Theateralmanache wurden von Verlegern produziert und über den Buchhandel vertrieben. Zielpublikum waren – ab 1830 – fast ausschließlich praktizierende Theaterleute. Theateralmanache waren in der Regel als Fortsetzungswerke konzipiert, d. h. es war zumindest geplant, dass sie jährlich erscheinen.

Enthalten sind in diesen Werken von oft mehreren hundert Seiten Umfang Informationen zu einzelnen Theatergesellschaften. Sie können Angaben umfassen zum Personal (teilweise bis hin zum Reinigungspersonal) und dessen Änderungen (Abgänge, Zugänge, Gäste, Sterbefälle), zur technischen Ausstattung der Theater, neuen Stücken im Repertoire, Namen der Zeitungen, die über das Theater berichteten sowie Informationen über den jeweiligen Ort (Sehenswertes, Hotels, Restaurants usw.). Zudem wurden – besonders bis ca. 1830 – Aufsätze, Gedichte, Stücktexte usw. veröffentlicht.

Lange Zeit wurden fast ausschließlich die „permanenten" Gesellschaften aufgenommen. Die reisenden bzw. „ambulanten" Bühnen blieben unterrepräsentiert; erst Ende des 19. Jahrhunderts sind sie häufiger zumindest genannt. Je weiter entfernt die Gesellschaften vom Erscheinungsort des Verlages sind, desto sporadischer waren sie in den Almanachen vertreten, d. h. die (deutschsprachigen) Gesellschaften in der Slowakei, Slowenien, Rumänien, Ukraine, Russland und den USA sind sehr lückenhaft dokumentiert. Zudem ist anzunehmen, dass gerade ambulante Gesellschaften nicht immer alle besuchten Orte in ihren Meldungen an die Redaktion auflisteten.

Die bislang durchgeführte Auswertung der Almanache ergibt für die Jahre 1776 bis 1918 ca. 3600 Orte, an denen Theater gespielt wurde, mit ca. 70 000 Einträgen zu den einzelnen Spielzeiten. Enthalten sind auch Orte, an denen nur für kurze Zeit Theateraufführungen belegt sind.

Abb. 3: Deutsches Theater-Adreßbuch, herausgegeben vom Deutschen Bühnenverein. 3. Jahrgang 1913/14 (Berlin: Oesterheld). (Original: Paul S. Ulrich, Foto: Don Juan Archiv Wien, Sammlung Paul S. Ulrich).

Lokale Theaterjournale

Lokale Theaterjournale sind nicht-periodische Privatdrucke. Sie wurden in der Regel von Souffleuren, teilweise auch von Autoren oder Direktoren, in eigener Verantwortung am Ende eines Jahres resp. einer Saison herausgegeben und direkt, d. h. nicht über den Buchhandel, an das Publikum verkauft.

Die Journale waren eine Art Souvenir für die Zuschauer und berichten auf 1 bis 24 Seiten über die vergangene Saison, respektive einen Teil davon. Fast immer geben sie einen Überblick über das Personal und ein Repertoireverzeichnis. Ergänzt werden die faktischen Informationen durch kurze Gedichte, Liedtexte aus dem Repertoire und Anekdoten. Besonders gern fügten die Souffleure selbstreferenzielle Gedichte ein, nicht selten mit der Klage, dass sie nicht angemessen gewürdigt würden.

Da es offenbar ein lukratives Geschäft gewesen ist, darf angenommen werden, dass fast immer am Ende einer Saison ein Journal herausgebracht worden ist. Wenn man aufgrund der zwar unvollständigen, aber trotzdem ungeheuren Zahl von 3600 Orten, die in den universalen Almanachen nachgewiesen sind, eine Hochrechnung anstellt, kommt man zu dem Ergebnis, dass im Berichtszeitraum (1750–1918) wahrscheinlich mehr als 100 000 Journale produziert worden sind. Dabei ist zu berücksichtigen, dass bislang in weniger als 10 % der in den Almanachen verzeichneten Orten Journale nachgewiesen werden konnten. Überdies gibt es Journale aus Orten, die in den Almanachen nicht erwähnt werden.

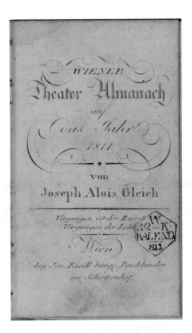

Abb. 4a u. 4b: Gleich, Josef Alois: Wiener Theater-Almanach auf das Jahr 1811. Wien: 1811. (Original und Foto: Don Juan Archiv Wien).

Digitalisierung von Werken „lokalen Charakters"

Die universalen Theateralmanache sind weit verbreitet und größtenteils digitalisiert. Bei den lokalen Theaterjournalen hingegen sieht die Situation weniger günstig aus. Das hat mit pragmatischen Gründen zu tun: Die Förderung von Digitalisierungsprojekten lässt sich am besten unter Verweis auf die Bedeutung des Vorhabens für die Erhaltung des kulturellen Erbes erreichen. Zu diesem Zwecke wurden – der Blick wird im Folgenden auf Deutschland gerichtet – in den vergangenen Jahren auf nationaler Ebene erfolgreich Initiativen gesetzt: vieles steht aufgrund der produktiven Zusammenarbeit wichtiger Großbibliotheken in der Deutschen Digitalen Bibliothek dem interessierten Publikum online zur Verfügung.

Bestimmte Arten von Druckwerken mit lokalem Charakter – von Manuskripten (sofern sie nicht aufgrund von Alter oder Autorschaft etc. von besonderem Wert sind) ganz zu schweigen –, die an einem bestimmten Ort für einen eingeschränkten Kreis produziert worden sind und nur bedingt in diesen Großbibliotheken liegen, können durch solche Projekte kaum repräsentativ erfasst werden. Das gilt im Theaterbereich für Szenare der Wanderbühne, Programmhefte des Schul- und Ordenstheaters sowie Theaterzettel. Immerhin ist für letztere eine erfreuliche Entwicklung festzustellen: Der Wert ihrer Theaterzettelbestände für die lokale Kulturgeschichte wurde in Regionalbibliotheken erkannt, und zahlreiche dieser Sammlungen konnten mittlerweile digitalisiert werden.[18]

 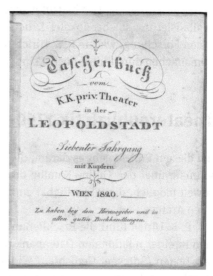

Abb. 5a u. 5b: Taschenbuch vom K.K. priv. Theater in der Leopoldstadt, 7. Jahrgang, Wien: 1820. (Original und Foto: Don Juan Archiv Wien).

Die Herausforderungen bei der Digitalisierung möglichst aller lokaler Theaterjournale liegen zum einen in deren Verteilung auf zahllose Archive, Bibliotheken, Museen und Privatsammlungen in der ganzen Welt, d. h. durch herkömm-

---

18 Diese Digitalisierungsprojekte (siehe dazu Pernerstorfer 2012, 2015, 2018) sind meist bestimmten Theatern gewidmet. In diesen Fällen wurden von der jeweiligen Institution nicht notwendig sämtliche Theaterzettel des eigenen Bestands digitalisiert. Objekte aus anderen Städten blieben unberücksichtigt.

liche Projekte der Großbibliotheken kann allenfalls ein Bruchteil davon erfasst werden.

Zum anderen beginnen die Schwierigkeiten beim Umgang mit lokalen Theaterjournalen schon bei deren Identifizierung: Die Souffleure gaben ihren Journalen oft blumige Titel, etwa „Abschieds-Journal", „Abschieds-Kranz", „Buccsuzo", „Etwas zum neuen Jahr", „Heitere Rückblicke", „Herbstblumen", „Litterarisches Blumensträusschen", „Mein Abschiedsgruß", „Souvenir", „Theatralisches Angebinde", „Theatralisches Angedenken", „Theatralisches Denkmal", „Theatralisches Neujahrs-Geschenk", „Theatralisches Quodlibet", „Trennungs-Stunde", „Vergissmeinnicht", u. a. Zudem sind diese Drucke oft nicht als Einzeldruck in der verwahrenden Institution aufgestellt, sondern als Register einer Sammlung von Theaterzetteln beigebunden etc.

Für die Identifizierung von lokalen Theaterjournalen bedarf es also einer gewissen Erfahrung. Das bedeutet zugleich, dass für die möglichst vollständige Digitalisierung solcher lokaler Drucke eine Kooperation mit der bibliographischen Forschung, wie sie P. S. Ulrich seit Jahrzehnten zu Theaterjournalen und -almanachen durchführt, höchst sinnvoll ist.[19]

Theaterpublizistik 1750–1918 digital[20]

Bei diesem Projekt geht es darum, die von P. S. Ulrich dokumentierten Theaterjournale über den Online-Katalog des Don Juan Archivs recherchierbar[21] und, soweit möglich, digital verfügbar zu machen, sowie um den Aufbau eines digitalen Archivs.

P. S. Ulrich führt die Erschließung der Materialien nach inhaltlichen Kriterien in einer relationalen Datenbank durch. Dies umfasst Titel von abgedruckten Texten (Stücken, Gedichten, Widmungen) samt Angaben zur Autorschaft, Porträts und Szenen, Verzeichnisse des künstlerischen, technischen und administrativen Personals sowie des täglichen Spielplans für ein Jahr/eine Saison. Zudem ergänzt er seine Sammlung weiterhin.

Das Don Juan Archiv schafft die institutionellen Rahmenbedingungen: Es wickelt die Digitalisierung ab, führt die Korrespondenz mit Eigentümerinstitutionen, um die Publikationsgenehmigung für das in Kopie vorliegende Material

---

19 Gleichzeitig ist klar, dass P. S. Ulrich, die Errungenschaften der Digitalisierung nutzend, durch Online-Recherchen, sei es in Bibliotheks- oder Antiquariatskatalogen, zahlreiche Drucke gefunden hat.
20 Zu diesem Projekt siehe auch Pernerstorfer und Gruber 2015b.
21 Siehe http://www.theaterjournale.at/.

einzuholen bzw. die rechtlichen Voraussetzungen zu schaffen, um auf die bereits durch diese Institutionen online gestellte Theaterjournale verlinken zu können, und es ermöglicht über den Online-Katalog ortsunabhängig einen Zugang zu den Materialien.

In Wien ist die Sammlung nun auch öffentlich zugänglich, denn das Don Juan Archiv – 1080 Wien, Trautsongasse 6/6 – kann nach Voranmeldung von Montag bis Donnerstag zwischen 10 und 16 Uhr besucht werden.

Relationale Datenbank & Online-Katalog

P. S. Ulrich hat die Erfassung seiner Daten bereits in den 1990er Jahren weitsichtig angelegt und 2001 in seinem Aufsatz „Topographie des Theaters im 19. Jahrhundert elektronisch erfassen. Hinweise und Beispiele aus der Praxis" ausführlich beschrieben. Seine relationale Datenbank ist so angelegt, dass die Erfassungsarbeit reibungslos funktionieren kann. Als entscheidende Voraussetzungen und Merkmale dafür gibt er an:

„1. Sehr viele Vorlagen mit unterschiedlichen Informationsinhalten und -strukturen.
2. Flexible Erfassungsstrukturen, die sich den Vorlagen anpassen – nicht umgekehrt.
3. Nicht alle Informationen einer Vorlage werden vollständig bzw. entsprechend den Regeln der Datenbank vorhanden sein, d. h. zu irgendeinem Zeitpunkt wird zusätzliche redaktionelle Arbeit notwendig sein.
4. Parallele Erfassung von Daten an unterschiedlichen Arbeitsplätzen, zu unterschiedlichen Zeiten, von mehreren Personen."[22]

Die Datenbank selbst ist nach folgenden grundlegenden Punkten aufgebaut:

„1. Klare Beschreibung der Daten.
2. Klare Definitionen, wie die erfaßten Daten strukturiert sind.
3. Klare Regeln für die inhaltliche Erfassung der Daten.
4. Nutzung von Fremddaten – wenn möglich.
5. Offen sein für spätere Erweiterungen.
6. Verbindungen zu Informationen anderer Datenbanken sollten auch integrierbar sein.
7. Export des Dateninhalts in ein systemunabhängiges Format (am besten ASCII). So wird ein Austausch der Daten mit anderen Datenbanken ermöglicht und die Grundlage für die Benutzung in anderen Umgebungen geschaffen.

---

22 Ulrich 2001, S. 469.

Dies ist unabdingbar, denn es garantiert die Migration der Daten in künftige Datenbanken.

8. Import von strukturierten Daten in ein normiertes Format; sie lassen sich durch benutzerdefinierte Angaben aus jeder strukturierten ASCII-Datei importieren."[23]

Auch wenn sich in den letzten zwei Jahrzehnten auf diesem Sektor viel getan hat, so waren die Voraussetzungen für die reibungslose Übernahme von P. S. Ulrichs bibliographischen Daten in das Bibliothekssystem des Don Juan Archivs, Koha, gegeben.

Zur Datenübernahme in das Freie und Open Source Bibliothekssystem Koha wurde eine Konkordanz zwischen den Feldern der Datenbank von P. S. Ulrich und ihren Entsprechungen im Standard Marc 21 erstellt. Dafür mussten Felder, die bei Ulrich mehrere Informationen enthalten, gesplittet werden, z. B. Feld 200: Jahr, Seitenumfang, Status der Auswertung (dieses ist im Bereich der freien Felder realisiert). Mit der Freien Software MarcEdit werden für die Einspielung in Koha Marc-Datensätze erstellt. Der Online-Katalog vereint die von P. S. Ulrich nachgewiesenen Theateralmanache und -journale in einer eigenen Koha-Instanz.

1	Wiener Theater-Almanach auf das Jahr 1811
100	Gleich, Josef Alois (1811)
40	Wien
50	1811
60	Österreichische Nationalbibliothek, Wien=A-1
60	Don-Juan-Archiv, Wien=DJAW
200	1811 {115 S.} [A]
201	[A-1;180.658 A Alt],[DJAW]
300	Abb.: Die theatralische Dichtkunst mit ihren Atributen, TB
300	Zeit- und Festrechnung für das Jahr 1811, 1 Bl.
300	[...]
400	Personal-Stand der beyden k.k. Hoftheater, S.79–83
400	Personale des k.k. privilegirten Schauspielhauses an der Wien, S.84–90
400	Personale des k.k. privilegirten Theater in der Leopoldstadt, S.91–95
410	[Hensler, Karl Friedrich (1758–1825)] Hensler, Karl Friedrich

Auszug aus der Datenbank von P. S. Ulrich zu S. 158 abgebildetem Theaterjournal.

---

23 Ebenda, S. 470.

Abb. 6: Online-Katalog des Don Juan Archivs.

Ausgehend von diesem Online-Katalog kann auf Digitalisate verlinkt werden, die durch die Eigentümerinstitutionen im Internet publiziert sind. Angesucht wurde bislang bei folgenden Institutionen um Genehmigung zu Verlinkung:

- Sächsische Landesbibliothek – Staats- und Universitätsbibliothek Dresden
- Universitäts- und Landesbibliothek Düsseldorf
- Bayerische Staatsbibliothek München
- Staats- und Universitätsbibliothek Göttingen
- Badische Landesbibliothek Karlsruhe

Die Eigentümerinstitutionen geben, das zeigen die bisherigen Erfahrungen, in der Regel problemlos ihr Einverständnis zur Verlinkung auf ihre Digitalisiate;[24] eine Veröffentlichung von Scans selbstgemachter Reproduktionen ist jedoch nicht gewünscht.

Digitalisierung

Von den ca. 4400 Exemplaren lagen, als das Projekt Ende 2014 gestartet wurde, gut 100 als Originale und 2100 in digitalen Reproduktionen (in recht unterschiedlicher Qualität) vor; von ca. 2200 waren größtenteils Kopien bzw. Mikro-

---

24 Online verfügbar ist nur ein Teil der von P. S. Ulrich in der jeweiligen Bibliothek nachgewiesenen Theaterjournale, in der SLUB Dresden sind es 101 von 225, in der ULB Düsseldorf 31 Digitalisate von 42, in der BSB München 95 von 217 und in der SUB Göttingen 3 von 61.

filme vorhanden. Hinzu kamen ca. 100 Exemplare aus der Sammlung Reinhart Meyer und ca. 70 aus der *Biblioteca Ernestea Sezzatense*.

Abb. 7a-d: Einblicke in die Digitalisierungsabteilung des Don Juan Archivs.

2015 wurde der gesamte Bestand in der Digitalisierungsabteilung des Don Juan Archivs aufgearbeitet; einschlägige Erfahrungen waren als Partner von Retrospective Index to Music Periodicals/Répertoire international de la presse musicale (RIPM) bei der Digitalisierung von Musikjournalen aus Wiener Institutionen gesammelt worden: Materialien, die nicht in digitaler Form vorlagen, wurden abhängig von Form und Erhaltungszustand gescannt bzw. fotografiert: gut erhaltene Originale und gebundene Kopien mit dem ScanRobot 2.0 von Treventus Mechatronics, Originale mit schlechtem Erhaltungszustand mit dem vom Digitalisierungszentrum der Karl-Franzens-Universität Graz entwickelten Traveller TCCS 4232. Ein Fujitsu FI-3160Z Durchzugscanner kam bei losen Blättern zum Einsatz, ein Canon Mikrofilm Digital Scanner 300 bei Mikrofilmen. Sofern Kopien aufgearbeitet wurden, war klar, dass es sich dabei nur um „Platzhalterdigitalisate" handelt, doch können so die Materialien kostengünstig für Forschungszwecke zumindest vor Ort zur Verfügung gestellt werden.

Datensicherung

Der Aspekt der Datensicherung spielt in mehrerlei Hinsicht eine Rolle; es geht um die doppelte Datenspeicherung und eine Sicherungsdigitalisierung. Die technischen Voraussetzungen für die Imageverwaltung, sind am Don Juan Archiv durch eine entsprechende Serverstruktur gegeben. Der 9,3 TB Imageserver, zu dem es auch einen eigenen Backupserver gibt, bietet ausreichend Platz für die Datenspeicherung, die 8 Mbit symmetrische Standleitung ermöglich schnelle Up- und Downloads, und mit dem Dual Xeon X3470 Webserver mit 16 GB Arbeitsspeicher erfolgt die Aufbereitung der Daten für das Internet. Eine moderne Firewall mit Intrusion Detection System schützt die Daten vor ungewollten Zugriffen.

Die digitalen Reproduktionen wurden kontinuierlich an P. S. Ulrich übermittelt, Ergänzungen laufend integriert. Dadurch entstanden zwei digitale Archive, die regelmäßig abgeglichen werden. In diesem Projekt findet also eine Sammlung von Forschungsmaterialien virtuell eine neue, zweite Heimat. Das ist unter dem Aspekt der Datensicherung nicht unwesentlich.

Wichtig ist weiters der Aspekt der „Sicherungsdigitalisierung":[25] Die Entscheidung für eine Digitalisierung von Reproduktionen, deren Qualität nicht

---

25 Gespeichert werden die Digitalisate von Kopien und Mikrofilmen als OCR gelesene PDF-A-Dokumente, die verhältnismäßig wenig Speicherplatz benötigen. Eine Online-Publikation ist nicht möglich, und so besteht auch kein Bedarf, Einzeldateien bereitzustellen, um die Voraussetzung für eine Adressierbarkeit dieser Einzelseiten in einer digitalen Bibliothek zu schaffen.

optimal ist und deren Veröffentlichung von den Eigentümerinstitutionen in der Regel nicht gestattet wird, wurde nicht zuletzt aufgrund einer konkreten Erfahrung gefällt. Ursprünglich war geplant, die Sammlung von Forschungsmaterialien, die im Zuge der Erarbeitung der *Theaterperiodika des 18. Jahrhunderts* durch das Team von Wolfgang F. Bender angelegt worden ist,[26] in das Projekt einfließen zu lassen. Bei einem Forschungsgespräch mit Paul S. Ulrich und Reinhart Meyer am 16. Oktober 2014 musste W. F. Bender jedoch mitteilen, dass diese Dokumente in die Universitäts- und Landesbibliothek Münster gekommen, dort aber durch ein Hochwasser schwer beschädigt worden sind und eine Restaurierung der Papierkopien in absehbarer Zeit nicht zu erwarten sei.

Die Bedeutung einer „Sicherungsdigitalisierung" von Reproduktionen ist nicht zu unterschätzen, auch wenn heute die Rede von Digitalisierungsprojekten in der Regel die Neudigitalisierung von Originalen und das gemäß höchsten Qualitätsanforderungen impliziert. Denn einerseits steckt in solchen Sammlungen viel Zeit und Geld, andererseits kommt es durchaus vor, dass Originale verloren gehen oder gestohlen werden, d. h. eventuell nur mehr die Reproduktion erhalten ist. Zudem handelt es sich um einen verhältnismäßig günstigen und für die an den Inhalten interessierte Forschung absolut zielführenden Weg.

Topographie und Repertoire des Theaters

Sowohl P. S. Ulrich als auch das Don Juan Archiv sind der Überzeugung, dass die Präsentation der Daten in digitaler Form sehr erstrebenswert ist, weil sie die Recherche nach den Texten erleichtert, dass aber bestimmte Auswertungen des Materials am besten in gedruckter Form vorgelegt werden sollten: Die Rezeptionshaltung bei einer online-Recherche respektive bei der Lektüre eines Buches ist grundlegend anders, und deshalb sind bestimmte Inhalte auf diese Weise besser zu vermitteln.

---

26 Theaterperiodika des 18. Jahrhunderts. Bibliographie und inhaltliche Erschließung deutschsprachiger Theaterzeitschriften, Theaterkalender und Theatertaschenbücher, hg. von Wolfgang F. Bender, Siegfried Bushuven und Michael Huesmann (1994, 1997, 2005).

PAUL S. ULRICH

WIENER THEATER
(1752–1918)

**Dokumentation zu Topographie und Repertoire
anhand von universalen Theateralmanachen und lokalen Theaterjournalen**

mit einem Überblick zu
Zeitungen mit Theaterreferaten und deren Referenten

HOLLITZER

Abb. 8: Paul S. Ulrich: Wiener Theater (1752–1918), Cover.

Das von Paul S. Ulrich gesammelte Material soll deshalb nicht nur online recherchierbar und verfügbar gemacht werden. Bereits in Angriff genommen ist aus diesem Grund eine umfassende, auf P. S. Ulrichs Datenbanken basierende Auswertung der Daten. Anhand von Wien, der Stadt mit den meisten lokalen Theaterjournalen, wurde eine 370 Seiten starke Pilotpublikation dazu vorgelegt: *Wiener Theater (1752–1918). Dokumentation zu Topographie und Repertoire anhand von universalen Theateralmanachen und lokalen Theaterjournalen. Mit einem Überblick zu Zeitungen mit Theaterreferaten und deren Referenten.* Sie erscheint als erster Band der vom Don Juan Archiv herausgegebenen Reihe *Topographie und Repertoire des Theaters* (Wien: Hollitzer 2018).

Das Buch ist folgendermaßen aufgebaut:

Universale Theateralmanache: Topographie

   I.   Spielstätten

        Beschreibungen der Wiener Theaterlandschaft

        Spielstätten in Wien

        Spielstätten in Wiener Vororten

  II.   Mobilität

        In Wien beheimatete Gastspielensembles

        Nicht lokalisierbare Gastspiele in Wien

        Itinerare der Direktoren

Lokale Theaterjournale: Repertoire

        Theaterjournale ohne Spielplan

        Theaterjournale mit Spielplan

        Souffleure und andere Herausgeber von Theaterjournalen in Wien

Zeitungen: Blätter und Referenten

        Zeitungen mit Theaterreferaten und deren Referenten

        Redakteure und Theaterreferenten von Wiener Zeitungen

Der Band ist als Quellensammlung und Lesebuch konzipiert. Bei den Einträgen zu den Spielstätten folgen deshalb auf Name und alternative Namensform(en) sowie Eckdaten zum Teil ausführliche historische Beschreibungen. Im Anschluss sind die Direktoren chronologisch gelistet. Weiterführende Informationen zu Spielzeit, Gastspielen, Preisen u. v. m. werden im Anmerkungen-Apparat abgedruckt.

Den Itineraren der Direktoren, wie sie in den universalen Theateralmanachen dokumentiert sind, zu folgen, ermöglicht ein eigenes Kapitel, das den hohen Grad an Mobilität des Theaterpersonals deutlich werden lässt, wenn man sich die angeführten Orte und die entsprechenden Reiserouten vergegenwärtigt. Sowohl die Vielfältigkeit der Wiener Theaterlandschaft als auch deren Einbettung im überregionalen Kontext wird auf diese Weise sichtbar.

Das Verzeichnis der in lokalen Theaterjournalen abgedruckten Spielpläne stellt für die weitere Forschung einen wichtigen Ausgangspunkt dar. In manchen Fällen ergänzen diese Spielpläne andere Quellen wie Theaterzettel sowie Ankündigungen oder Besprechungen in Zeitungen, in anderen Fällen sind sie die einzige Quelle. Was die Verlässlichkeit der Informationen in den Theaterjournalen betrifft, so ist darauf hinzuweisen, dass diese vom Souffleur oder einer anderen mit dem Theater in enger Beziehung stehenden Person zur Publikation gebracht wurden und das im Nachhinein, d. h. hier hat man anders als bei Theaterzetteln nicht mit dem Problem zu kämpfen, dass Stücke angekündigt wurden, die dann überhaupt nicht zur Aufführung gekommen sind.[27]

Die Aufarbeitung der Wiener (Theater-)Zeitungen und deren Referenten nahm P. S. Ulrich zwar unabhängig von Theateralmanachen und -journalen vor, sie ergänzen die davor gegebenen Informationen jedoch sehr gut und wurden deshalb in den Band aufgenommen.

Online-Portal

Aktuell wird nach einer Lösung gesucht, in welcher Form die relationalen Datenbanken von P. S. Ulrich als Ganzes am besten öffentlich zugänglich gemacht werden sollten. Das Don Juan Archiv veröffentlicht derzeit zwar die bibliographischen Daten zu Theateralmanachen und -journalen über seinen Online-Katalog[28], die Personendaten fließen hier jedoch bislang nicht ein.

Der Fachinformationsdienst (FID) für Darstellende Kunst, beheimatet an der Universitätsbibliothek Johann Christian Senckenberg in Frankfurt am Main, wäre ein geeigneter Ort, der eine langfristige Verfügbarkeit der Daten im Internet gewährleisten kann. Es wäre durchaus denkbar, dass Institutionen mit lokalen Theaterjournalen dazu motiviert werden, ihre einschlägigen Bestände zu digitalisieren.[29] Außerdem könnten P. S. Ulrichs Daten mit anderen großen Daten-Sammlungen verbunden werden – wobei immer zu berücksichtigen ist, dass eine Daten-Sammlung auch als solche erkennbar bleiben und einzeln abrufbar sein sollte. Ersteres ist im Sinne der Angabe der Urheberschaft wichtig, letzteres hat im Fall der Materialien von P. S. Ulrich auch den Grund, dass er ein klar definiertes Corpus von Quellen so vollständig wie möglich erschließt, das dann wiederum quantitativ ausgewertet werden kann. Kommt es nun zu ei-

---

27 Siehe dazu Pernerstorfer 2018, S. 191 in diesem Band.
28 http://www.theaterjournale.at/
29 Das Potenzial des Fachinformationsdienst Darstellende Kunst erachte ich für sehr groß; vgl. auch Pernerstorfer 2018.

ner Vermischung mit anderen Daten-Sammlungen so relativiert das eventuell die Aussagekraft. Hier gilt es also, vorsichtig zu sein.

Resümee

Das Erreichen immer höherer Qualitätsstandards bei der Herstellung der Reproduktionen selbst sowie bei ihrer Anreicherung mit Metadaten etc. bedeutet eine Innovation in der Digitalisierung. Fortschritt lässt sich jedoch auch durch Rückgriff auf Material- und Datensammlungen traditioneller bibliographischer Projekte erzielen, durch Digitalisierung von Materialien in mehr oder weniger guter Qualität und durch die damit einhergehende Zusammenführung von Beständen unterschiedlichster Eigentümerinstitutionen; und dasselbe gilt – als Ergänzung zur Publikation der digitalisierten Quellen – für die Veröffentlichung von Auswertungen der Daten in Form eines gedruckten Buches. Die gute alte Bibliographie behauptet, wenn es um Fragen von Erschließung und Digitalisierung geht, weiterhin ihren Platz.

Bibliographie

Dalinger, Brigitte: „Die Theatersammlung ‚Komplex Mauerbach': Bericht von einer Spurensuche", in: Mitteilungen der Gesellschaft für Buchforschung in Österreich (2013) 2, S. 37–48.

Lachmayer, Herbert (Hg.): Mozart. Experiment Aufklärung im Wien des ausgehenden 18. Jahrhunderts. Katalogbuch zur Mozart-Ausstellung des Da Ponte Instituts in der Albertina in Wien (17. März bis 20. September 2006). Ostfildern: Hatje Cantz Verlag 2006. (2006a).

Lachmayer, Herbert (Hg.): Mozart. Experiment Aufklärung im Wien des ausgehenden 18. Jahrhunderts. Essayband zur Mozart-Ausstellung des Da Ponte Instituts in der Albertina in Wien (17. März bis 20. September 2006). Ostfildern: Hatje Cantz Verlag 2006. (2006b).

Lachmayer, Herbert, Theresa Haigermoser und Reinhard Eisendle (Hgg.): Salieri sulle tracce di Mozart. Catalogo della mostra in occasione della riapertura del Teatro alla Scala il 7 dicembre 2004 (3 dicembre–30 gennaio 2005). Kassel: Bärenreiter 2004.

Lemanski, Thorsten: „Über 13.000 Düsseldorfer Theaterzettel erschlossen und digitalisiert – Bericht über ein DFG-gefördertes Projekt an der Universitäts- und Landesbibliothek Düsseldorf", in: Pernerstorfer 2015, S. 69–75.

Meyer, Reinhart: Bibliographia dramatica et dramaticorum. Kommentierte Bibliographie der im ehemaligen deutschen Reichsgebiet gedruckten und gespielten Dramen des 18. Jahrhunderts nebst deren Bearbeitungen und Übersetzungen und ihrer Rezeption bis in die Gegenwart. 1. Abteilung: Werkausgaben – Sammlungen – Reihen. Bd. I–III. Tübingen: Niemeyer 1986; 2. Abteilung: Einzeltitel. Bd. I–XXXIV. Tübingen: Niemeyer bzw. seit 2010 Berlin/New York: De Gruyter 1993–2012.

Meyer, Reinhart: Schriften zur Theater- und Kulturgeschichte des 18. Jahrhunderts, hg. von Matthias J. Pernerstorfer. Wien: Hollitzer 2012 (= Summa Summarum 1).

Neuböck, Gregor (Hg.): Digitalisierung in Bibliotheken. Viel mehr als nur Bücher scannen! Berlin – New York: De Gruyter 2018.

Pernerstorfer, Matthias J.: „Die Theater-Bibliothek Pálffy", in: „Wissenschaft nach der Mode?" Die Gründung des Zentralinstituts für Theaterwissenschaft an der Universität Wien 1943, hg. von Birgit Peter und Martina Payr. Wien: LIT 2008, S. 124–134.

Pernerstorfer, Matthias J.: Theater – Zettel – Sammlungen. Erschließung, Digitalisierung, Forschung. Wien: Hollitzer Verlag 2012 (= Bibliographica 1).

Pernerstorfer, Matthias J.: „The Don Juan Archiv Wien. A Private Research Institute for Opera and Theatre History", in: Connecting Points: Performing Arts Collections Uniting Past and Future. International Association of Libraries and Museums of the Performing Arts (28th Congress: Munich, 26–30 July, 2010), hg. von Helen Baer, Claudia Blank, Kristy Davis, Andrea Hauer und Nicole Leclercq. Brüssel: Peter Lang 2014, S. 325–332.

Pernerstorfer, Matthias J.: Theater – Zettel – Sammlungen 2. Bestände, Erschließung, Forschung. Wien. Hollitzer Verlag 2015 (= Bibliographica 2).

Pernerstorfer, Matthias J.: „„Mit gnädigster Bewilligung wird heute…'. Aktuelle Entwicklungen in der Erschließung und Digitalisierung von Theaterzetteln", in: Neuböck 2018, S. 173–204.

Pernerstorfer, Matthias J.: „„For the appreciation of a highly-esteemed audience…'. Bibliographic documenting, indexing, Digitizing and Presentation of Theatre journals and almanacs", in: The Routledge Companion to Digital Humanities in Theatre and Performance, hg. von Nic Leonhardt. London: Routhledge [2018].

Pernerstorfer, Matthias J. und Andrea Gruber: „Bibliographische Forschung als Grundlage für Digitalisierungsprojekte. Oder: ‚Theaterpublizistik 1750–1918 digital'. Ein Projekt von Paul S. Ulrich und dem Don Juan Archiv Wien", in: AKMB-news (2015) 1, S. 18–21 (2015a)

Pernerstorfer, Matthias J. und Andrea Gruber: „Ein Ort für theatergeschichtliche Forschungsmaterialien: die Sammlung Otmar Seemann zur Verlagsbuchhandlung Wallishausser im Don Juan Archiv Wien", in: Mitteilungen der Gesellschaft für Buchforschung in Österreich 2015-2, S. 7–21 (2015b).

Sartori, Claudio: I libretti italiani a stampa dalle origini al 1800. Con 16 Indici analitici. Cuneo: Bertola & Locatelli 1990–1994.

SIBMAS International Directory of Performing Arts Collections, hg. von Paul S. Ulrich. Haslemere, England 1996.

Singer, Armand E.: Bibliography of the Don Juan Theme, Versions and Criticism. Morgantown: West Virginia University Press 1954–2003.

Singer, Armand E.: „Supplement No. One to The Don Juan Theme: An Annotated Bibliography of Versions, Analogues, Uses, and Adaptions". in: West Virginia University Bulletin. Philological Papers 42–43 (1998), S. 138–156.

Singer, Armand E.: A Final Supplement to The Don Juan Theme: An Annotated Bibliography of Versions, Analogues, Uses, and Adaptations (1993). (Conflated with entries from „Supplement No. One" (1998). Morgantown: Eberly College of Arts and Sciences – West Virginia University 2003.

Theaterperiodika des 18. Jahrhunderts. Bibliographie und inhaltliche Erschließung deutschsprachiger Theaterzeitschriften, Theaterkalender und Theatertaschenbücher, hg. von Wolfgang F. Bender, Siegfried Bushuven und Michael Huesmann. Bd. I/1–2, 1750–1780, Bd. II/1–3, 1781–1790, Bd. III/1–3, 1791–1800. München: Saur 1994, 1997, 2005.

Ulrich, Paul S.: A Preliminary Bibliography of German-Language Theatre Almanacs, Yearbooks, Calendars and Journals of the 18th and 19th Centuries. Wien: Böhlau 1994 (= Maske und Kothurn 35 [1989], Heft 4).

Ulrich, Paul S.: Biographisches Verzeichnis für Theater, Tanz und Musik. Fundstellennachweis aus deutschsprachigen Nachschlagewerken und Jahrbüchern [= Biographical Index for Theatre, Dance and Music Master Index of German-language Biographical Directories and Yearbooks]. 2 Bde. Berlin: Berlin-Verlag 1997.

Ulrich, Paul S.: „Topographie des Theaters im 19. Jahrhundert elektronisch erfassen. Hinweise und Beispiele aus der Praxis", in: Deutschsprachiges Theater in Prag. Begegnungen der Sprachen und Kulturen, hg. von Alena Jakubcová, Jitka Ludvová und Václav Maidl. Prag: Divadelní ústav 2001, S. 468–488.

Ulrich, Paul S.: „Theaterzettel und Theateralmanache. Quellenkritische Anmerkungen", in: Pernerstorfer 2012, S. 3–26. (2012a).

Ulrich, Paul S.: „Das ‚Theaterzettelprojekt' der Staatsbibliothek zu Berlin", in: Pernerstorfer 2012, S. 135–142. (2012b).

Ulrich, Paul S.: „The SIBMAS International Directory of Performing Arts Collections and Institutions Online. The Transition from Printed Volume to Online Service. How it was done, why was it done, how is it being received?", in: Les collections des arts du spectacle et leur traitement / Performing Arts Collections and their Treatment, ed. by Nicole Leclercq, Kristy Davis & Maria Terese Iovinelli. Congrès de Rome 2002. Bruxelles, Bern, Berlin: Peter Lang 2012, S. 85–102. (2012c).

Ulrich, Paul S.: Wiener Theater (1752–1918). Dokumentation zu Topographie und Repertoire anhand von universalen Theateralmanachen und lokalen Theaterjournalen. Mit einem Überblick zu Zeitungen mit Theaterreferaten und deren Referenten. Wien: Hollitzer 2018 (= Topographie und Repertoire des Theaters 1).

Weidinger, Hans Ernst: IL DISSOLUTO PUNITO. Untersuchungen zur äußeren und inneren Entstehungsgeschichte von Lorenzo da Pontes & Wolfgang Amadeus Mozarts DON GIOVANNI. Phil. Diss. Universität Wien 2002.

Webseiten

http://www.deutsche-digitale-bibliothek.de
http://www.donjuanarchiv.at
http://www.donjuanarchiv.at/forschung/theaterpublizistik-digital.html
http://www.donjuanarchiv.at/vorlaesse-leihgaben/sammlung-otmar-seemann.html
http://www.donjuanarchiv.at/vorlaesse-leihgaben/sammlung-reinhart-meyer.html
http://www.performing-arts.eu
http://www.ripm.org/
http://www.theaterjournale.at/

Matthias J. Pernerstorfer

„Mit gnädigster Bewilligung wird heute …" – Aktuelle Entwicklungen in der Erschließung und Digitalisierung von Theaterzetteln

In den vergangenen 15 Jahren wurden in Mitteleuropa zahlreiche Projekte zur Erschließung und Digitalisierung von Theaterzetteln durchgeführt. Vergleicht man diese Unternehmungen, zeigt sich dabei, dass sehr erfreuliche Fortschritte erzielt und Standards etabliert wurden, die Grundlage und Maßstab für künftige Projekte in diesem Bereich darstellen können. Gleichzeitig sind Defizite resp. Desiderata festzustellen. Das betrifft die überregionale Nachnutzung der Reproduktionen und der Metadaten von Digitalisierungsprojekten in Form einer Zusammenführung in einem übergeordneten einschlägigen Portal ebenso wie die teilweise mangelnde Zusammenarbeit zwischen Trägerinstitutionen dieser Projekte (vor allem Bibliotheken) auf der einen und der Wissenschaft auf der anderen Seite, was einer vollständigen Aufarbeitung der Theaterzettel unter quellenkritischen Prämissen zuwider läuft. Doch auch zu diesen Punkten zeichnen sich Lösungen ab, wie anhand von konkreten Beispielen gezeigt werden soll.

Definition und Terminologie

Landläufig versteht man unter einem Theaterzettel[1] eine verhältnismäßig standardisierte gedruckte einseitige Ankündigung, die über die wesentlichen Elemente einer Vorstellung informiert: Name der Gesellschaft resp. des Theaters, Zeit, Ort, Autor, Komponist, Stücktitel (teilweise mit mehreren Programmpunkten), Rollen und Schauspieler, Besonderheiten wie Gastspiele, Benefizveranstaltungen, Kartenpreise und Verkaufsstellen sowie sonstige Hinweise. Diese inhaltliche Definition beschreibt die ungeheure Zahl von Theaterzetteln des „langen 19. Jahrhunderts" – in Deutschland und Österreich wird man von

---

1 Hagemann 1901, Hänsel 1959, Pies 1973, Eder 1980, Schultz 1982, Eisinger 1990.

* Der vorliegende Beitrag basiert auf mehreren Publikationen des Autors (2012, 2015a, 2015b), legt jedoch vor dem Hintergrund der höchst spannenden aktuellen Entwicklungen neue Schwerpunkte.

https://doi.org/10.1515/9783110501094-011

mindestens 5 Millionen Objekten ausgehen dürfen – ziemlich genau[2] und soll in Rahmen eines Beitrags zur Digitalisierung von Theaterzetteln genügen, weil die meisten Projekte den Ankündigungen aus dieser Zeit gewidmet sind.

Für die bibliothekarische Erschließung – unerlässlich für nachhaltige Digitalisierungsprojekte – ist jedoch eine terminologische Ausdifferenzierung not-

Abb.1: Deutsch-französischer Theaterzettel des Bergischen deutschen Theaters in Düsseldorf zu*Don Juan, oder der steinerne Gast*, aufgeführt am 23. Mai 1806, zur Zeit der französischen Besatzung der Stadt. © ULB Düsseldorf.

---

2 Zu diesem Zeitpunkt hat bereits eine Standardisierung stattgefunden, der im Bereich des literarischen Theaters u. a. die früher durchaus gängigen Illustrationen zum Opfer gefallen sind (im Gegensatz zu Zirkus- und Feuerwerkszetteln). Zu Illustrationen auf Zetteln des 17. und 18. Jahrhunderts sowie zur noch im frühen 20. Jahrhundert virulenten Diskussion und den Werbecharakter von Theaterzetteln siehe Hänsel 1967.

Abb. 2: Theaterzettel des Großherzoglichen Hoftheaters in Karlsruhe zu einer Aufführung von *So machen's Alle. (Cosi fan tutte.)* am 3. Februar 1861 © BLB Karlsruhe.

wendig, für die hier ein beim 20. Forschungsgespräch des Don Juan Archiv Wien, abgehalten am 28. Jänner 2015 im Österreichischen Theatermuseum,[3] entwickelter Vorschlag präsentiert werden soll:

– Theaterzettel sind Informationsträger oben genannten Inhalts, die im Vorfeld einer Aufführung zur Information über selbige verteilt bzw. einer Behörde zur Erteilung der Spielerlaubnis vorgelegt wurden.

---

3 Teilnehmerinnen und Teilnehmer waren Daniela Franke (Theatermuseum, Programmarchiv und Plakatsammlung), Franz Josef Gangelmayer (Wienbibliothek im Rathaus, Plakatsammlung), Andrea Gruber (Don Juan Archiv Wien, Bibliothek), Claudia Mayerhofer (Theatermuseum, Bibliothek), Matthias J. Pernerstorfer (Don Juan Archiv Wien).

– Wie viele Stücke bei einer Vorstellung angekündigt sind und die Zahl der Bühnen, deren Programm präsentiert wird, spielt für die Definition als Theaterzettel keine Rolle (Subkategorien wie Doppelzettel können sinnvoll sein – aber ob sich Tripelzettel durchsetzen wird, erscheint fraglich). Der Zeitpunkt des Drucks im Verhältnis zur Aufführung ist ebenfalls nicht relevant, obwohl dieser Aspekt für die theaterhistorische Forschung durchaus von Bedeutung ist, da der Quellenwert eines am Tag der Aufführung gedruckten Theaterzettels (Tageszettel bzw. tagesaktueller Theaterzettel) höher ist als der eines im Voraus gedruckten.

– Programmzettel kündigen Veranstaltungen mit mehreren Programmpunkten an und kommen häufig bei Feuerwerken, Akrobaten, Varietés, Matineen, Konzerten etc. vor.

– Anschlag-/Aushangzettel, in der Regel großformatig, informieren das am Theatergebäude, an Plakatsäulen etc. vorbeigehende (potenzielle) Publikum.

– Theaterplakate unterscheiden sich von Theaterzetteln durch ihre grafische Gestaltung und (abgesehen von Anschlag-/Aushangzetteln) durch ihre Größe. Sie beziehen sich auf eine Produktion und werden ebenfalls öffentlich als Blickfang ausgehängt.

– Flyer werden an öffentlich zugänglichen Orten ausgelegt und sollen – häufig Text- und Bildinformationen zu einer Produktion (und in der Regel nicht zu einer einzelnen Vorstellung) verbindend – das Publikum erreichen. Sie sind heute ein übliches Medium für Werbung besonders in der freien Theaterszene.

– Besetzungszettel, in ein Programmheft eingelegt, informieren das Publikum über die tagesaktuelle Besetzung.

– Es sind eigens auch als Erinnerungsstücke angefertigte Objekte mit besonderem Papier oder aus Seide erhalten[4] – allgemein darf die Rolle der Dokumentation der persönlichen Theaterpflege durch das Sammeln von Theaterzetteln nicht unterschätzt werden, die mit ein Grund für die Ablösung des Ausrufers durch den Zettelträger gewesen sein dürfte.

– Noch stärker der Erinnerungskultur dienen Programmhefte, was für die Periochen des Jesuitentheaters aus dem 17. und 18. Jahrhundert, bei denen ein Hauptanliegen im Nachweis der beteiligten Personen liegt, ebenso wie für die oft reich bebilderten Drucke aus dem 20. Jahrhundert gilt.

---

4 Siehe Franke 2012, S. 238–241.

Theaterzettel in der Forschung

Theaterzettel stehen aktuell hoch im Kurs. In den vergangenen Jahren wurden in ganz Europa[5] zahlreiche Projekte zur Digitalisierung dieser Objekte abgeschlossen, weitere zum Teil sehr ambitionierte Unternehmungen laufen noch.[6] Dem korrespondiert eine Entwicklung in der historischen Forschung.

Die „Entdeckung" des Theaterzettels

Man hat von einer „Entdeckung" des Theaterzettels gesprochen.[7] Da diese Wendung einerseits einer Konkretisierung bedarf, um Gültigkeit beanspruchen zu können, andererseits in direktem Zusammenhang mit der Förderung von Digitalisierungsprojekten steht (weil der Fokus auf das Neue geholfen hat, neue Gelder zu lukrieren), wird mit einer Definition dieser Entdeckung begonnen. Für zwei Forschungsfelder könnte sie in Anspruch genommen werden: für die Theater- und die Regionalgeschichte.

Für die theaterhistorische Forschung sind Theaterzettel eine der zentralen Quellen. Sie wurden und werden insbesondere für lokale Theatergeschichten und damit in Beziehung stehende Studien konsultiert. Die Rollen- und Aufführungsverzeichnisse in Biografien berühmter Schauspielerinnen und Schauspieler basieren – nicht zuletzt in Zusammenhang mit Gastspielreisen – häufig auf Theaterzetteln. Und bei theatergeschichtlichen Ausstellungen sind die Ankündigungen berühmter Aufführungen ebenfalls seit jeher sehr beliebte Objekte. Eine Ausstellung, die von 8. Juli bis 21. Oktober 2007 im Kieler Stadtmuseum Warleberger Hof zu sehen war, widmete sich explizit dem Thema *Theaterzettel und Künstlerporträts* (Abb. 1). In diesem Bereich von einer Entdeckung zu sprechen, wäre deshalb verfehlt.

Für die regionalhistorische Forschung hingegen lässt sich tatsächlich behaupten, dass durch das Verständnis der Regionalgeschichte auch als Kulturgeschichte einer Region die Theaterzettel als Quelle in den Blick sowohl der Forschung als auch der Archive und Bibliotheken geraten sind. Als Vorreiterin auf diesem Feld ist Gertrude Cepl-Kaufmann, Germanistin an der Universität Düsseldorf, zu nennen. Sie leitete von 2005 bis 2008 das von der Deutschen For-

---

5 Etwa zu London, insbesondere Covent Garden, Drury Lane und Haymarket (1703–1899) siehe die Homepage des Harry Ransom Centers der University of Texas at Austin (http://norman.hrc.utexas.edu/playbills/), zu Moskau siehe Lapina 2012.
6 Siehe Pernerstorfer 2012 und 2015a, wo Bestände und Projekte aus Deutschland, Österreich, Russland, Serbien und der Tschechischen Republik präsentiert werden.
7 Cepl-Kaufmann 2012.

schungsgemeinschaft (DFG) finanzierte Projekt „Theaterzettel als Textsorte, Indikatoren kultureller Selbstpositionierung und Parameter kulturwissenschaftlicher Forschung", förderte durch eine Tagung zum Thema „Vom Einblatt zum Programmheft – Theaterzettel" am 26. und 27. April 2007[8] den fachlichen Austausch und setzte auch danach mit Vorträgen und Aufsätzen wichtige Impulse.[9] Wohl nicht zufällig wurde eines der bedeutendsten Projekte – auf das noch einzugehen ist – in Düsseldorf erfolgreich betrieben.

Abb. 3: Plakat*Theaterzettel und Künstlerporträts* Quelle: http://www.eckstein-hagestedt.de/theaterzettel-und-kuenstlerportraits/

---

8 Siehe Tagungsbericht 2007.
9 Cepl-Kaufmann 2010, 2011, 2012.

Auch theaterwissenschaftliche Interpretationen zum Thema wurden in den vergangenen Jahren vorgelegt, doch möchte der Autor kein Hehl daraus machen, dass er wenig Erkenntnisgewinn in Deutungen sieht, die das Ephemere der Theateraufführung mit einer „Flüchtigkeit" des Mediums Theaterzettel in Verbindung bringen[10] oder eine Parallelführung des Aufbaus eines Theaterzettels mit einer Aufführung[11] versuchen. Bislang ist eine umfassende theaterwissenschaftliche Studie zum Theaterzettel ein Forschungsdesiderat.

Erschließungssituation

Die Frage der Erschließung von Theaterzetteln ist je nach Alter der gesuchten Zettel anders zu beantworten, denn die Erschließungssituation unterscheidet sich, betrachtet man die Theaterzettelsammlungen unter einem chronologischen Gesichtspunkt, deutlich.

17. Jahrhundert: Es sind verhältnismäßig wenige Theaterzettel aus dieser Zeit erhalten. Es sollte möglich sein, diese vollständig zu digitalisieren und über ein Internet-Portal der Forschung zur Verfügung zu stellen. Doch sei betont, dass ein Online-Stellen ohne wissenschaftliche Kommentierung keineswegs genügt, denn diese Zettel bedürfen zur Datierung, Lokalisierung und Kontextualisierung einer Interpretation von kundiger Hand.[12]

18. Jahrhundert: Große Theaterzettel-Bestände in deutschen Bibliotheken sind in der *Bibliographia dramatica et dramaticorum* von Reinhart Meyer dokumentiert.[13] Vor allem bei Zetteln von Wandertruppen, deren Repertoire vielfach nur durch dieses Medium überliefert ist, sind teilweise auch Informationen zu Stück und Personal, Eintrittspreisen, Textbüchern etc. aufgenommen. Derzeit arbeitet Meyer an einem Folgeprojekt, das die Vorgängerbibliographie gerade mit Blick auf Theaterzettel deutlich übertrifft: Die *Documenta dramatica. Sprech-, Musik- und Tanztheater Mitteleuropas im 18. Jahrhundert* wird ca. 3.000 Theaterzettel im Transkript enthalten, wodurch für den Berichtszeitraum eine einzigartige Materialsammlung entsteht.

An dieser Stelle möchte ich meinen Appell an die Verantwortlichen des *Verzeichnisses der im deutschen Sprachraum erschienenen Drucke des 18. Jahrhun-*

---

10 So Lehner 2012.
11 So Cepl-Kaufmann 2012, S. 58.
12 Besonders Bärbel Rudin hat Maßgebliches geleistet; von ihren zahlreichen Publikationen herausgegriffen seien Rudin 1975, 2006, 2015 und Kurz – Rudin 1988.
13 Meyer 1986–2012.

derts (VD-18) erneuern, sich für die nächste Projektphase dazu entschließen, auch Theaterzettel in das Programm zu nehmen.[14]

19. Jahrhundert: Ab dem Ende des 18. Jahrhunderts kommt es aufgrund der großen Zahl von vielfach neu gegründeten Bühnen, deren Theaterzettel vor Ort gesammelt wurden, zu einem explosionsartigen Anstieg der auch heute noch erhaltenen Objekte. Angesichts der Millionenzahl von Zetteln sind allein von der Wissenschaft getragene Projekte nicht möglich, da dergleichen Langzeitprojekte in Anbetracht der aktuellen Lage der Forschungsförderung kaum mit Finanzierungszusagen rechnen dürfen.[15]

Hier ist auf Hilfe von Archiven, Bibliotheken und Museen zu hoffen, die im Rahmen der Bestandserschließung einschlägige Projekte durchführen. Doch muss vonseiten der Wissenschaft der Dialog mit den Eigentümerinstitutionen gesucht werden, damit die Ergebnisse von Digitalisierungsprojekten am Ende auch so aufbereitet und präsentiert werden, wie es für die Forschung sinnvoll und notwendig ist.

Zur Auffindung von Theaterzetteln

Während es mit der traditionellen Erschließung für das 17. und 18. Jahrhundert gar nicht so schlecht aussieht, fehlt eine fundierte Quellendokumentation zur Theatergeschichte Mitteleuropas im 19. und 20. Jahrhundert, die darüber informieren würde, in welcher Institution Zettel von welchem Theater aus welcher Stadt liegen.[16] Ein solcher „Theaterzettel-Atlas"[17], der sowohl die Bestände der jeweiligen Institution dokumentieren als auch eine Suche nach Theaterzetteln eines bestimmten Theaters ermöglichen müsste, stellt aus mehrerlei Hinsicht ein lohnenswertes Ziel dar.

Erstens wäre durch einen solchen die Voraussetzung für die virtuelle Vervollständigung von Sammlungen gegeben. Zweitens könnte im Vorfeld von Di-

---

14 Pernerstorfer – Gruber 2015, S. 18 und Pernerstorfer 2015b, S. 128. Zu den wissenschaftsgeschichtlichen Implikationen der Konzentration von Bibliographien auf vollständig gedruckte Dramen siehe Meyer 2012.

15 Selbst für Reinhart Meyers oben genanntes Projekt ist anzumerken, dass dieses nach langer Förderung durch die Stiftung Volkswagenwerk bzw. die Deutsche Forschungsgemeinschaft über Jahre vom Autor selbst getragen werden musste. Die Produktion der *Documenta dramatica* wird nun organisiert und finanziert durch Matthias J. Pernerstorfer.

16 Universale Theateralmanache und lokale Theaterjournale, die für die Spielplanforschung ebenfalls von Bedeutung sind, erschließt Paul S. Ulrich in einem groß angelegten Projekt bibliographisch und inhaltlich (siehe dazu Pernerstorfer 2018).

17 Gefordert auch von Gertrude Cepl-Kaufmann (2012, S. 53).

gitalisierungsprojekten ein „Doubletten-Abgleich“ stattfinden, um zu gewährleisten, dass die am besten erhaltenen und/oder zuverlässigsten Theaterzettel[18]
für die Digitalisierung ausgewählt werden können. Drittens wäre anhand eines
Theaterzettel-Atlas die historische Migration von Theaterzetteln nachvollzieh-
bar. Perspektiven für die großen Bestände zeichnen sich derzeit erst ab (siehe
unter „Theaterzettel aus überregionaler Perspektive“).

Einen ersten Einstieg bietet immerhin das online abrufbare *Fabian Handbuch: Handbuch der historischen Buchbestände in Deutschland, Österreich und
Europa*.[19] Hier finden sich bei einer Volltextsuche 59 Institutionen, in deren Beschreibung Theaterzetteln erwähnt sind; größere Bestände sind auch knapp beschrieben.

Digitalisierungsprojekte

Wo in die Digitalisierung von Theaterzetteln investiert wird, geschieht das gegenwärtig hauptsächlich unter lokalem bzw. regionalem Gesichtspunkt. Es sind
nicht die nationalen Digitalisierungsinitiativen wie die Deutsche Digitale Bibliothek, die solche Vorhaben vorantreiben, sondern Stadt- und Landesbibliothe-
ken (die mancherorts mit Universitätsbibliotheken fusioniert sind[20]). Das bedeutet, die Projekte werden in erster Linie von Institutionen mit lokalem Schwerpunkt für jene Theaterzettelbestände durchgeführt, die für die lokale Theater-
und Kulturgeschichte bedeutsam sind. In den meisten Fällen decken solche digitalisierungswürdigen Sammlungen nur einen Teil des gesamten Bestandes einer Institution ab. Das wirft wiederum die Frage auf, was mit den anderen Objekten geschehen soll, die nur schwer unter einem griffigen Projektnamen zusammengefasst werden können, etwa weil es sich um eine inhomogene Menge
von Theaterzettel aus unterschiedlichen Orten oder Zeiten handelt. Doch bevor
diese Bestände in den Blick rücken können, soll es um konkrete Maßnahmen
gehen.

---

18 Siehe dazu Pernerstorfer 2018, S. 191.
19 Siehe http://fabian.sub.uni-goettingen.de/fabian; es handelt sich um die 2003 von Günter
Kükenshöner digitalisierte Fassung von Fabian 1991–2001.
20 Z. B. die Universitäts- und Landesbibliothek Düsseldorf oder die Thüringische Universitäts-
und Landesbibliothek Jena.

Würzburg – Detmold – Erfurt: Einzelinitiativen

Seit 1990 wurde die Nutzung von Datenbanken zur Erschließung von Theaterzettelbeständen vielerorts erprobt. Darin waren bereits Metadaten erarbeitet, die für spätere Digitalisierungsprojekte genutzt werden konnten.[21]

Die Universitätsbibliothek Würzburg[22] transferierte in den Jahren 2004 und 2005 eine solche in den frühen 1990ern erstellte Datenbank für die Theaterzettel des Stadttheaters Würzburg von 1804 bis 1902 in ein neues Format, damit diese im Rahmen des von der Bayerischen Landesbibliothek Online getragenen Portals *Franconia-Online* präsentiert werden kann.[23] Im Zuge dessen wurden von den gut 7000 Theaterzetteln schwarz-weiß Scans[24] angefertigt, die nun ebenfalls über das Portal einzusehen sind.

Die Lippische Landesbibliothek in Detmold[25] führte, finanziert von ihrer Gesellschaft der Freunde und Förderer, von 2004 bis 2006 ein Projekt zur Digitalisierung ihrer Theaterzettel durch. Von den gut 1500 Zetteln aus dem Bestand wurden 1048 aus der Zeit von 1777 bis 1953 (vor allem ab der Gründung des Detmolder Hoftheaters 1825) gescannt. Eine angemessene Erschließung im Verbund war zu dieser Zeit noch nicht möglich, doch konnten die Theaterzettel durch die Anpassung der Konventionen der Erfassung (nunmehr nach den „Regeln für die alphabetische Katalogisierung in wissenschaftlichen Bibliotheken", RAK-WB) als Einzelobjekte über den Online-Katalog der Bibliothek überregional recherchierbar gemacht und als Scan veröffentlicht werden.

---

21 Sofern eine Institution, die ihre Bestände in einer Datenbank erschlossen hat, diese aktuell nicht zu digitalisieren beabsichtigt, wäre es sinnvoll, zumindest diese Daten in – noch zu schaffende – übergeordnete Nachweisorgane einzugliedern. Zu nennen wären hier etwa die Theaterzettel im Haus der Stadtgeschichte – Stadtarchiv Ulm (siehe dazu Grotz 2015 und Findbuch des Bestandes G 3: Sammlung von Theaterzetteln 1670–1899, hg. vom Stadtarchiv Ulm unter https://stadtarchiv.ulm.de/-/media/archiv/downloads/findbuecher/gesamtverzeichnis/gesamtverzeichnis.pdf) oder die von Paul S. Ulrich erfassten Objekte der Staatsbibliothek Preußischer Kulturbesitz in Berlin 2 (siehe dazu Ulrich 2012b) und der Theatersammlung Meiningen. Gerade für das Projekt von Ulrich, der auch Personendaten in die GND einpflegt, wäre der Datentransfer völlig unproblematisch.
22 Siehe Pleticha-Geuder 2015.
23 http://theaterzettel.franconica.uni-wuerzburg.de/
24 Eine schwarz-weiß Digitalisierung ist nicht grundsätzlich ein Problem, auch wenn sie nicht den *DFG-Praxisregeln „Digitalisierung"* entspricht. Für all jene, die sich inhaltlich mit dem Theaterzettel beschäftigen, genügt sie.
25 Siehe Böcker – Hiller von Gaertringen 2006 und Eberhardt 2012.

Von den Theaterzetteln der Städtischen Bühnen Erfurt[26] (heute Theater Erfurt) wurden 2008, gesponsert von der Gesellschaft der Theater- und Musikfreunde Erfurt, schwarz-weiß Digitalisate angefertigt. Es handelt sich um 14 000 Objekte aus der Zeit von 1894 bis 1941. Seither befinden sich die Originale im Stadtarchiv Erfurt, wo auch die Scans eingesehen werden können. Seit 2009 sind dort auch Digitalisate von ca. 150 Erfurter Theaterzetteln des 19. Jahrhunderts aus dem Stadtarchiv Braunschweig zu konsultieren.

Durch diese Projekte ist mit Erschließung und Digitalisierung der größte Teil der Arbeit getan, die Voraussetzungen für eine Einbindung in Online-Kataloge und -Portale gegeben und im Würzburger Beispiel bereits realisiert. Im Fall von Erfurt wäre es gut, Metadaten und Scans auch online zugänglich zu machen und der Forschung auf diesem Weg zur Verfügung zu stellen.[27]

Weimar – Düsseldorf – Karlsruhe: Neue Standards

Theater und Musik in Weimar 1754–1969[28] lautet der aktuelle Name eines seit 2009 von der DFG unterstützten Projektes, in dessen Rahmen die Thüringische Universitäts- und Landesbibliothek Jena, das Thüringische Hauptstaatsarchiv Weimar, das Institut für Musikwissenschaft Weimar-Jena und die Herzogin Anna Amalia Bibliothek Weimar zusammenarbeiten. Es wurden 48.300 Theaterzettel und Programmhefte digitalisiert, inhaltlich erschlossen und über die Internet-Plattform URMEL zugänglich gemacht. Zudem ist die Einbindung der Daten in ein überregionales Nachweissystem gegeben (die Deutsche Digitale Bibliothek[29] und das zugehörige Archivportal-D[30]).

Bemerkenswert an dem bislang größten Projekt in Deutschland ist besonders auch die Einbeziehung von Aufführungsmaterialien (etwa historische Notenmaterialien) wie Rezensionen, was für die Wissenschaft einen beachtlichen Mehrwert darstellt.

---

26 Siehe Langer 2012.
27 Siehe dazu die „Empfehlungen" von Franziska Voß (2012, S. 121 f.).
28 http://www.theaterzettel-weimar.de/; das Projekt wurde in zwei Phasen realisiert, der ursprüngliche Name lautete „Musik und Theater von der Ära Hummel bis zum Ende des Hoftheaters (1819–1918)"; siehe dazu Schröter 2012. Die Projektseite aus dieser Zeit (2009–2012), vormals unter http://www.urmel-dl.de/Projekte/TheaterzettelWeimar.html, existiert nicht mehr.
29 https://www.deutsche-digitale-bibliothek.de/
30 https://www.archivportal-d.de/

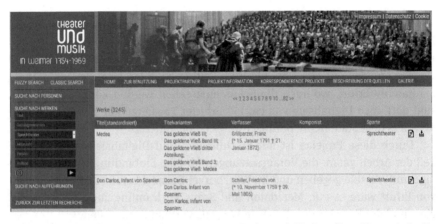

Abb. 4: Theater und Musik in Weimar 1754–1969: Suche nach Werken /*Don Giovanni*. Quelle: http://www.theaterzettel-weimar.de/.

Die Universitäts- und Landesbibliothek (ULB) Düsseldorf führte von Februar 2012 bis Juli 2013 ein von der DFG finanziertes Projekt zur Digitalisierung, Erschließung und Präsentation von gut 13 000 Theaterzetteln der Düsseldorfer Bühnen aus dem Zeitraum 1802 bis 1918 durch.[31] Die jüngeren ca. 80 000 Theaterzettel der ULB, vornehmlich aus der Zeit von 1918 bis 1933, werden – zumindest vorerst – nicht digitalisiert.

Das Projekt setzte in Sachen Erschließung einen neuen Standard:[32] „Das Katalogisierungsmodell betrachtet die Theaterzettel einer Institution als eine zeitschriftenartige Reihe, die entsprechend zunächst in der Zeitschriftendatenbank (ZDB) verzeichnet wurde. Dabei wurden die projektrelevanten Körperschaften in der Gemeinsamen Normdatei (GND) erfasst (Neuansetzung bzw. Korrektur der Normdaten). Bei den einzelnen Titeln handelt es sich um Einblatt-Drucke, die nach den Regeln für die alphabetische Katalogisierung von Nichtbuchmaterialien (RAK-NBM) als Sachtitelschrift katalogisiert wurden. Die ULB hat sich entschlossen, weit über die übliche bibliothekarische Erschließungspraxis hinauszugehen und alle beteiligten Personen aufzunehmen und soweit möglich mit der GND zu verknüpfen."[33] Dies schafft die Grundlage für eine spätere Zusammenführung der in diesem Projekt erarbeiteten Daten mit jenen aus anderen Unternehmungen; bereits jetzt sind die Daten auch über die Homepage des Fachinformationsdienst (FID) Darstellende Kunst[34] online verfügbar.

---

31 http://digital.ub.uni-duesseldorf.de/theaterzettel; siehe dazu Lemanski 2012a, 2012b, 2015.
32 So urteilt auch Voß 2012, S. 119.
33 Lemanski 2015, S. 70.
34 http://www.performing-arts.eu/.

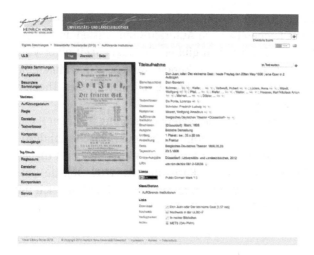

Abb. 5: Universitäts- und Landesbibliothek (ULB) Düsseldorf: Titelaufnahme Don Juan, oder: Der steinerne Gast. Quelle:http://digital.ub.uni-duesseldorf.de/theaterzettel/periodical/titleinfo/3138076

Die Arbeitsgemeinschaft der Regionalbibliotheken im deutschen Bibliotheksverband bemühte sich auf Initiative von Julia Hiller von Gaertringen, Direktorin der Badischen Landesbibliothek (die als Stellvertretende Direktorin auch das Detmolder Unternehmen angeregt hatte), und Irmgard Siebert, Direktorin der ULB Düsseldorf, bereits unmittelbar nach Bewilligung des Düsseldorfer DFG-Projektes, die Förderung einer systematischen Erschließung und Digitalisierung von Theaterzettelsammlungen der Regionalbibliotheken bei der DFG zu erreichen.[35] Leider waren diese Bemühungen nicht von Erfolg gekrönt.

Die Badische Landesbibliothek in Karlsruhe,[36] die als antragstellende Institutionen fungiert hatte, realisierte das Projekt aus eigenen Mitteln in einer deutlich abgespeckten Version. Mehr als 25 500 Theaterzettel (nebst Handzetteln zu etwaigen Spielplanänderungen) des Karlsruher Hoftheaters aus der Zeit von 1813 bis 1918 (aus dem Bestand des Staatstheaters Karlsruhe) wurden von 2015 bis 2016 erschlossen und digitalisiert. Man kann sich sortiert nach Jahren

---

35 Das führte u. a. zu einer Einladung an den Autor, der Arbeitsgemeinschaft einen Bericht über die Wiener Theaterzettel-Initiative bei der Herbsttagung 2011 zu geben, die am 7. und 8. 11. 2011 in der Staats- und Universitätsbibliothek Hamburg Carl von Ossietzky stattfand, sowie zu einem Vortrag von Ulrich Hagenah, SUB Hamburg, zur „Digitalisierung von Theaterzetteln" und einer dazu angestellten Umfrage in der AG Regionalbibliotheken am 101. Deutschen Bibliothekartag, 22. 5. 2012, ebenfalls in Hamburg.
36 Siehe https://digital.blb-karlsruhe.de/blbtheater, Syré 2017.

anzeigen lassen, zu welchen Tagen Objekte existieren, oder nach einem bestimmten Datum suchen. Die Recherche nach Autoren/Komponisten und Stücktiteln ist selbstverständlich, doch zusätzlich gibt es die Möglichkeit einer Volltextsuche, ermöglicht durch Texterkennung. Zudem werden „Umfeldmaterialien" wie handschriftliche Aufführungsverzeichnisse („Register") und Theaterjournale digital zur Verfügung gestellt.

Um die Theaterzettel des Karlsruher Hoftheaters vollständig in einem Portal der Öffentlichkeit zur Verfügung stellen zu können, hat die Badische Landesbibliothek Kooperationen geschlossen und wird in einem weiteren Schritt thematisch zugehörige Bestände des Stadtarchivs Karlsruhe (ca. 1700 Objekte) und der Badischen Landesbibliothek (ca. 8500) ergänzen sowie einen Abgleich mit den Theaterzetteln des Generallandesarchivs Karlsruhe (18 500) vornehmen.

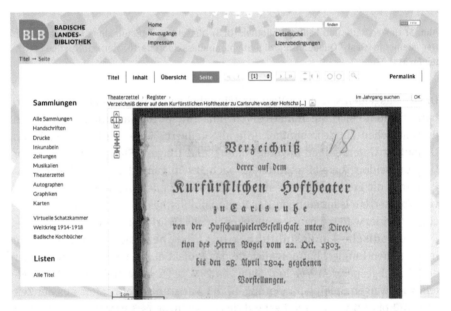

Abb. 6: Badische Landesbibliothek: Theaterzettel. Quelle:http://digital.blb-karlsruhe.de/blbtheater/periodical/zoom/3636254

Diese Projekte digitalisieren nach den *DFG-Praxisregeln „Digitalisierung"* und entsprechen damit den hohen Maßstäben in diesem Bereich. Dasselbe gilt für den Umgang mit Metadaten, die Ansetzung von Normdaten, um die Verknüpfung von Namen auf den Theaterzetteln mit Personendaten der Gemeinsamen Normdatei zu gewährleisten, was wiederum Voraussetzung für einen Austausch dieser standardisierten Daten über die Projektgrenzen hinweg ist.

Prag – Brünn:
Ein wissenschaftsbasiertes Digitalisierungsprojekt

Das Kabinett für die Erforschung des tschechischen Theaters des Institut umění – Divadelní ústav (Kunst- und Theaterinstitut) in Prag, das Národní muzeum (Nationalmuseum) in Prag und das Moravské zemské muzeum (Mährische Landesmuseum) in Brünn führen derzeit (2016–2020), gefördert vom Kultusministerium der Tschechischen Republik, ein höchst ambitioniertes Projekt durch, das aufgrund der Zusammenarbeit von einem Forschungsinstitut mit zwei Museen sowie der Tatsache, dass die Repertoireforschung ein integraler Bestandteil ist, zum Modell für künftige Unternehmen werden könnte und sollte.[37]

Der Umfang der Digitalisierung ist beachtlich, immerhin werden ca. 90 000 Theaterzettel des Nationalmuseums (Gesamtbestand ca. 300 000 Objekte) und ca. 8000 des Mährischen Landesmuseums (von ca. 10 000 Objekten) bearbeitet. Dabei handelt es sich gar nicht um ein Theaterzettelprojekt im engeren Sinne, denn zusätzlich werden weitere Quellen wie Theateralmanche und -journale sowie Zensurvermerke wissenschaftlich aufgearbeitet, was insbesondere für Zeiträume, für die keine Theaterzettel vorliegen, von Bedeutung ist.

Das Projekt umfasst die Digitalisierung von Theaterzetteln, deren Transkription, die Prüfung der Daten und die Nutzbarmachung derselben für die Repertoireforschung ebenso wie die Recherche nach weiteren Sammlungen von Theaterzetteln in der Tschechischen Republik,[38] da ein System entwickelt werden soll, das für sämtliche Bestände Verwendung finden kann. Die Grundlage für eine nachträgliche Erweiterung des Corpus ist gewährleistet, da die Metadaten internationalen Standards entsprechen.

Der Projektplan und die Ergebnisse, die in den ersten Monaten erzielt wurden, vermitteln den Eindruck, dass dieses Projekt einen Großteil dessen bereits erfüllt, was für Unternehmungen in Deutschland oder Österreich nur gefordert werden kann. Eine internationale Zusammenarbeit in diesem Bereich ist deshalb unbedingt zu empfehlen. Zumal ein „Theaterzettel-Atlas“ ohne die Berücksichtigung von Beständen in Tschechien oder in Polen ohnehin nur Fragment bleiben kann.[39]

---

37 Siehe dazu Ludvová 2016.
38 Ein Verzeichnis dieser Theaterzettelbestände – ein Theaterzettel-Atlas für Tschechien – wird im Rahmen einer Ausstellung zum Projekt voraussichtlich 2019 publiziert.
39 Zur Bedeutung dieser Gebiete für die Geschichte des deutschsprachigen Theaters ist bezeichnend, dass Paul S. Ulrich universale Theateralmanche bis 1918 ausgewertet hat, und damit zeigen konnte, dass die meisten Orte, in welchen Theateraufführungen nachgewiesen sind, zwar erwartungsgemäß in Deutschland liegen, danach aber Tschechien und Polen noch vor Österreich folgen (Ulrich 2018, Vorwort).

Empfehlungen

Aus diesem – nicht vollständigen – Überblick geht hervor, dass die bisherigen Digitalisierungsprojekte Bestände zwischen 1000 und 50 000 Theaterzettel betroffen haben, d. h. entweder kleine und mittlere Sammlungen oder nur Teilbestände der großen Sammlungen. Das gilt selbst für das in Prag und Brünn durchgeführte Projekt mit 90 000 Objekten.

Keine der großen Eigentümerinstitutionen in Deutschland hat für den Gesamtbestand ein Projekt nach den Düsseldorfer Maßstäben in Angriff genommen. Der Grund dafür ist klar: Es ist von vornherein ausgeschlossen, dass dieses kostenintensive Verfahren für Bestände der Größenordnung der Staatsbibliothek zu Berlin, des Deutschen Theatermuseums in München oder der Bayerischen Staatsbibliothek in München angewendet werden könnte, wo jeweils bis zu einer halben Million Zettel liegen und erschlossen werden sollen. Dasselbe gilt für die großen österreichischen Institutionen wie die Österreichische Nationalbibliothek, das Österreichische Theatermuseum und die Wienbibliothek im Rathaus, deren Maßnahmen nun in den Blick genommen werden sollen.

In den Jahren 2010 bis 2015 lief in Wien eine „Theaterzettel-Initiative", an der das Don Juan Archiv Wien, die Wienbibliothek im Rathaus, das Österreichische Theatermuseum sowie das Institut für Theater-, Film- und Medienwissenschaft der Universität Wien maßgeblich beteiligt waren und von Anfang an auch der Dialog mit dem IT-Bereich – vertreten durch Tamir Hassan von der Pattern Recognition Initiative and Image Processing Group der Technischen Universität Wien und dem Hersteller von Scangeräten und -software Treventus Mechatronics – gesucht wurde.[40] Es ging um den fachlichen Austausch der mit Theaterzetteln beschäftigten Kolleginnen und Kollegen untereinander, aber auch um die Schaffung eines Bewusstseins für die Bedeutung dieses Mediums aus bibliothekarischer wie wissenschaftlicher Sicht. Es fanden mehrere Forschungsgespräche,[41] eine „Theaterzettel-Exkursion"[42] und drei Tagungen statt,

---

[40] Siehe die Berichte dazu von Silvia Freudenthaler, Nora Gumpenberger und Jana-Katharina Mende in Pernerstorfer 2012, S. 305–324.

[41] 10. 2. 2011: Treventus Mechatronics, 19. 5. 2011: Institut für Theater-, Film- und Medienwissenschaft der Universität Wien, 3. 2. 2012: Wienbibliothek im Rathaus, 20. 4. 2012: Institut für Informatik der Technischen Universität Wien, 13. 11. 2013: Don Juan Archiv Wien, 28. 1. 2015: Theatermuseum, Plakatsammlung.

[42] 17. 3. 2011: Österreichische Nationalbibliothek, Musiksammlung; Theatermuseum, Bibliothek; Wienbibliothek im Rathaus.

bei welchen (auch) Theaterzettel im Mittelpunkt standen,[43] – die Vorträge sowie zahlreiche zusätzliche Beiträge sind publiziert in zwei Büchern zu *Theater – Zettel – Sammlungen* (Bände 1 und 2 der Reihe *Bibliographica* des Don Juan Archiv Wien).[44] Diese „Theaterzettel-Initiative" ist von Bedeutung, da sie zu einem animierenden Austausch und zu umfangreichen Maßnahmen in den einzelnen Institutionen geführt hat.

Erschließung von Konvoluten

Die Bibliothek des Österreichischen Theatermuseums (eine Abteilung des Kunsthistorischen Museums Wien[45]) besitzt ca. 500 000 zu Konvoluten gebundene Theaterzettel. In einem vom Theatermuseum beauftragten Projekt entwickelten Karin Demmer, Elisabeth Kreuzwieser, Claudia Mayerhofer, Lisa-Maria Moser und Michael Neumann im Rahmen des Universitätslehrgangs Library and Information Studies (MSc) 2010/11 das Projekt *THEO – Theaterzettel online*[46] zur Evaluierung einer möglichen Digitalisierung der Theaterzettel der Bibliothek des Theatermuseums.

Es wurden Best-Practice-Beispiele analysiert, Digitalisierungsworkflows mit unterschiedlichen Geräten getestet und eine möglichst genaue Bestandserfassung vorgenommen. Das umfasste auch ein detailliertes Lückenprotokoll, für das „einerseits die sogenannten Norma- und Schließtage zu berücksichtigen und andererseits undatierte Theaterzettel richtig zuzuordnen"[47] waren. Die Daten sind über die Projekt-Homepage online zugänglich.[48]

Das Programmarchiv des Österreichischen Theatermuseums besitzt ungefähr ebenso viele Theaterzettel und verwandte Formen (siehe oben S. 1–2) jedoch nicht gebunden, sondern in ihrer ursprünglichen Form als lose Blätter.[49] Davon stammen ca. 400 000 aus Wien, hinzuzuzählen sind Objekte „der anderen österreichischen (ca. 55 000) und der ausländischen Bühnen (ca. 30 000)"

---

43 29.-30. 6. 2011: Wienbibliothek im Rathaus, Musiksammlung; 31. 5. 2012 und 1.-3. 10. 2012 Don Juan Archiv Wien.
44 Pernerstorfer 2012 und 2015a.
45 Die Theaterzettel sind – wie der restliche Bestand vor 1990 – eine Dauerleihgabe der Österreichischen Nationalbibliothek.
46 Siehe dazu Mayerhofer 2012.
47 Mayerhofer 2012, S. 267; http://www.theaterzettel.at/forschung/norma-und-schliestage/
48 http://www.theaterzettel.at/datenbank/
49 Siehe Franke 2012.

sowie „ca. 8000 bis 10 000 Einzelobjekte zu Sonderthemen (Bälle, Eisrevue, Feuerwerk, Hetztheater, Schauspielergesellschaften, Zirkus etc.)."[50]

Datenbank zum Theaterzettelbestand der Bibliothek des Österreichischen Theatermuseums

Theater: Kärntnertortheater [k.k. (Hof)Theater nächst dem Kärntnerthore/k.k. Hofopterntheater/Operntheater] ∨

Institution: Alle Institutionen ∨   von 1795 ∨ bis 1904 ∨

24 Einträge gefunden

Jahr	Theater	Institution	Signatur	Format	vorhandene Monate	
1809	Kärntnertortheater	ÖTM/BIB	773042	D	1-12	Details
1810	Kärntnertortheater	ÖTM/BIB	773042	D	1-12	Details
1812	Kärntnertortheater	ÖTM/BIB	773042	D	1-12	Details
1813	Kärntnertortheater	ÖTM/BIB	773042	D	1-12	Details
1821, 1822	Kärntnertortheater	ÖTM/BIB	822371	D	12/1821 1-12/1822	Details
1823	Kärntnertortheater	ÖTM/BIB	822371	D	1-12	Details
1824	Kärntnertortheater	ÖTM/BIB	822371	D	1-12	Details
1825	Kärntnertortheater	ÖTM/BIB	822371	D	7	Details
1825	Kärntnertortheater	ÖTM/BIB	822371	D	1-6	Details
1826	Kärntnertortheater	ÖTM/BIB	822371	D	1-12	Details
1827	Kärntnertortheater	ÖTM/BIB	822371	D	1-12	Details
1828	Kärntnertortheater	ÖTM/BIB	822371	D	1-12	Details
1829	Kärntnertortheater	ÖTM/BIB	822371	D	1-12	Details
1830	Kärntnertortheater	ÖTM/BIB	822371	D	1-12	Details

Abb. 7: Datenbank zum Theaterzettelbestand des Österreichischen Theatermuseums: Suche Kärtnertortheater. Quelle:http://www.theaterzettel.at/datenbank/?theater=10&institution=alle&von=1795&bis=1904

Abgelegt sind diese Theaterzettel in Schachteln (die als einzelne Konvolute definiert werden können), digitalisiert sind ca. 1300 Blätter (meist Rara), die für Ausstellungen und dergleichen gebraucht wurden. Die Konvolute selbst sind in einer Excel-Tabelle erfasst, die jedoch für eine vollständige Publikation noch bearbeitet werden müsste, wofür leider die Ressourcen fehlen.

---

50 Franke 2012, S. 244.

In der Wienbibliothek im Rathaus löste die „Theaterzettel-Initiative" eine erfreuliche Eigendynamik aus, durch die es möglich wurde, sämtliche bis dahin nicht bearbeiteten Vor- und Nachlässe nach Theaterzetteln und Programmheften zu durchforsten, diese in die bestehende Theaterzettelsammlung, für die eigens ein Raum renoviert und zur Verfügung gestellt wurde, zu integrieren und einen großen Doubletten-Abgleich durchzuführen. Gleichzeitig wurden die Materialien nach Theatern (unter Verzeichnung der sich im Laufe der Zeit ändernden Namen und Adressen) chronologisch geordnet und sachgerecht gelagert.

Dies warf die Frage auf, wie ein Bestand von ca. 500 000 Theaterzetteln effizient erschlossen werden kann. Franz Josef Gangelmayer entwickelte ein Modell zur Katalogisierung der Theaterzettel nach Konvoluten.[51] Nach diesem Modell sind Konvolute zu je einer Spielstätte anzulegen und diese nur nach Zeitraum, Vollständigkeit und Zustand zu beschreiben. Das kann verhältnismäßig schnell und kostengünstig erfolgen und schafft die Voraussetzung zu einer Verknüpfung der Daten unterschiedlicher Institutionen in einem (gemeinsamen) Online-Katalog oder einer Recherche-Plattform – sofern die vorgegebenen Parameter eingehalten werden. Dadurch kann, wenn genügend Institutionen das Modell übernehmen – fast nebenbei – ein „Theaterzettel-Atlas" entstehen.

Für die Koordinierung von Digitalisierungsprojekten ist eine solche Übersicht ebenfalls von Vorteil, da sie deutlich macht, für welche Theater und welche Zeiträume Theaterzettel erhalten sind. Je nach Quellenwert,[52] Vollständigkeit und Erhaltungszustand kann die Entscheidung getroffen werden, welche Bestände für die Digitalisierung ausgewählt werden.

---

51 Siehe dazu Gangelmayer – Gornik – Miniberger, S. 287–313. Ein Verzeichnis nach Konvoluten bietet auch die Staatsbibliothek zu Berlin Preußischer Kulturbesitz: http://staatsbibliothek-berlin.de/die-staatsbibliothek/abteilungen/handschriften/einblattmaterialien/theaterzettel/a-z/

52 Sofern in einer Sammlung Theaterzettel liegen, die mehrere Tage vor der Aufführung gedruckt wurden, in einer andern Tageszettel, so sind selbstverständlich die aktuelleren (und damit weniger fehleranfälligen) tagesaktuellen Objekte zu digitalisieren; siehe dazu Freudenthaler 2012a. Vgl. auch Ulrich 2012a.

Abb. 8: Wienbibliothek im Rathaus. Hauptkatalog Druckwerke. Suche: Carltheater & Theater-zettel. Quelle: http://aleph21-prod-wbr.obvsg.at/F?func=file&file_name=start&CON_LNG=ger&local_base=wbr00

Hätte man ein Tool, das es bequem ermöglicht, anhand von einem Kalender an-zuklicken, ob es zu einem bestimmten Tag einen Theaterzettel gibt, könnte eine quantitative Erfassung (Zählung und Datierung) der Objekte in diesen Konvolu-ten selbst bei großen Beständen in verhältnismäßig kurzer Zeit erfolgen. Sinn-voll wäre freilich, die Schließtage von Anfang an zu berücksichtigen (siehe un-ten).

Maschinelle Verarbeitung von digitalisierten Theaterzetteln

Zur inhaltlichen Erschließung von großen Beständen steht derzeit nur die auto-matisiere Texterkennung mittels OCR (Optical Character Recognition) zur Verfü-gung,[53] wie sie die Bayerische Staatsbibliothek und die Österreichische Nationalbibliothek seit Jahren und nun auch die Badische Landesbibliothek in Karlsruhe einsetzen. Das Ergebnis einer Volltextsuche ist zwar hinsichtlich Tref-ferquote (Recall) und -genauigkeit (Precision) sowie Ausfallsquote (Fallout) nicht so gut, als man es sich wünschen würde, doch vor die Wahl gestellt, eine nicht ganz optimale oder gar keine Recherchefunktion zu haben, fällt die Ent-scheidung wieder leicht (wenngleich die Schwächen der OCR bei einer Bewer-tung der Suchergebnisse berücksichtigt werden müssen).

---

[53] Web 2.0-Applikationen (siehe dazu Mayerhofer 2012, S. 291–294) können durchaus hilfreich und bei einer aktiven Community lokal erfolgreich sein; für eine systematische Erschließung der verstreut liegenden Millionen von Theaterzettel sehe ich darin jedoch keine realistische Chance.

Und dennoch sollte man sich damit nicht zufrieden geben, da gerade bei Theaterzetteln aufgrund der ziemlich starken Standardisierung des Layouts und des klar definierten Inhalts die Voraussetzungen für eine Verbesserung der Ergebnisse einer automatisierten Texterkennung günstig sind. Tamir Hassan, ein Spezialist für Text- und Mustererkennung, hat gemeinsam mit dem Don Juan Archiv Wien und der Universität Innsbruck das vielversprechende Projekt THESIS (**T**heaterzettel-Erschließung mit **s**trukturierten **I**nhalten und **S**emantik) entwickelt.[54] An vier Punkten kann für eine Optimierung angesetzt werden:

– Aufnahmeverfahren:
Die Wahl des multispektralen Aufnahmeverfahrens bietet gegenüber Rot-Grün-Blau-Bildern, die in der Regel als Grundlage für die Texterkennung dienen, insbesondere für die Analyse historischer Dokumente Vorteile: „Erstens wird die Trennung von nachträglichen Angaben (z. B. in Handschrift) erleichtert. Zweitens lässt sich bei historischen Dokumenten in schlechter Qualität der Kontrast zwischen Vordergrund und Hintergrund erhöhen: die faserige Papierstruktur wird ausgeblendet, das Gedruckte bzw. Geschriebene verstärkt“[55].

– Zeichenerkennung:
Mithilfe eines typografischen Modells, durch das selbst Buchstabenreste genügen, um einen Buchstaben eindeutig identifizieren zu können, lässt besonders für die stark standardisierte, doch bei der OCR-Entwicklung stiefmütterlich behandelte Frakturschrift eine Verbesserung der Erkennungsqualität erwarten.

– Integrierte Nachbesserung:
Bei der Texterkennung sollen Redundanzen genutzt und bereits erkannte Informationen, etwa aus anderen Theaterzetteln, „direkt in die Hypothesenauswahl integriert [werden], damit auch alternative Hypothesen in Betracht gezogen werden können. Die Auswahl der besten Hypothese hängt also

---

54 Hassan 2015, S. 315–335. Das Projekt wurde von den Gutachtern der Österreichischen Forschungsförderungsgesellschaft unter technischen Kriterien sehr gut bewertet, doch aufgrund einer nicht ausgereiften „Geschäftsidee“ abgelehnt. Im Antrag war als ein großer Block Neudigitalisierung und Transkription enthalten, um eine Grundlage für Testläufe der verbesserten OCR zu schaffen. Könnte man hier auf bereits vorliegende Daten zurückgreifen, ließe sich der Kostenaufwand deutlich reduzieren.
55 Ebenda S. 326.

nicht nur vom Wörterbuch ab,[56] sondern auch von bereits erkannten Informationen in der Datenbank"[57].

– Strukturanalyse:
Um dieses Verfahren noch effizienter zu gestalten, können die im Aufbau verhältnismäßig einheitlichen Theaterzettel nach logischen und gegebenenfalls semantischen Strukturen untersucht werden, damit die einzelnen Blöcke (Kopf, Titel, Personenverzeichnis...) getrennt und gesondert anhand von Daten zu Aufführungen, Stücken oder Personen nachgebessert werden können.

Sofern sich eine der großen Institutionen dafür entscheidet, ihren Bestand an Theaterzetteln durch Volltexterkennung zu erschließen, könnten bei Durchführung dieses Projektes mit verhältnismäßig geringem finanziellem Aufwand gute Erschließungsergebnisse erzielt werden.

Präsentationen für die Repertoireforschung

Je nach Typ der Institution, die ein Projekt durchführt, ist selbiges in der Regel strukturiert. Das Theatermuseum in Düsseldorf etwa ordnet seine Theaterzettel jeweils einer Inszenierung zu, da es zu einer Inszenierung häufig noch weitere Quellen besitzt.[58] Werden Digitalisierungsprojekte von Bibliotheken durchgeführt, geht es verständlicherweise darum, durch digitale Bibliotheken bestimmte Sammlungen aus dem Bestand abzubilden. Dieser unterschiedliche Zugang hat massive Konsequenzen, denn erhält der Theaterzettel – quellenkritisch betrachtet – im Theatermuseum den Platz, der ihm zusteht, so werden die Inhalte der Theaterzettel in den meisten Präsentationen verabsolutiert. Was ist damit gemeint?

Digitale Bibliotheken zu (weitgehend) vollständigen Sammlungen täuschen teilweise ungewollt vor, der tägliche Spielplan ließe sich anhand einer chronologischen Lektüre rekonstruieren. Das lässt sich mit Blick auf digitale Bibliotheken der Badischen Landesbibliothek in Karlsruhe und der Österreichischen Nationalbibliothek in Wien veranschaulichen:

---

56 Die Qualität des Wörterbuchs lässt sich durch die Einspielung von bereits vorliegenden Spielplan- und Ensemble-Daten deutlich verbessern. Aufgrund des relativ homogenen Repertoires im 19. Jahrhundert ist es nicht einmal unbedingt notwendig, die Spielplandaten des jeweiligen Theaters zu verwenden. Für die Verbesserung der Daten zum Personal kann „Der Ulrich" zum Einsatz kommen (Ulrich 1997).
57 Hassan 2015, S. 331.
58 Siehe Schild 2012, S. 93–99; zu Datenmodellen zur Dokumentation von Performances siehe Sant 2017 (passim) und Martínez – de la Fuente 2017.

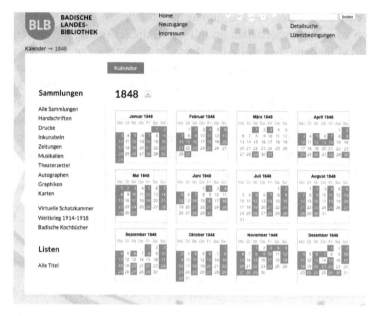

Abb. 9: Badische Landesbibliothek: Kalender.
Quelle:http://digital.blb-karlsruhe.de/blbtheater/date/calendar/?d=1848

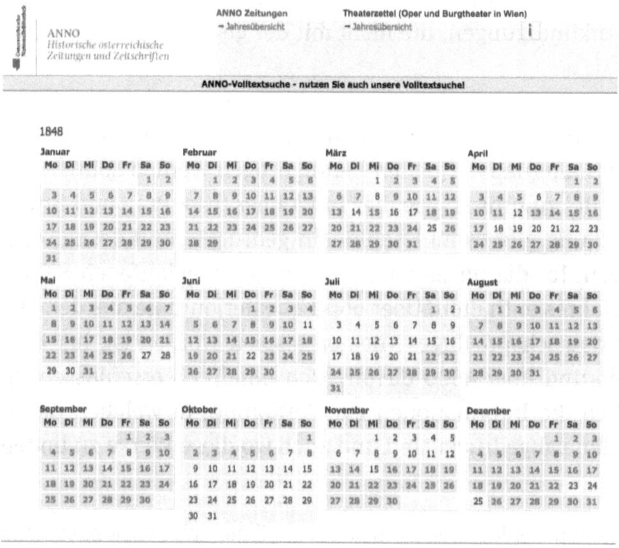

Abb. 10: Österreichische Nationalbibliothek: ANNO.
Quelle:http://anno.onb.ac.at/cgi-content/anno?aid=wtz&datum=1848&zoom=33

Im Beispiel der ÖNB vermittelt die fast durchgängige Existenz von Theaterzetteln (abgesehen von den Schließzeiten im Juli und Oktober/Anfang November) den Eindruck, das tägliche Repertoire der digitalen Bibliothek entnehmen zu können. Leicht zu übersehen ist dabei, dass es in der Praxis vielfach zu Änderungen des Spielplans kam, und die vor der tatsächlichen Aufführung gedruckten Theaterzettel durchaus auch falsche Informationen enthalten können:[59] Solche Fälle lassen sich eventuell durch alternative Quellen ausfindig machen und sind oftmals in lokalen Theatergeschichten ohnehin entsprechend berücksichtigt. In den digitalen Bibliotheken wird dieser Sachverhalt in der Regel nicht deutlich gemacht, d. h. die Benutzerinnen und Benutzer werden zwar mit einer ungeheuren Fülle von Material versorgt, die quellenkritische Unterweisung unterbleibt jedoch. Somit erhöhen die digitalen Bibliotheken nicht nur das der Wissenschaft zur Verfügung stehende Material, sondern auch die Fehlerquellen.

Unabhängig davon erachte ich eine Recherchemöglichkeit nach Tagen, wie in den beiden Beispielen gegeben, grundsätzlich für sehr positiv, da, wie das Karlsruher Beispiel auf den ersten Blick eindrucksvoll zeigt, sehr schön ein Muster für die Schließtage erkennbar werden kann. Doch müsste eine solche Präsentation etwas komplexer gestaltet sein, um auch den Ansprüchen der theaterhistorischen Forschung zu genügen. Es sollte gekennzeichnet werden:

– Staatlich verordnete Schließtage (die sich im Laufe der Zeit ändern);
– Sonstige Schließtage (etwa bei Überschwemmungen[60] etc.);
– Tage, an welchen gespielt wurde, zu welchen jedoch kein Zettel existiert;
– Theaterzettel mit Ankündigungen, die nicht mit der gegebenen Aufführung übereinstimmen.

Zum Aspekt der Quellenkritik ist in Rücksicht auf die Repertoireforschung ferner anzumerken, dass alternative Quellen herangezogen werden sollten, um die Daten der Theaterzettel zu prüfen (wie dies in Weimer resp. Prag und Brünn ohnehin getan wird). Häufig gibt es im Nachhinein gedruckte und deshalb zuverlässige Theaterjournale, die oft einen Spielplan der abgelaufenen Saison oder des vergangenen Jahres enthalten. Über 6600 Theaterjournale aus dem gesamten Raum, in dem deutschsprachiges Theater gespielt worden ist, hat Paul S. Ulrich nachgewiesen und über 4500 davon auch inhaltlich erschlossen. In seiner Datenbank stehen die Informationen zur Verfügung, in welchen dieser Theaterjournale Spielpläne abgedruckt sind und auch wo diese Werke zu finden

---

59 Darüber soll nicht vergessen werden, dass auch solche geplanten und nicht realisierten Aufführungen für die Forschung von Interesse sein können.
60 Zu den durch Hochwasser herbeigeführten Schließtagen des im Überflutungsgebiet der Donau gelegenen Carltheaters in Wien siehe Kirchschlager 2002, S. 102.

sind.[61] Wenn alles gut geht, wird diese Datenbank in absehbarer Zeit über den Fachinformationsdienst Darstellende Kunst an der Universitätsbibliothek Johann Christian Senckenberg in Frankfurt am Main[62] online zur Verfügung stehen.

Diese Theaterjournale nicht nur im Rahmen der Theaterzettelprojekte zu digitalisieren, sondern auch zum inhaltlichen Abgleich heranzuziehen, sollte sich als Selbstverständlichkeit durchsetzen – für bereits realisierte Projekte kann dieser Arbeitsschritt ohne größere Probleme nachgeholt werden.

Zudem wäre es günstig, fundiert gearbeitete Forschungsliteratur heranzuziehen und auch die entsprechenden Belegstellen in die Metadaten aufzunehmen.[63] Eine Zusammenarbeit zwischen Archiven, Bibliotheken und Museen auf der einen und der Forschung auf der anderen Seite ist unumgänglich, soll das kulturelle Erbe verantwortungsvoll und nachhaltig aufbereitet werden.

Theaterzettel aus überregionaler Perspektive

Mittlerweile sind also zahlreiche Theaterzettelsammlungen durch ansprechende Online-Präsentationen für die Forschung erschlossen. Eine Strategie, wie mit den Theaterzetteln insgesamt – man muss mit mehreren Millionen Objekten rechnen – umgegangen werden soll, gibt es jedoch nicht.

Das Zentrale Verzeichnis Digitalisierter Drucke (zvdd)[64] wäre als bibliothekarische Plattform zum Nachweis von Theaterzettel-Digitalisaten prädestiniert, doch finden sind hier nur ganz wenige Theaterzettel aufgenommen. Es grenzt an Ironie, dass bei einer „Suche in allen freien Feldern" als erster Theaterzettel ein Objekt aufscheint („Schillers Meisterstück ‚Die Kraniche des Ibykus', Schwank in 1 Akt."), von dem Marion Linhardt zeigen konnte, dass es sich offenbar um einen „Fake-Zettel" aus dem frühen 20. Jahrhundert handelt.[65] Wichtig wäre, „Theaterzettel" als Dokumenttyp anzulegen und die Digitalisate der abgeschlossenen Projekte systematisch einfließen zu lassen.

---

61 Für Wien hat Paul S. Ulrich seine Daten bereits publiziert (Ulrich 2017).
62 http://www.performing-arts.eu/
63 Zum Aspekt der Quellenkritik zu den von der Österreichischen Nationalbibliothek unter http://www.anno.onb.ac.at abgebildeten Theaterzetteln siehe Freudenthaler 2012; gut wäre auf jeden Fall, die neueste Forschung zum Repertoire der „Wiener Hofoper" von Michael Jahn (2002, 2004, 2007) heranzuziehen.
64 http://www.zvdd.de
65 Marion Linhardt in Voß 2012, S. 116, Anm. *.

Doch muss ohnehin einschränkend darauf hingewiesen werden, dass ein groß angelegtes Einpflegen von Theaterzetteln in das Zentrale Verzeichnis Digitalisierter Drucke nicht das letzte Ziel sein kann, da hier die notwendigen Such- und Filtermöglichkeiten nicht gegeben sind, die für ein effizientes Arbeiten mit dieser ungeheuren Materialfülle notwendig wäre. Dasselbe gilt im Übrigen für die digitale Bibliothek der Europäischen Union Europeana.[66] Beide Plattformen sind keine einschlägigen Portale für ein theaterhistorisch interessiertes Publikum mit hohen Ansprüchen.

Der von der Deutschen Forschungsgemeinschaft seit 2015 finanzierte Fachinformationsdienst (FID) Darstellende Kunst,[67] beheimatet an der Universitätsbibliothek Johann Christian Senckenberg in Frankfurt am Main, kann die Anforderungen von wissenschaftlichen Nutzern erfüllen, denn er ist auf die digitale Zusammenführung von Archiv- und Sammlungsbeständen aus dem Theater- und Tanzbereich spezialisiert und überregional konzipiert.

Der FID übernimmt von bereits umgesetzten Projekten Metadaten in den unterschiedlichsten Formaten (EAD, METS/MODS, MARC21, PICA, LIDO etc.), bündelt sie und bereitet sie für die Suche mit Ranking und Facettierung nach dem Datenmodell der Europeana Data Model (EDM)[68] auf. Diese Daten können – dem Prinzip des Linked Open Data folgend – frei nachgenutzt werden. Die Bilddateien und Volltexte der kooperierenden Institutionen verbleiben bei diesen und werden on-the-fly abgerufen.

Die Theaterzettel der Universitäts- und Landesbibliothek Düsseldorf sind bereits über die Homepage des FID abrufbar; für die nun beantragte zweite Projektperiode sollen Theaterzettel noch stärker in den Mittelpunkt rücken: Es bleibt zu hoffen, dass dieses Projekt auch künftig durch die Deutschen Forschungsgemeinschaft unterstützt wird.

---

66 http://www.europeana.eu/portal/de

67 http://www.performing-arts.eu/; siehe dazu Beck – Dörrer – Knepper – Voß 2016 und Beck – Büchner – Bartholmei – Knepper 2017.

68 http://pro.europeana.eu/page/edm-documentation

Abb. 11: Theaterzettel der ULB Düsseldorf im Portal des FID.

Der Fachinformationsdienst Darstellende Kunst hat jedenfalls großes Potenzial. Können die Pläne für die nächste Projektphase realisiert werden, sollte es (auf Grundlage der Vereinheitlichung sämtlicher übernommener Daten) möglich sein, die Rezeption von Stücken quer durch alle integrierten Sammlungen zu verfolgen. Dasselbe betrifft – eine entsprechend tiefe Erschließung vorausgesetzt – auch die beteiligten Personen. Damit wäre ein höchst interessantes Forschungsinstrument gegeben. Gleichzeitig darf nicht übersehen werden, dass www.performing-arts.eu kein explizites Portal für Theaterzettel resp. für die Spielplanforschung ist und der Fachinformationsdienst Darstellende Kunst auch nicht als Initiator von Projekten auftreten oder aktiv als Aggregator auf die Institutionen zugehen kann.

Resümee

Theaterzettel sind in den vergangenen 15 Jahren in den Fokus der Forschung geraten. Von einer „Entdeckung des Theaterzettels" zu sprechen, ist gerade mit Blick auf die regional orientierte Kulturgeschichte berechtigt, zumal in erster Linie Sammlungen zu bedeutenden Theatern – klarerweise wird man dem Weimarer Hoftheater eine überregionale Ausstrahlung nicht abstreitig machen – bislang mit Digitalisierungsprojekten bedacht worden sind.

Die zahlreichen Projekte auf diesem Sektor brachten unterschiedlichste Antworten auf die Fragen der Erschließung, Digitalisierung und Präsentation von Theaterzettelsammlungen; mittlerweile etablierte sich zumindest für die von der Deutschen Forschungsgemeinschaft geförderten Projekte ein Standard, der für Qualität in der Digitalisierung sorgt und eine Nachnutzung der Metadaten ermöglicht. Was die Präsentation betrifft, so besteht unter dem Aspekt der Quellenkritik noch Verbesserungsbedarf.

Instrumente zur Unterstützung der Wissenschaft im Umgang mit dieser Fülle von neu verfügbarem Material werden derzeit entwickelt. Notwendig ist die Recherchierbarkeit über eine Plattform (um nicht mehr in zahlreichen, stets anders aufgebauten Online-Katalogen suchen zu müssen), die es auch ermöglichen sollte, die Rezeption einzelner Stücke nachzuvollziehen. Der Fachinformationsdienst (FID) Darstellende Kunst könnte dafür die geeignete Anlaufstelle sein.

Darüber hinaus fehlt – und das wird mittelfristig wohl auch so bleiben –, eine Institution, die offensiv auf die Institutionen mit Theaterzettel-Beständen zugeht und als Aggregator von Metadaten aus bereits realisierten Projekten auftritt, die überdies Impulse für künftige Erschließungs- und Digitalisierungsmaßnahmen gibt und diese unterstützend begleitet (dadurch sollte die Aufarbeitung des jeweils gesamten Bestandes gefördert werden und nicht nur von besonderen Bestandseinheiten, deren Digitalisierung gut vermarktbar ist).

Doch prinzipiell sind selbst dafür die Voraussetzungen geschaffen: Für eine effiziente Aufarbeitung von großen Beständen ist ein bibliothekarisches Modell für die Erschließung von Theaterzettel-Konvoluten eingeführt. Sofern diese Daten mit einer Erschließung durch eine an Theaterzettel angepasste und entsprechend trainierte Texterkennung kombiniert wird, könnte ein gutes Ergebnis selbst im Bereich der Massendigitalisierung von Theaterzetteln erzielt werden.

Zudem sollte es, aufbauend auf den Erfahrungen der realisierten Projekte, möglich sein, für eine tiefe Erschließung zweierlei anzubieten: Eine praktikable Eingabemaske und eine Form der Datenspeicherung, die sowohl für den hausinternen Gebrauch der erschließenden Institution als auch für den nachfolgenden Datenaustausch die Voraussetzungen schafft.

Kurz gesagt: Insgesamt sind die vielfältigen Entwicklungen sehr positiv, doch kommt es nun darauf an, zusätzlich zu den notwendigen Einzelprojekten auch eine übergeordnete Initiative zu starten und ein Online-Portal für die Theaterzettel- und die Repertoireforschung zu schaffen.

Bibliographie

Beck, Julia, Axel Dörrer, Marko Knepper und Franziska Voß: „Neue Wege der Informationsaggregation und -vernetzung – ein Blick hinter die Kulissen des Fachinformationsdienstes Darstellende Kunst", in: ABI Technik 36 Heft 4 (2016), S. 218–226.

Beck, Julia, Michael Büchner, Stephan Bartholmei und Marko Knepper: „Performing Entity Facts. The Specialised Information Service Performing Arts", in: Datenbank Spektrum (2017) 17, S. 47–52.

Böcker, Martin und Julia Hiller von Gaertringen: „,Mit höchster Genehmigung ...' ins Internet gestellt", in: Heimatland Lippe 99/11 (2006), S. 298–300,

Cepl-Kaufmann, Gertrude: „Zum kulturellen Stellenwert von Theaterzetteln", in: Flugblätter von der frühen Neuzeit bis zur Gegenwart als kulturhistorische Quellen und bibliothekarische Sondermaterialien, hg. von Christiane Caemmerer, Jörg Jungmayr und Eef Overgaauw. Frankfurt a. M. u. a.: Peter Lang 2010, S. 127–157.

Cepl-Kaufmann, Gertrude: „Die Einblatt-Archivalie ,Theaterzettel' als Erinnerungsträger und Medium kulturwissenschaftlicher Forschung. Zum Bestand der Universitäts- und Landesbibliothek Düsseldorf", in: Bibliothek und Forschung. Die Bedeutung von Sammlungen für die Wissenschaft, hg. von Irmgard Siebert. Frankfurt a. M.: Klostermann 2011 (= Zeitschrift für Bibliothekswesen und Bibliographie, Sonderband 102), S. 45–73.

Cepl-Kaufmann, Gertrude: „Theaterzettel – über die Entdeckung einer minimalistischen Archivalie", in: Pernerstorfer 2012, S. 49–62.

Deutsche Forschungsgemeinschaft: Wissenschaftliche Literaturversorgungs- und Informationssysteme (LIS): DFG-Praxisregeln „Digitalisierung". Bonn: DFG 2009, http://www.dfg. de/formulare/12_151/12_151_de.pdf.

Eberhardt, Joachim: „Die Theaterzettelsammlung der Lippischen Landesbibliothek Detmold. Bestand, Erschließung, Digitalisierung, Präsentation", in: Pernerstorfer 2012, S. 143–156.

Eder, Ruth (Hg.): Theaterzettel. Dortmund: Harenberg 1980.

Eisinger, Ralf (Hg.): Braunschweiger Theaterzettel 1711–1911. Braunschweig: Literarische Vereinigung Braunschweig 1990 (= Bibliophile Schriften der Literarischen Vereinigung Braunschweig 37).

Fabian, Bernhard: Handbuch der historischen Buchbestände. Hildesheim: Georg Olms Verlag 1991–2001.

Freudenthaler, Silvia: „Zum Quellenwert der Theaterzettel von Burg- und Kärntnerthortheater. Ein Vergleich der Bestände der Österreichischen Nationalbibliothek und des Österreichischen Theatermuseums für die Jahre 1811 und 1856", in: Pernerstorfer 2012, S. 27–48.

Gangelmayer, Franz J.: „Die Theaterzettelsammlung der Wienbibliothek – Theaterzettel im Querschnitt der Zeit", in: Pernerstorfer 2012, S. 195–222.

Gangelmayer, Franz J., Erik Gornik und Clemens Miniberger: „Theatralia-Konvolute in Bibliotheken", in: Pernerstorfer 2015, S. 287–313.

Grotz, Matthias: „Theaterzettel und Programmheft im Haus der Stadtgeschichte – Stadtarchiv Ulm", in: Pernerstorfer 2015, S. 147–158.

Hagemann, Carl: Geschichte des Theaterzettels. Ein Beitrag zur Technik des deutschen Dramas. Diss., Universität Heidelberg 1901.

Hänsel, Johann-Richard: Die Geschichte des Theaterzettels und seine Wirkung in der Öffentlichkeit. Berlin, Freie Universität, Hochschulschrift 1959.

Hansen, Günther: „Graphische Theaterwerbung seit 1600. Umrisse, Praktiken und Begründungen", in: Kleine Schriften der Gesellschaft für Theatergeschichte 22 (1967), S. 3–17.

Hassan, Tamir: „Maschinelle Verarbeitung von digitalisierten Theaterzetteln", in: Pernerstorfer 2015, S. 315–335.

Jahn, Michael: Die Wiener Hofoper von 1848 bis 1870: Personal – Aufführungen – Spielplan. Tutzing: Schneider 2002.

Jahn, Michael: Die Wiener Hofoper von 1836 bis 1848: die Ära Balochino/Merelli. Wien: Der Apfel 2004.

Jahn, Michael: Die Wiener Hofoper von 1810 bis 1836: das Kärntnerthortheater als Hofoper. Wien: Der Apfel 2007.

Kirchschlager, Nora: Das Carltheater von 1860 bis 1872. Bd. 1. Die Direktionen Brauer, Lehmann, Treumann und Ascher. Universität Wien: Diplomarbeit 2002.

Korte, Hermann: „Theaterzettel. Eine (noch kaum) wiederentdeckte Quelle der Theatergeschichte", in: Korte – Jakob – Dewenter 2015, S. 93–126.

Korte, Hermann, Hans-Joachim Jakob und Bastian Dewenter (Hgg.): Medien der Theatergeschichte des 18. und 19. Jahrhunderts. Heidelberg: Universitätsverlag Winter 2015 (= Proszenium. Beiträge zur historischen Theaterpublikumsforschung 3).

Kurz (†), Hans-Joachim und Bärbel Rudin: „Pickelhering, rechte Frauenzimmer, berühmte Autoren. Zur Ankündigungspraxis der Wanderbühne im 17. Jahrhundert", in: Wanderbühne. Theaterkunst als fahrendes Gewerbe, red. von Bärbel Rudin. Berlin: Gesellschaft für Theatergeschichte 1988 (= Kleine Schriften der Gesellschaft für Theatergeschichte 34/35), S. 29–60.

Langer, Arne: „Erfurter Theaterzettel", in: Pernerstorfer 2012, S. 173–176.

Lapina, Ksenia: „The Collection of Playbills in the A. A. Bakhrushin State Central Theatre Museum and Our Plans, Concerning the Digitalization of Playbills", in: Pernerstorfer 2012, S. 177–180.

Lemanski, Thorsten und Rainer Weber: „Erschließung und Digitalisierung von 10.000 Düsseldorfer Theaterzetteln. Ein von der DFG gefördertes Projekt der Universitäts- und Landesbibliothek Düsseldorf", in: Bibliotheksdienst 46/2 (2012), S. 83–101.

Lemanski, Thorsten und Rainer Weber: „Zur Erschließung und Digitalisierung von 10.000 Theaterzetteln an der Universitäts- und Landesbibliothek Düsseldorf – Ein DFG-Projekt", in: Pernerstorfer 2012, S. 157–171.

Lemanski, Thorsten: „Über 13.000 Düsseldorfer Theaterzettel erschlossen und digitalisiert. Bericht über ein DFG-gefördertes Projekt an der Universitäts- und Landesbibliothek Düsseldorf", in: Pernerstorfer 2015, S. 69–75.

Ludvová, Jitka: „K dění ve Stavovském divadle v letech 1801–1806", in: Divadelní revue 27 (2016), Nr. 2, S. 93–109.

Martínez, Alberto Pendón und Gema Bueno de la Fuente: „Description Models for Documenting Performance“, in: Sant 2017, S. 29–45.

Meyer, Reinhart: Bibliographia dramatica et dramaticorum. Kommentierte Bibliographie der im ehemaligen deutschen Reichsgebiet gedruckten und gespielten Dramen des 18. Jahrhunderts nebst deren Übersetzungen und Bearbeitungen und ihrer Rezeption bis in die Gegenwart, 1. Abteilung: Werkausgaben, Sammlungen, Reihen, Bd. 1–3. Tübingen: Niemeyer 1986, 2. Abteilung: Einzelausgaben, Bd. 1–34. Tübingen: Niemeyer (bzw. seit 2010: Berlin, New York: De Gruyter) 1993–2012.

Meyer, Reinhart: „Wie hinderlich ‚Wissen‘ sein kann, oder: Über die Dialektik von Irrtum und fortschreitender Erkenntnis. Überlegungen zu den Arbeiten an der Bibliographia Dramatica et Dramaticorum“, in: Ders.: Schriften zur Theater- und Kulturgeschichte des 18. Jahrhunderts, hg. von Matthias J. Pernerstorfer, Wien: Hollitzer Wissenschaftsverlag 2012 (= Summa Summarum 1), S. 485–506.

Neuböck, Gregor (Hg.): Digitalisierung in Bibliotheken. Viel mehr als nur Bücher scannen! Berlin – New York: De Gruyter 2018.

Pernerstorfer, Matthias J. (Hg.): Theater – Zettel – Sammlungen. Erschließung, Digitalisierung, Forschung. Wien: Hollitzer Verlag 2012 (= Bibliographica 1).

Pernerstorfer, Matthias J. (Hg.): Theater – Zettel – Sammlungen 2. Bestände, Erschließung, Forschung. Vienna: Hollitzer 2015 (= Bibliographica 2).

Pernerstorfer, Matthias J.: „Zur Dokumentation, Erschließung und Digitalisierung von Theaterzetteln“, in: Korte – Jakob – Dewenter 2015, S. 127–133.

Pernerstorfer, Matthias J.: „‚Einem hochverehrten Publikum ans Herz gelegt...‘. Bibliographische & inhaltliche Erschließung, Digitalisierung und Präsentation von Theaterjournalen und -almanachen“, in: Neuböck 2018, S. 147–172.

Pernerstorfer, Matthias J. und Andrea Gruber: „Bibliographische Forschung als Grundlage für Digitalisierungsprojekte. Oder: ‚Theaterpublizistik 1750–1918 digital‘. Ein Projekt von Paul S. Ulrich und dem Don Juan Archiv Wien“, in: AKMB-news (2015) 1, S. 18–21.

Pies, Eike: Einem hocherfreuten Publikum wird heute präsentiret eine Kleine Chronik des Theaterzettels. Mit 29 Beispielen versetzt und vorgestellt von Eike Pies. Hamburg: Classen 1973 (Solingen: E. & U. Brockhaus 2000).

Pleticha-Geuder, Eva: „Die Theaterzettelsammlung in der Universitätsbibliothek Würzburg“, in: Pernerstorfer 2015, S. 159–177.

Rudin, Bärbel: „Ein Würzburger Theaterprogramm des Beneydeten Glücks von 1684. Zur Geschichte des italienischen Dramas auf der Wanderbühne“, in: Mainfränkisches Jahrbuch für Geschichte und Kunst 27 (1975), S. 98–105.

Rudin, Bärbel: „Von Alexanders Mord-Banquet bis zur Kindheit Mosis. Eine unbekannte Kollektion von Theaterzetteln der Wanderbühne“, in: Daphnis. Zeitschrift für Mittlere Deutsche Literatur und Kultur der Frühen Neuzeit 35 (2006), S. 192–261.

Rudin, Bärbel: „‚Ein herrlich und vortreffliches Stück‘. Zur Hermeneutik theatergewerblicher Öffentlichkeitsarbeit (1652–1700)“, in: Pernerstorfer 2015, S. 3–46.

Sant, Toni (Hg.): Documenting Performance. The Context and Processes of Digital Curation and Archiving. London, Oxford, New York, New Delhi, Sydney: Bloomsbury 2017.

Schenk, Dietmar: ‚Aufheben, was nicht vergessen werden darf‘. Archive vom alten Europa bis zur digitalen Welt. Stuttgart: Franz Steiner Verlag 2013.

Schild, Margret: „Vom Suchen und Finden von Theaterzetteln. Über die unterschiedliche Erschließungssituation von Archiv-, Bibliotheks- und Museumsgut“, in: Pernerstorfer 2012, S. 95–109.

Schröter, Axel: „Hoftheater in Weimar. Die Theaterzettel des Weimarer Hoftheaters", in: Pernerstorfer 2012, S. 181–194.

Schultz, Klaus (Hg.): Münchner Theaterzettel 1807–1982. Altes Residenztheater – National-theater – Prinzregenten-Theater – Odeon. Mit einem Vorwort von August Everding. München: Sauer 1982.

Stadtarchiv Ulm (Hg.): Findbuch des Bestandes G 3: Sammlung von Theaterzetteln 1670–1899 unter https://stadtarchiv.ulm.de/archivrecherche/bestaendeverzeichnis

Syré, Ludger: „Wer sang die Euryanthe? Ein Blick auf die digitalisierten Theaterzettel des Karls-ruher Hoftheaters", in: Badische Heimat 97 (2017) Heft 2, S. 238–258..

Tagungsbericht: Vom Einblatt zum Programmheft – Theaterzettel, 26.04.2007 – 27.04.2007 Düsseldorf, in: H-Soz-Kult, 21.05.2007, http://www.hsozkult.de/conferencereport/id/tagungsberichte-1570.

Ulrich, Paul S.: Biographisches Verzeichnis für Theater, Tanz und Musik. Fundstellennachweis aus deutschsprachigen Nachschlagewerken und Jahrbüchern [= Biographical Index for Theatre, Dance and Music Master Index of German-language Biographical Directories and Yearbooks]. 2 Bände. Berlin: Berlin-Verlag 1997

Ulrich, Paul S.: „Theaterzettel und Theateralmanache. Quellenkritische Anmerkungen", in: Pernerstorfer 2012, S. 3–26. (2012a)

Ulrich, Paul S.: „Das ‚Theaterzettelprojekt' der Staatsbibliothek zu Berlin", in: Pernerstorfer 2012, S. 135–142. (2012b)

Ulrich, Paul S.: Wiener Theater (1752–1918). Dokumentation zu Topographie und Repertoire anhand von universalen Theateralmanachen und lokalen Theaterjournalen. Mit einem Überblick zu Zeitungen mit Theaterreferaten und deren Referenten. Wien: Hollitzer 2018 (= Topographie und Repertoire des Theaters. Österreich: Wien).

Voß, Franziska: „Katalogisierung und Erfassung von Theaterzetteln in bibliothekarischen Nachweissystemen", in: Pernerstorfer 2012, S. 111–124.

Webseiten

http://pro.europeana.eu/page/edm-documentation
https://www.archivportal-d.de/
http://www.anno.onb.ac.at/
https://www.deutsche-digitale-bibliothek.de/
http://www.eckstein-hagestedt.de/theaterzettel-und-kuenstlerportraits/
http://www.europeana.eu/portal/de
http://norman.hrc.utexas.edu/playbills/
http://www.performing-arts.eu/
http://www.theaterzettel.at/
http://www.theaterzettel-weimar.de/home.html
http://www.zvdd.de/startseite/

Erich Renhart

„Pisana baština" [Schrifterbe] – Ein Projekt zur digitalen Erfassung glagolitischer und anderer Handschriften im Raum Zadar/ Kroatien

Der folgende Beitrag stellt ein Projekt der Handschriftendigitalisierung vor, das seit Oktober 2016 Jahres im Gange ist. Es sind dessen Anfänge darzustellen, die unmittelbaren Schritte, die zu seiner Verwirklichung geführt haben, ebenso wie die konkrete Ausführung und einige der damit verbundenen Fragen. Zuletzt wird die Bedeutung des Projektes dargestellt.

Das Projekt ist aus der langjährigen Zusammenarbeit zweier universitärer Einrichtungen entstanden, der Abteilung für Informationswissenschaften an der Universität Zadar[1] und des Forschungszentrums „Vestigia – Zentrum für die Erforschung des Buch- und Schrifterbes"[2] an der Karl-Franzens-Universität Graz. Die Kooperation beider Universitäten mündete im Jahre 2009 in einen Partnerschaftsvertrag, der so etwas wie einen formalen Rahmen der Zusammenarbeit darstellt.[3]

In den folgenden Jahren wurde danach getrachtet, diesen Rahmenvertrag mit Leben zu erfüllen. Das wurde in die Hände der beiden Proponenten Marijana Tomić (Zadar) und Erich Renhart (Graz) gelegt. Es wurden zahlreiche gemeinsame Aktivitäten durchgeführt: Gemeinsam veranstaltete Summerschools, Gastaufenthalte von Studierenden und Lehrenden, wechselseitige Lehrauftritte, gemeinsame Teilnahme an Symposien und gemeinschaftliche Publikationen.[4] Nach der in Graz im Rahmen des Utrecht-Netzwerkes abgehaltenen Summerschool „Hidden Libraries"[5] [Verborgene Bibliotheken] im Juni 2014 sind wir überein gekommen, ein gemeinsames Projekt auszuarbeiten, um die systematische Digitalisierung von historischen Handschriften an einem ausgewählten Ort in Kroatien in Gang zu setzen.

---

1 Odjel za informacijske znanosti, Sveučilište u Zadru [Abteilung für Informationswissenschaften, Universität Zadar]. Siehe http://iz.unizd.hr/Onama/Djelatniciisuradnici/tabid/7081/language/hr-HR/Default.aspx.
2 Siehe www.vestigia.at.
3 Der Vertrag wurde am 5. Juni 2009 auf Rektoratsebene unterzeichnet.
4 Vgl. dazu Renhart, Erich: Eine Spurenlese in alten Büchern und Bibliotheken. Bericht aus dem Forschungszentrum VESTIGIA 2005/06–2015. Graz: Vestigia 2015, 57–62.
5 https://hiddenlibraries.eu/.

https://doi.org/10.1515/9783110501094-012

Die konkreten Anfänge

Das umfangreiche Projekt wurde gegen Ende des Jahres 2015 mit allen nötigen Ramifikationen ausformuliert, wofür die Initiatorin und Projektleiterin Marijana Tomić verantwortlich zeichnet. Zwei Dutzend Personen hatten ihre Bereitschaft erklärt, an dem Projekt mitzumachen. Etliche Sammlungen aus der Region waren zudem bereit, ihre Türen für das Digitalisierungsanliegen zu öffnen, was nicht immer selbstverständlich ist.

Nun ging es an die Umsetzung. Als wichtiger Schritt der Konkretion kann gewertet werden, dass das Forschungszentrum „Vestigia" dem Projekt einen „Traveller TCCS 4232"[6] zunächst für zwei Jahre zur Verfügung stellte. Damit war dem Vorhaben ein Werkzeug in die Hand gegeben, das sich als höchst nützlich erweisen sollte. Im März 2016 wurde dieser an die Universität Zadar transferiert. Zugleich erfolgte der Ankauf einer Kamera durch die Fakultät, welcher die Projektleiterin angehört.[7]

Es kam eine Zeit des Erprobens. Nach der allgemeinen Einschulung noch in Graz durch Manfred Mayer[8] wurden in Zadar bald erste eigenständige Versuche des Digitalisierens unternommen. Noch lag dem aber keine wie immer geartete Systematik zugrunde. Das sollte sich nach der universitären Sommerpause ändern.

Das Projekt nimmt Schwung auf

Es mag als gezielte Koinzidenz betrachtet werden, dass der Verfasser dieses Berichtes für ein ganzes Studienjahr an die Universität Zadar eingeladen wurde. Damit sollte sich hinreichend die Möglichkeit bieten, die Digitalisierung ein wenig voranzubringen.

Zuerst wurde entschieden, in welcher Sammlung die Arbeiten wohl am besten zu beginnen wären. Die Wahl fiel auf das Erzbischöfliche Archiv, wo wir nicht nur freundliche und entgegenkommende Menschen trafen, sondern auch ideale Arbeitsbedingungen vorfanden, von geheizten Räumen, über die Stromanschlüsse bis hin zu entsprechenden Arbeitsflächen für die Handschriften. Don Paveo Kero, der Leiter dieser Archivabteilung, arbeitet hier selbst an den

---

6 Vgl. dazu u. a. https://vestigia.uni-graz.at/de/arbeitsbereiche-projekte/technologieentwicklung/der-traveller-tccs-4232/; Renhart, Spurenlese 62–63.

7 Eine Canon EOS 70D.

8 DI Manfred Mayer ist Leiter der Abteilung für Buchrestaurierung und zugleich der Entwickler unserer Digitalisiergeräte.

über 400 Handschriften. Über drei Jahrzehnte lang hat er die Matrikenbücher, Bruderschafts- und andere Bücher aus dem ganzen Erzbistum, einschließlich der vielen Inseln, hierher zusammengetragen und ausgewertet.[9] Sie alle sind in glagolitischer Schrift[10] geschrieben, nur vereinzelt sind Teile auch in lateinischer Schrift und Sprache oder auf Italienisch gehalten.

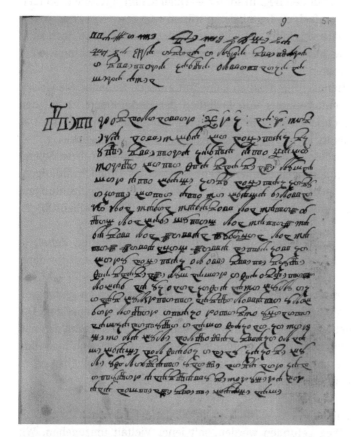

Abb. 1: Textprobe einer schmucken Glagolica des ausgehenden 17. Jahrhunderts (Sali 45.15, fol. 5r).

---

9 Don Paveo hat einen deskriptiven Katalog erarbeitet, der nun in zweiter Auflage vorliegt: Kero, Paveo: Popis glagolskih kodeksa zadarske nadbiskupije [Katalog der glagolitischen Kodizes des Erzbistums Zadar]. 2. erw. Aufl., Zadar 2015.

10 Die Glagolica (auch: „Glagoliza" – und weitere Schreibweisen) ist eine Schrift, die wohl um 863 vom Mönch Kyrill in Thessaloniki insbesondere zur Wiedergabe slawischer Idiome entwickelt wurde. Sie liegt in einer runden und in einer eckigen Variante vor. Letztere ist im dalmatinischen Küstenstrich bis hinauf nach Istrien vorzufinden. In den späteren Handschriften begegnen häufig kursive Formen.

Der Fundus wurde über die Jahre hinweg konservatorisch betreut und ist heute in einem sehr guten Zustand.

Innerhalb des Bestandes, der nach den Herkunftsorten der Handschriften organisiert ist, fiel unsere Auswahl auf die neun Codices aus Kali.[11] Es handelt sich um teils dünne, wenig umfangreiche Manuskripte: Matrikenbücher und Bruderschaftsbücher. Für den Beginn sollten es Objekte ohne größere Besonderheiten sein, die also einfach zu digitalisieren wären.

Die Sachlage sollte sich indes bald als, wenn nicht schwierig, so doch kompliziert erweisen. Das hängt mit den Eigentümlichkeiten der Sammlung wie der Objekte selbst zusammen:

- Die einzelnen Handschriften haben keine fortlaufende Nummer. Sie weisen auch keine Inventarnummer auf. Lediglich der Herkunftsort ist auf den Buchdeckel geschrieben oder in Form eines Schildchens aufgeklebt. Das macht die eindeutig identifizierende Benennung der Objekte schwierig.
- In den Handschriften selbst finden wir eine Vielfalt von Blatt- bzw. Seitenzählungen: Paginierungen, Foliierungen; Doppel- bis Dreifachzählungen; Inkonsistenzen jeder erdenklichen Art (Auslassungen, Doppelzählungen, Fehlzählungen, unterschiedliche Zählweisen in ein und demselben Objekt, ...).
- Einer großen Anzahl der hiesigen Handschriften sind Blätter, Zettel, ja ganze Lagen eingeheftet, eingeklebt, oft auch nur beigelegt. Das Gros derer ist nicht paginiert.
- Die Buchrestauratoren früherer Jahrzehnte haben ursprünglich umfangreichere Bücher in einzelne Faszikel zertrennt und diese extra gebunden. Dabei wurden auch viele (sic) leere Blätter eingebunden, offenbar um den neu entstandenen Büchern, deren leinenüberzogener Kartoneinband bisweilen erheblich stärker ausfällt als die paar wenigen Blätter, etwas mehr Korpus zu geben. Restaurierprotokolle dazu liegen nicht vor.

Alle diese Gegebenheiten waren für die Digitalisierung zu beachten und es musste rasch ein Weg gefunden werden, mit jener Vielfalt umzugehen. Wir mussten Konventionen festlegen.[12] Mit ihnen sollten a priori die folgenden Bereiche gefasst werden: ein Protokoll für jede Handschrift, den Arbeitsablauf, die Benennung aller Teile eines Buches, die Benennung der digitalen Dateien.

---

11 Kali ist ein Fischerstädtchen auf der Insel Ugljan gegenüber von Zadar und von dort aus in 20 Minuten per Schiff zu erreichen.

12 Diese „Konventionen" haben auch den Sinn, dass sie dokumentieren, nach welchen Kriterien die einzelnen Schritte ausgeführt wurden, wenn andere als die gerade handelnden Personen die Arbeiten fortführen.

Protokoll

Zu allererst kamen wir überein, dass es unerlässlich wäre, für jede Handschrift eine Art Protokoll in aller gebotenen Kürze zu erstellen, in welchem die Besonderheiten zur Paginierung, zu Adligaten usw. festzuhalten sind. Dieses Protokoll diene der folgenden Digitalisierung (wenn etwa 40 aufeinanderfolgende unpaginierte Leerseiten nicht digitalisiert werden) als „Drehbuch" und es solle jedenfalls zusammen mit den digitalen Aufnahmen abgelegt werden.

Workflow

Die Beschreibung des Arbeitsablaufs hält die einzelnen Schritte fest von den vorbereitenden Maßnahmen (u.a. das Einrichten der Technik, oder die Bereitlegung der Objekte und des räumlichen Arrangements) über die Erstellung der digitalen Signatur und des Protokolls, zur photographischen Aufnahme, der Benennung sowie Beschneidung der Bildfiles, zum Controlling, bis hin zum Speichern der Daten und der Bereitlegung für die Datenbank.

Die Teile des Buches

Ein wichtiger Punkt war die Benennung jener beschriebenen Seiten und Blätter eines Buches, die nicht zum Buchblock gehören. Hier wurden neben allgemeinen Abkürzungen wie „f" (folium), „p" (page) oder „r" (recto) und „v" (verso) auch sprechende Siglen eingeführt (z. B. „C" = cover, „PD" = pastedown, „FL" = flyleaf) mit welchen die eindeutige Zuordnung einer Seite und deren Platz im Buch ermöglicht werden. Es wurde darüber hinaus eine Konvention festgelegt, wie die zahlreichen losen eingelegten Zettel (mit Bleistift) zu bezeichnen seien.

Benennung der Dateien

Schließlich wurde, unter Zuhilfenahme der eben genannten Siglen, die Benennung der Dateien und Dateienordner festgelegt. Die Namen setzen sich aus zwei

Teilen zusammen: aus einem Präfix, welches das Buch identifiziert[13] und den übrigen Angaben, welche den Platz einer Seite im Buch unmissverständlich ausweisen.

Diese Konventionen wurden in mehreren Redaktionsschritten ausformuliert und liegen als Dokument unter dem Titel „Principles of work" (November 2016) vor. Mit der Klärung all dessen konnte nun die Arbeit konkret in Angriff genommen werden.

Durchführung der Digitalisierung

Das Projekt der Erschließung der glagolitischen Handschriften in Zadar wurde auf Antrag von Marijana Tomić bisher zweimal vom kroatischen Kulturministerium mit finanziellen Zuschüssen gefördert.[14] Mit Hilfe dieser Gelder konnten vier studentische Mitarbeiterinnen für das Projekt gewonnen werden. Sie wurden für das Studienjahr 2016/17 im Bereich der Handschriftendigitalisierung geringfügig angestellt.[15]

Zunächst erfolgten mit allen Beteiligten Einschulungen zum sachgerechten Umgang mit Handschriften, in die Handhabung des „Travellers" und der Kamera[16] sowie in den Arbeitsablauf.

---

13 Dieses setzt sich aus den Anfangsbuchstaben des Herkunftsortes einer Handschrift und einer laufenden Ordnungsnummer, die einzuführen war und im Katalog nachgetragen wurde, zusammen. Dieses Präfix gibt auch dem Ordner, in dem die Daten für ein Buch abgelegt werden, den Namen, z. B.: *Kali 20.1_* (der Ort Kali, Ordnungsnummer 20 im Katalog, darin das erste Buch). Das Präfix wird auch für jedes einzelne Bildfile verwendet und von den weiteren Seiten- oder anderen Angaben durch den Underline-Strich abgesetzt.

14 Ein erstes Mal im Jahre 2016. Auch der Antrag für das Jahr 2017 wurde erfolgreich beschieden.

15 Žana Bobić, Laura Grzunov, Dajana Karlović und Ira Pandza. Dieses Team wurde von Oktober 2016 bis Juni 2017 durch mich und meine Frau verstärkt. Anfänglich war noch eine weitere Mitarbeiterin dabei, die dann aber eine ganztägige Anstellung finden konnte.

16 Die Einführung in die Kameratechnologie lag in den Händen von Nikolina Peša Pavlović.

Abb. 2: Digitalisierung einer Handschrift mit Hilfe des „Travellers TCC 4232".

Es war von Anfang an geplant worden, dass alle sich in alle Schritte einüben. So wurden Zweierteams mit wechselnden Partnerinnen gebildet. Diese Vorgangsweise hat nicht nur den Vorteil, dass jeder alle nötigen Arbeiten ausführen kann, sie verhindert auch allzu lange andauernde Monotonie und könnte damit auch fehlerminimierend wirken. Natürlich war zu Beginn der Wunsch am Auslöser der Kamera zu stehen besonders groß. Doch haben sich mittlerweile alle auch in die langwierige Tätigkeit des Bilderbeschneidens, -benennens und der Kontrolle anhand der Originale eingeübt.

Abb. 3: Das Controlling – eine zeitaufwändige und konzentrationsraubende Tätigkeit.

Abb. 4: Einüben in das weitere Processing: Bildbearbeitung und -benennung. Ganz rechts im Bild die Projektleiterin Marijana Tomić.

Eine gewisse souveräne Routine hat sich eingestellt. Inzwischen wurden in bestem Teamgeist und mit einigem Humor etliche Dutzend Handschriften digitalisiert, einige zigtausend Bilddateien erstellt und verifiziert.

Metadatenerstellung

Wie alle, die mit diesem Metier vertraut sind, wissen, ist es mit der Digitalisierung allein nicht getan. Man könnte eher sagen, die Digitalisierung vermag Daten en grand style zu produzieren und in einer Geschwindigkeit, mit welcher die Erstellung der Metadaten nicht mithalten kann. So ist es auch in diesem Projekt. Ungeachtet dessen war von allem Anfang daran gedacht worden, nicht nur Daten zu generieren, sondern diese einer Datenbank zuzuführen und folglich für die scientific community – doch nicht nur für sie alleine – sichtbar und zugänglich zu machen. Da traf es sich gut, dass der treibende Geist, Marijana Tomić, eine leidenschaftliche Katalogisiererin ist. Sie arbeitet parallel zur Datenerfassung an der professionellen Metadatenerstellung und das in enger Zusammenarbeit mit IT-Experten in Zagreb.[17] Diese Metadaten können zum Großteil dem Katalog Paveo Keros entnommen werden.[18] Andere Daten, insbesondere zur Kodikologie, müssen erst aus dem Studium der Originalhandschriften gewonnen werden. Ende Mai 2017 konnten die ersten umfassenden Katalogeinträge in einer Beta-Version präsentiert werden.

Die digitale Erfassung von Wasserzeichen

Abb. 5: Bei der kodikologischen Erfassung eines Kodex, eine Prärequisite für die Dokumentation der Wasserzeichen.

---

17 Allen voran Kristijan Crnković, der Hauptverantwortliche für die Plattform namens „Indigo". Diese Plattform dient der Darstellung unterschiedlicher Arten des digital erfassten Kulturerbes. Siehe dazu: www.arhivpro.hr.
18 Freilich liegen sie in dem gedruckten Katalog in einer für den elektronischen Katalog nicht übernehmbaren Form vor. Sie müssen erneut in die Feldstruktur der Datenbank eingetragen werden. – Für die Dateneingabe (Neuerstellung wie Übernahme) ist es unabdingbar, dass die Bearbeiterin bzw. der Bearbeiter die Glagolica zu lesen weiß.

Abb. 6: Das sorgsam ausgeführte filigrane Wasserzeichen in einer Handschrift aus Kali.

Als uns Anfang Oktober 2016 die ersten Handschriften vorgelegt wurden, fielen alsbald die zahlreichen unbeschriebenen Blätter auf. In vielen von ihnen konnten wir mit freiem Auge schöne Wasserzeichen ausmachen. Das brachte uns auf die Idee, den verwendeten Papieren ein wenig nachzuspüren, denn es müsste eine spannende Frage sein, woher denn die Gemeinden, nicht nur auf den vielen kleinen Inseln des Zadarer Archipels, ihr Papier bezogen hatten. Im Rahmen des Projektes eröffneten wir einen kleinen Forschungsbereich zur Dokumentation und Auswertung der Wasserzeichen. Der große Vorteil: Es handelt sich durchwegs um eindeutig datierte Handschriften, selbst wenn sie aus mehreren Schichten und damit unterschiedlichen Papieren bestehen. Dem steht der Nachteil gegenüber, dass die Papiere verhältnismäßig jungen Datums sind (vom ausgehenden 16. bis zum 18. Jahrhundert) – ehe eben die autochthone Papierproduktion einsetzt. Für diese späten Papiere stehen kaum Findebücher oder Datensätze in den einschlägigen Datenbanken zur Verfügung. Eine systematische Erforschung historischer Papiere gibt es in Kroatien heute nicht und auch sonst findet sich zum Sujet kaum Literatur.[19]

Im Weiteren wurde ein Projektentwurf aufgesetzt. Es folgte eine Reihe von Einführungen in die Wasserzeichenforschung einschließlich praktischer Übungen. Für die photographische Aufnahme wurde eine Slimlight-Folie als Präquisite angeschafft. Eine der Studentinnen wird sich in ihrer Masterarbeit ganz den Wasserzeichen zuwenden. Ziel des ganzen Unterfangens ist es, die unterschiedlichen historischen Papiere anhand der Wasserzeichen nach den international gültigen Standards zu dokumentieren und den Bestand nach Maßgabe interpretativ einzuordnen. Dieses Teilprojekt begann im Oktober 2017.

Zur Bedeutung des Digitalisierungsprojektes

Digitalisierung ist in der westlichen Welt gegenwärtig in vieler Munde und steht oft ganz oben in der Liste der Agenda großer Unternehmen und Einrichtungen, nicht zuletzt zum Zwecke umschichtender Einsparungen. Es scheint ein allgegenwärtiges Schlagwort zu sein. Die Diagnose trifft – wenn sie so denn stimmt – gewiss nicht auf alle gesellschaftlichen Bereiche und alle Regionen Europas zu und wohl nur punktuell auf einzelne Städte des Balkans. Die digitale Zugänglichmachung historischer Dokumente ist selbst in wirtschaftlich reichen Ländern keine fraglose Selbstverständlichkeit.

Das in Zadar angesiedelte Projekt der Handschriftendigitalisierung ist auf unterschiedlichen Ebenen von Bedeutung: lokal, regional, national und darüber hinaus:

– *Lokal:* Vielleicht lässt es sich gerade an der Gattung der digitalisierten glagolitischen Bücher – nämlich der Matriken- und der Bruderschaftsbücher – besonders gut aufzeigen, dass damit per se ein lokaler Bezug gegeben ist.

---

[19] Die Wasserzeichenforschung wurde in diesem Lande von Mošin grundgelegt: Mošin, Vladimir A.: Vodeni znakovi XIII. i XIV. vijeka [Wasserzeichen des 13. und 14. Jahrhunderts]. 2 Bde, Zagreb 1957.

Die Bücher reichen bis ins 20. Jahrhundert hinein. In ihnen kommen Personennamen vor, in welchen sich heutige Familien wiederfinden.[20]

- *Regional:* Die systematische Digitalisierung der glagolitischen Handschriften in Zadar erfasst alle der im erzbischöflichen Archiv zusammengetragenen Bücher. Somit handelt es sich nicht bloß um einzelne Dokumente, vielmehr um die einschlägigen Schriftzeugnisse der ganzen Region. Während unseres neunmonatigen Aufenthaltes in Zadar und der wöchentlichen Arbeiten im Archiv erreichten uns etliche Anfragen, auch andernorts zu digitalisieren (Rab, Murter, Biograd na Moru, und selbst aus dem fernen Split zeigte man Interesse). Nicht alle Erwartungen konnte tatsächlich auch erfüllt werden.
- *National:* Das Projekt macht auch national auf sich aufmerksam. Nicht dass es das einzige Digitalisierungsprojekt des Landes wäre. Keineswegs, aber es hat Gewicht für ganz Kroatien, nimmt es doch gerade das jüngere Schrifterbe in dieser für Kroatien so eigentümlichen Schrift auf und leistet so einen nennenswerten Beitrag zur Erschließung eines ganz charakteristischen Kulturerbes. Damit ist auch ein Signal gesetzt, es an anderem Orte im Land gleichzutun. Überdies spricht die Förderung des Projektes durch ministerielle Programme für dessen nationale Anerkennung.
- *International:* Bereits der Projektentwurf hatte ein internationales Board aus Ländern von Litauen bis Malta und sogar aus den USA ausgewiesen. Darüber hinaus hat das Projekt in praxi die Aufmerksamkeit von auswärts auf sich gezogen. Aus dem bosnisch-herzegovinischen Bihać und aus Banja Luka hat man sich an der Digitalisierung höchst interessiert gezeigt und möchte Ähnliches auch in dortigen Archiven und Sammlungen realisieren.[21]

Auf welcher Ebene man auch immer das Projekt zur Digitalisierung der glagolitischen Handschriften im Raum Zader – Šibenik betrachtet, es wächst die Erkenntnis, dass die zu Tage geförderten Daten und Dokumente eines zu stimulieren vermögen: Identität. Diese Digitalisierung leistet einen substantiellen Beitrag dazu, aus dem alten Schrifttum, das in einem nur für diese Gegend typischen Alphabet geschrieben ist, neue Identität zu gewinnen. Dies ist umso wichtiger als die Kriege der Vergangenheit vieles von dem ausgelöscht haben,

---

20 Das zeigte sich deutlich in einer Veranstaltung am 7. Mai 2017 in Kali. Hier wurde an diesem Tag eine Ausstellung zur glagolitischen Kultur eröffnet, zudem wurde in einer den Gemeindesaal füllenden Abendveranstaltung das digitale Handschriftenerbe des Ortes vorgestellt. Siehe dazu: http://pisanabastina.unizd.hr/kali/.

21 Umtriebiger Proponent ist Don Slavo Grgić, der mit einer Arbeit zur Archivwissenschaft in Bosnien promoviert wurde.

was eine Gesellschaft für ihr soziales und kulturelles Zusammenleben benötigt. Freilich kann auch mit diesem Gut wiederum Missbrauch getrieben werden, etwa im Sinne einer nationalen Überzeichnung. Auch davon wissen die Geschichtsbücher des 20. Jahrhunderts zu berichten.

Digitalisierung und öffentliche Wahrnehmung

Zwar geht die Digitalisierung im Kämmerchen hinter verschlossenen Türen vonstatten,[22] deren Output jedoch zielt entschieden darauf ab, die Öffentlichkeit und die Scientific Community zu erreichen. Dazu wurden und werden unterschiedliche Aktivitäten gesetzt:

- 1. Internationales Symposium „ The Creative Potential of the Glagolitic Heritage" am 24. Oktober 2016
- Auf die Präsentation der digitalisierten Handschriften von Kali wurde bereits hingewiesen: Kali, am 7. Mai 2017 (Vorstellung des Projektes, Einführung in die Website, Gemeindediskussion, Ausstellung,[23] ein „glagolitischer" Kreuzweg,[24] Liturgie nach dem glagolitischen Missale)
- Die erarbeiteten Daten sind über eine Website zugänglich (Mai 2017): http://pisanabastina.unizd.hr/kali/
- Am 29. Mai 2017 fand in der Donatus-Kirche am Forum Romanum in Zadar ein Abend zum Schrifterbe (pisana baština)[25] statt. Hier wurde vor gefüllten Rängen das Projekt umfassend und kulturell ansprechend dargestellt. Unter anderem wurden Passagen aus einigen Handschriften dramatisch in Szene gesetzt. Damit wurden in einem überaus stimmungsvollen Rahmen und bei bester Akustik Inhalte aus den historischen Dokumenten aktualisiert.

---

22 Schließlich hat auch diese Digitalisierung – de facto das Hantieren mit und an historisch einmaligen Unikaten – immer mit großen Sicherheitsvorkehrungen einherzugehen.

23 Kaljski glagoljski rukopisi. Izložba u povodu 300 godina Bratovštine sv. Križa Kali, 8.5.1717.–8.5.2017. [Die glagolitischen Handschriften zu Kali. Ausstellung 300 Jahre Bruderschaft zum heiligen Kreuz in Kali, 8. Mai 1717 bis 8. Mai 2017].

24 Z. B. „Glas Koncila. Novo lice Crkve", 66 (2017) nr. 21 (2240) vom 28. Mai 2017, S. 40.

25 Der „Večer pisane baštine" fand am 31. Mai in der Tageszeitung „Zadarski List" unter dem Titel „Starim rukopisima udahnut nov život" [Den alten Handschriften neues Leben eingehaucht] einen einlässlichen Nachhall. Der volle Titel des Projektes lautet: „Digitalizacija, bibliografska obrada i istraživanje tekstova zadarsko-šibenskog područja iz razdoblja do kraja 19. st. pisanih glagoljicom, bosančicom i latinicom" [Digitalisierung, bibliographische Erschließung und Untersuchung von Texten aus der Region Zadar – Šibenik im Zeitraum bis zum Ende des 19. Jahrhunderts, die in Glagoliza, in Bosančiza und in lateinischer Schrift geschrieben wurden].

- 2. Internationales Symposium „Digital Humanities: Empowering the Visibility of the Croatian Cultural Heritage" am 6. und 7. November 2017
- Die Website des Projektes wird in Kürze freigeschaltet werden können.

Neben den Events erfolgt die Promulgation des Projektes auch über Schriftmedien in Form von Berichten und Darstellungen in vorwiegend lokalen Zeitungen. Insgesamt geht mit der hier gesetzten Initiative zur Digitalisierung ein deutlich vernehmbarer Wille zur Darstellung und zur öffentlichen wie wissenschaftlichen Diskussion von Ergebnissen einher. Die historischen Äußerungen in Form der glagolitischen Handschriften scheinen auch heute noch die Aufmerksamkeit einer größeren Anzahl kulturbewusster Menschen erwecken zu können. Es schließt sich der Kreis, in welchem der Digitalisierung eine Art Geburtshelferdienst zukommt.

Hanna Schneck

Digitalisierung in der One Person Library

Vorbemerkung

One Person Libraries[1] verwalten meist sehr (fach-)spezifische Bestände, bei denen eine Digitalisierung die Möglichkeit bietet, auf schwer zugängliche und verborgene Ressourcen hinzuweisen. Inwieweit diese Möglichkeit in der Praxis sinnvoll und umsetzbar ist, wird im folgenden Beitrag untersucht. Zwei Gedanken finden dabei besondere Beachtung: Zum einen die Frage, inwiefern eine OPL den Anforderungen, die ein Digitalisierungsprojekt an die Bibliothek stellt, überhaupt entsprechen kann, da diese zusätzliche Aufgabe nicht ohne Weiteres in den Arbeitsalltag zu integrieren ist. Zum anderen wird im Hinblick auf die spezielle Zielgruppe der OPLs die Überlegung angestellt, auf welche Art und Weise die Anstrengungen für den Nutzerkreis tatsächlich hilfreich sind. Der zweite Gedanke fokussiert nicht so sehr auf die technische Umsetzung – die Behandlung dieses Themas sei den Fachleuten überlassen –, als vielmehr auf die Beobachtung, inwiefern dem Objekt im Zuge der Digitalisierung für die Nutzergruppe relevante Informationen verloren gehen können und ob dem gezielt entgegengewirkt werden kann.

Als Beispiel für die digitale Aufbereitung von Beständen in einer OPL sei hier die fotohistorische Bibliothek der Graphischen Lehr- und Versuchsanstalt in Wien herangezogen. Diese in sich geschlossene Bibliothek wird als Dauerleihgabe räumlich in der Albertina in Wien aufbewahrt und kann auch dort vor Ort benutzt werden, die bibliothekarische Aufarbeitung und Betreuung der Bestände läuft jedoch über das externe Photoinstitut BONARTES.[2]

Voraussetzungen in der One Person Library

Die OPL wird im Bibliotheksalltag häufig als „Allrounder" oder „Einzelkämpferin" verortet. Sie ist zwar in eine größere Organisationsstruktur eingebettet, verfügt aber in den seltensten Fällen über Spielräume für Weiterentwicklungen

---

1 Im Folgenden mit „OPL" abgekürzt.

2 Der Medienbestand beläuft sich auf circa 30 000 Bände, die von einer wissenschaftlichen Bibliothekarin des Instituts betreut werden. Die projektbasierte Aufarbeitung ist von der Museumsbibliothek der Albertina abgekoppelt und wird auch technisch in einem eigenen System verwaltet. Weitere Informationen unter http://photobib.bonartes.org/ (21.05.2017).

https://doi.org/10.1515/9783110501094-013

und Veränderungen. Sie muss sich innerhalb eines Fachgebietes auf jene Aufgaben beschränken, die den Erwartungen der Zielgruppe klar entsprechen und agiert in ihrem Bemühen um die Verfügbarkeit der notwendigen Quellen eher im Hintergrund. Werden neue Serviceangebote nachgefragt, bleibt es der OPL meist selbst überlassen, unter Berücksichtigung der finanziellen, personellen, technischen und fachlichen Ressourcen Wege zur Umsetzung zu erschließen. Ein erheblicher Unterschied zu größeren bibliothekarischen Einrichtungen mit mehreren Mitarbeitern besteht darin, dass in der OPL weder Planungsphasen noch Konzeptentscheidungen in Teamarbeit erbracht, sondern von einer einzigen Person vorangetrieben werden. Dabei müssen neue Vorschläge und Ideen nicht selten gegenüber Entscheidungsträgern argumentiert werden, die weder mit den bibliothekarischen Arbeitsbereichen vertraut sind, noch die Zeit und Geduld aufbringen können, um die Relevanz bestimmter Prozesse nachzuvollziehen.[3]

Für die Planung eines Digitalisierungsprojektes bedeutet das ein grundsätzliches Abwägen der Möglichkeiten in einer Umgebung, in der es schwierig ist, angemessene Server- und Speicherkapazitäten zu organisieren, geschweige denn die Kosten für ein eigenes Digitalisierungstool zu rechtfertigen, das die entsprechende Metadatenaufbereitung gewährleisten könnte. Vor diesem Hintergrund wird es sich in einer OPL kaum vermeiden lassen, Kompromisslösungen einzugehen, die mitunter nicht in vollem Umfang den bibliothekarischen Richtwerten und Digitalisierungsstandards entsprechen mögen. Mit großer Wahrscheinlichkeit wird man nicht die praktikabelste Suchoberfläche und Viewer-Funktionalität für die Präsentation der Digitalisate bieten können, es sei denn, man hat die Möglichkeit, in eine größere Plattform eingebunden zu werden, woran allerdings in der Regel wiederum Bedingungen und Anforderungen geknüpft sind, denen nicht alle OPLs nachkommen können. Die Kernkompetenzen einer OPL decken sich nicht immer mit den Anforderungen, die im Allgemeinen an Bibliotheken gestellt werden:

> Die OPL ist dafür verantwortlich, dass „ihr" kleines Unternehmen, „ihre" Bibliothek, erfolgreich ist und entsprechend wahrgenommen wird. [...] Dazu gehört auch ein gewisser Pragmatismus, der ein differenziertes Urteil über den Einsatz von Management-Maßnahmen erleichtert. Nicht alles, was aus bibliothekarischer, betriebswirtschaftlicher oder Nutzersicht wünschenswert scheint, ist umsetzbar oder sinnvoll.[4]

---

3 Vgl. zu Definition und Organisationsstruktur der OPL auch Kuth, Martina: Praktisches Management in One Person Libraries. S. 1–17.
4 Kuth S. 3.

Beispiel aus der Praxis

Im Falle der fotohistorischen Bibliothek der Graphischen Lehr- und Versuchsanstalt in Wien, die hier als Beispiel für ein Digitalisierungsprojekt in einer OPL dienen soll, wurde zunächst in Gesprächen mit Kollegen aus größeren Bibliotheken, mit Informatikern und Dienstleistern aus dem Digitalisierungsumfeld eruiert, mit welchem finanziellen und personellen Aufwand gerechnet werden muss. Darauf aufbauend konnte eine realistische Aufstellung der Anforderungen an die eigene Einrichtung erarbeitet werden.

Der grundsätzliche Wunsch der Entscheidungsträger war eine digitale Aufbereitung ausgewählter historischer Buchbestände zu Spezialthemen, die die Schwerpunkte des Forschungsinstituts darstellen und auch nach außen repräsentieren würden. Hohe, alljährlich anfallende Hosting- und Wartungsgebühren für Speicher- und Präsentationswerkzeuge waren dabei im Budget nicht vorgesehen. Die technischen Kenntnisse und die Zeit für die Betreuung eines kostenfreien Open–Source–Tools waren wiederum in der OPL nicht ausreichend vorhanden. Der Preis pro gescannter Seite für eine Außer-Haus-Digitalisierung inklusive der Lieferung von bereits OCR-gelesenen Volltexten konnte dagegen vergleichsweise leicht argumentiert werden. Da die Albertina ebenfalls über einen hochwertigen A1-Scanner zur Anfertigung von Kunstreproduktionen für Ausstellungskataloge und für die Bilddatenbank verfügt, kann in Zeiten, in denen das Gerät nicht mit diesen Aufgaben ausgelastet ist, die Bibliothekarin der OPL dieses für die Digitalisierung von Buchbeständen nutzen.

Die Produktion von gescannten Buchseiten an sich stellte daher nicht die größte Hürde dar. Problematischer war eher die Frage, wie die digitalen Inhalte möglichst einfach und doch nützlich aufbereitet und präsentiert werden können. Hier fand sich eine relativ simple Lösung vermittels eines kleinen (durchaus leistbaren) Tools, das eigentlich zur Paginierung und Strukturmetadatenvergabe während des Scanvorgangs eingesetzt wird, mit dem aber auch bereits digital vorhandenes Material im Nachhinein bearbeitet werden kann.[5] Was das Programm nicht bieten kann, ist eine für Außenstehende klar nachvollziehbare Workflow-Dokumentation. Die wichtigsten Entscheidungskriterien bei der Anschaffung der Software waren, dass ein minimales Set an standardisierten Metadaten vergeben werden und dem späteren Nutzer vor allem Strukturmetadaten zur Verfügung gestellt werden können. Dass außerdem eine automatische Verlinkung zum Datensatz des Buches im Online-Katalog möglich ist, valide METS-Dateien für zukünftige Exportmöglichkeiten erstellt werden und die Digitalisate zumindest schon im DFG-Viewer dargestellt werden können sowie in PDF-

---

5 Universal Capturing Client der Firma Intranda.

Version, da der Einsatz eines eigenen Anzeigemoduls bis auf weiteres nicht vorgesehen war. Im Hinblick darauf wird jedoch perspektivisch die gemeinsame Nutzung eines Viewers durch z. B. Kooperationen mit externen Partnern angestrebt.

Im Folgenden soll es aber nicht um die Entwicklung von Kooperationsstrategien gehen, auch nicht um die technische Umsetzung, die gewiss nicht der Idealfall eines „Best-Practice-Beispiels" ist; die weiteren Ausführungen beschäftigen sich vielmehr mit den inhaltlichen Potenzialen, die in einer kleinen Spezialbibliothek auf dem Wege der Digitalisierung bewahrt, genutzt und sichtbar gemacht werden können.

Anforderungen der Zielgruppe

Rezeptionsgewohnheiten und Informationsbedürfnisse

Einen großen Vorteil für die zielgruppenorientierte Informationsaufbereitung zieht die OPL aus dem engen und persönlichen Kontakt zu ihren Nutzern. Es bedarf keiner systematisch angelegten Analysen oder statistischen Auswertungen, um die speziellen Interessen der Forscher zu erkennen. Die OPL weiß durch direkte Rückmeldungen sehr genau, welche Art von Informationen ihre (meist eher kleine) Zielgruppe für deren Forschungsprojekte benötigt und wird dementsprechend auch die Digitalisierungsstrategie in diese Richtung lenken.

Diese konzentriert sich einerseits natürlich auf die Auswahl der Objekte selbst – hier kann man sich relativ leicht an Forschungsschwerpunkten und an häufig nachgefragten Medientypen (im vorliegenden Fall z. B fotohistorische Verkaufskataloge, Adressbücher und Anleitungen für fotohistorische Verfahren) orientieren. Andererseits stehen aber auch spezielle Parameter im Fokus, die sich am Rezeptionshorizont der Nutzer orientieren. Für letzteres gehen die bibliografischen Metadaten, die Bibliotheken in der Regel zur Verfügung stellen und ihren Digitalisaten anfügen, nicht immer ausreichend in die Tiefe. Zumindest dann nicht, wenn man die Arbeit mit dem Digitalisat tatsächlich als Ersatz für die Arbeit am Original anbieten möchte. Wird durch die Digitalisierung ein Buch von seinem materiellen Körper in einen virtuellen überführt, so muss berücksichtigt werden, dass zwar bestimmte Informationen sichtbarer werden (z. B. durch OCR-lesbare Volltexte), andere aber wiederum verlorengehen (z. B. die Materialbeschaffenheit des Buches und die gestalterischen Besonderheiten, die sich in der Haptik manifestieren). Das Digitalisat ist kein vollkommen neutraler oder autonomer Informationsüberträger, da sowohl die Personen, die die Digitalisierung steuern und mitentscheiden, welchen „Perspektiven der Erkenntnis"[6] Priorität eingeräumt wird als auch die Rezipienten das digitale Objekt auf jeweils eigene Weise wahrnehmen, interpretieren und eigene Bedeutungszusammenhänge konstruieren.[7]

Einen Themenschwerpunkt, dem sich die fotohistorische Bibliothek der Graphischen Lehr- und Versuchsanstalt im Rahmen ihrer Digitalisierungsbestrebungen widmet, stellt das österreichische Fotobuch dar. Neben Volltextdigitalisaten und Auszügen aus Büchern, die nicht vollständig digitalisiert werden können (etwa aus rechtlichen Gründen), soll eine Online-Bibliographie zur Verfügung gestellt werden.[8] Der Schwerpunkt der Dokumentation liegt auf dem besonders für Foto- und Kunsthistoriker sowie für Medienwissenschaftler relevanten Bereich der fotografischen Buchillustration. Viele dieser Wissenschaftler verstehen das Fotobuch als Objekt, das dem fotografischen Bild eine Rahmung gibt und dadurch eine bestimmte, erforschenswerte „Zeigestrategie"[9] verfolgt. Für die Reproduktionen in gedruckten Büchern über Fotobücher[10] gibt es deshalb bereits eindeutige Forderungen, wie sie etwa der Kunst- und Medienwissenschaftler Steffen Siegel formuliert hat:

> [...] so wird sich jede Darstellung zu einem Fotobuch mit der Frage auseinandersetzen müssen, wie zu zeigen ist, worüber gesprochen wird. Längst ist es ein guter Standard fast aller Veröffentlichungen, den Blick ins Buch als aufgeschlagene Doppelseite zu reproduzieren. Gewiss wird auf diese Weise am besten der Tatsache Rechnung getragen, dass ein Fotobuch eine ästhetische Ordnung über zwei benachbarte Seiten hinweg entfaltet. Sieht man jedoch einmal davon ab, dass die beinahe zwangsläufige massive Verkleinerung einer solchen Doppelseite bei ihrer Reproduktion zu einer beträchtlichen Minderung der Ausdruckskraft führen muss, so transportiert die fotografische Wiedergabe ohnehin kaum mehr als einen äußeren Anhaltspunkt des zu zeigenden Buchobjekts.[11]

Gleich drei grundlegende Faktoren, die man für die Digitalisierung dieses Medientyps berücksichtigen kann, werden hier angesprochen:

1. Die Seiten sollten nicht einzeln, sondern von vornherein als Doppelseiten präsentiert werden.

---

6 Bächle, Thomas Christian: Digitales Wissen, Daten und Überwachung zur Einführung. S. 97.
7 Vgl. ebd. Kap. 2.1 Zur Medialität des Wissens. S. 50–68.
8 Der Online-Zugang ist noch nicht öffentlich.
9 Siegel, Steffen: Drucksachen. Vorbemerkungen zu einer künftigen Fotobuch-Forschung. S. 31.
10 Als Beispiel wäre hier etwa das zweibändige, großformatige Werk von Manfred Heiting und Roland Jäger mit dem Titel „Autopsie. Deutschsprachige Fotobücher 1918 bis 1945" zu nennen.
11 Siegel S. 31.

2. Die Formatangaben zum Originalobjekt sollten möglichst genau erfolgen (Buchaußenmaße, Seitenmaße, bestenfalls auch Abbildungsmaße).

3. Der „Minderung der Ausdruckskraft" kann im Digitalisat durch eine möglichst hohe Bildqualität und der zusätzlichen manuellen Beschreibung der Materialbeschaffenheit entgegengewirkt werden.

Die erste Forderung ist relativ unproblematisch umsetzbar, für die anderen Punkte stellt sich die Frage, ob der Aufwand sinnvoll ist und in angemessener Relation zum Nutzen für die Zielgruppe steht, was im folgenden Kapitel kurz argumentiert und anhand eines Beispiels demonstriert werden soll.

Digitalisierung mit bildbasierter Dokumentation

Überträgt man die drei grundlegenden Stufen der qualitativen Bildanalyse – Deskription, Bedeutungsanalyse und Sinnkonstruktion – auf die Interpretation der Bilder in einem Fotobuch, so wird deutlich, dass dem Betrachter eines in digitaler Form vorliegenden Fotobuches Informationen für die erste Stufe der Deskription abhandenkommen. Die Deskription dient der beschreibenden Erfassung der Bildelemente, deren Verschriftlichung eine Voraussetzung für die tiefere wissenschaftliche Analyse des Bildes darstellt[12]:

> Zur Beschreibung des Bildes gilt es, den Blick für sämtliche Bilddetails zu schärfen, die Ausdrucksebene des Bildes wird analytisch „zerlegt", um im Anschluss daran – von den einzelnen Bildelementen ausgehend – Bedeutungsschicht und Sinnstruktur des Bildes zu rekonstruieren.[13]

Zu diesen Bilddetails zählt auch die äußerliche Beschaffenheit, also material- und rahmenspezifische Gegebenheiten:

> Daher ist im Zuge der Deskription zu fragen, inwiefern das fotografische Trägermedium selbst Teil der Darstellung ist. Dazu sind alle Bildelemente zu beschreiben, die auf eine spezifische fotografische Gattung hinweisen.[14]

Demnach benötigen Forschende auf dem Gebiet des Fotobuches für die Arbeit mit dem digitalen Objekt weitere Informationen zu den physischen Eigenschaften des Originaldruckwerkes und den darin reproduzierten Fotografien, die an-

---

12 Vgl. Astheimer, Jörg: Qualitative Bildanalyse. Methodische Verfahrensweisen und Techniken zur Analyse von Fotografien. S. 151–157.
13 Astheimer S. 159.
14 Astheimer S. 294.

hand des Digitalisates selbst nicht erkennbar sind. Diese betreffen in erster Linie die exakten Maßangaben, die Einbandart, die Drucktechniken (Lichtdruck, Heliogravure, Autotypie etc.), die bebilderte Seitenbeschaffenheit (eingeklebte Fotos oder gemeinsam mit dem Text gedruckte, auf Extratafeln, gebunden oder als lose Beilagen etc.). Tradierte Verfahren der Deskription und Interpretation, die sich an der Materialität und Haptik des Buches orientieren, sollten daher in der Digitalisierung in Hinblick auf diese Nutzergruppe nicht unberücksichtigt bleiben. Die folgende Abbildung demonstriert, weshalb z. B. Angaben zur Drucktechnik und Seitenbeschaffenheit von Bedeutung sind:

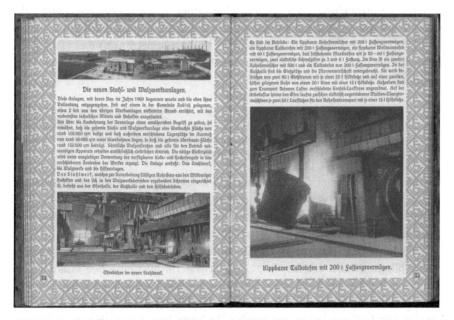

Abb. 1: Die Witkowitzer Bergbau- und Eisenhüttengewerkschaft, umfaßt das Eisenwerk Witkowitz, die Eisensteinbergbaue u. die Witkowitzer Steinkohlengruben. [Witkowitz: ohne Verlag, um 1915]. S. 32/33 (© Albertina Wien).

Die Reproduktion der Doppelseite lässt nicht erkennen, dass die Abbildungen im Original montiert und demnach nicht gemeinsam mit dem Text gedruckt wurden. Abgesehen von den Rückschlüssen, die sich aus dieser Zusatzinformation über die druckgrafische Herstellung des Buches ziehen lassen, ergibt sich noch ein weiterer kostbarer Hinweis für Fotohistoriker: Auch wenn es sich bei den Reproduktionen des hier verwendeten Exemplars um Autotypien handelt, liegt die Vermutung nahe, dass noch weitere Exemplare existieren, in denen Originalabzüge eingeklebt sind.[15] Ebenso erschließt sich bei der Betrachtung des Digitalisats nicht eindeutig, um welche Drucktechnik es sich bei den Abbildungen handelt. Die Angabe, dass es in diesem Fall Autotypien sind, scheint hilfreich, da die Tiefe der Bilder, die durch das matte Schwarz und die kontrastreichen Lichteffekte entstehen, auch auf ein Tiefdruckverfahren hindeuten könnten. Der Nutzer des Digitalisats müsste sich, um bei der Bestimmung der Drucktechnik sicher gehen zu können, also dennoch das Original ansehen. Mithilfe eines Fadenzählers kann diese Bestimmung aber bereits während der Erfassung der Metadaten für das Digitalisat erfolgen und beigefügt werden.[16]

Die Entwicklung der fotomechanischen Druckverfahren und die Identifizierung der Techniken sind für die Fotobuchforschung wesentliche Fragestellungen, die nicht nur technische Aspekte, sondern auch das ästhetische Verständnis und die Zirkulation der Bilder betreffen. Das Aufkommen der Massenmedien wäre dafür ein Beispiel:

> Erst durch die Druckerpresse und die nun mögliche Verbindung von Bild und Text konnte die Photographie ihr eigentliches Potential als visuelles Massenkommunikationsmittel realisieren, erst nun wurde die Entstehung photographisch illustrierter Zeitschriften, Zeitungen, Bildbände und weiterer Massenmedien möglich.[17]

Darüber hinaus bietet die Angabe der Drucktechnik auch Anhaltspunkte zur Entstehungszeit eines Werkes, wenn Datierungen im Buch selbst fehlen. Eine Publikation mit Abbildungen in Autotypie etwa kann nicht vor 1881 entstanden sein, da Georg Meisenbach die Technik erst in diesem Jahr erfand.

Ebenfalls von Bedeutung für die Fotobuchforschung sind Anreicherungen der bibliografischen Beschreibung, die erweiterte Sucheinstiege ermöglichen. Berücksichtigt werden vor allem verschiedene Autorschaften wie etwa Fotografen, Grafiker oder Reproduktionsanstalten und die Einteilung nach Themen, die in den Fotobüchern behandelt werden. In Form von Annotationen lassen sich außerdem Informationen zur „Buchbiografie" einpflegen. Sie betreffen z. B.

---

15 Ein solches Exemplar befindet sich beispielsweise in der Bibliothek der TU Wien.
16 Zur Rasterunterscheidung der wichtigsten photomechanischen Druckverfahren vgl. etwa: http://gawainweaver.com/images/uploads/Process_ID_Chart_Photomechanical.pdf (21.05.2017) oder Fotografie gedruckt. Beiträge einer Tagung der Arbeitsgruppe „Fotografie im Museum" des Museumsverbands Baden-Württemberg e. V. am 13. und 14. Juni 1997 im Deutschen Literaturarchiv Marbach am Neckar mit einem Anhang zur Chronologie der fotomechanischen Druckverfahren (Rundbrief Fotografie. Sonderheft 4).
17 Peters, Dorothea: Die Welt im Raster. Georg Meisenbach und der lange Weg zur gedruckten Photographie. In: Gall, Alexander (Hg.): Konstruieren, Kommunizieren, Präsentieren. Bilder von Wissenschaft und Technik. S. 179.

konkrete Hinweise auf die Originalfotos in Sammlungen, auf erhaltene Buchma-
quetten und Archivmaterialien.

Um die Zusatzinformationen dokumentieren zu können, behilft man sich
zurzeit in der Bibliothek mit einer kleinen relationalen Datenbank. Die Aufbereitung für ein austauschbares Datenformat ist allerdings noch ausständig. Wie
eingangs erwähnt, stellen organisatorische und personelle Gegebenheiten in
technischen Bereichen eine Hürde dar, welche die OPL zu Kompromissen nö-
tigt. Die Konzentration in der Digitalisierung auf eine inhaltliche Anreicherung
durch zusätzliche beschreibende Elemente ist ein Weg, um möglichst nah an
die Erwartungen der speziellen Zielgruppe anzuschließen. Der nächste Schritt
wird die Arbeit an der benutzerfreundlichen Oberfläche zur Präsentation der Digitalisate sein.

Schlussbemerkung

Die Digitalisierungsstrategie einer OPL wird immer mit Kompromisslösungen
verbunden sein. Dennoch bietet eine Digitalisierung der Bestände gerade für
kleine Einrichtungen die Chance, Ressourcen leichter (auf-)findbar und besser
nutzbar zu machen.

Die Anforderungen, die die Nutzerschicht an ihre OPL stellt, werden in jeder Einrichtung sehr unterschiedlich sein. Durch die inhaltliche Orientierung
an den Bedürfnissen der Zielgruppe können Nischenthemen und Potenziale von
Spezialsammlungen hervorgehoben werden. Der meist enge Kontakt, den die
OPL zu ihren Kunden pflegt, erlaubt eine relativ genaue Einschätzung dieser
Bedürfnisse. Wenn der dadurch entstehende Mehrwert in der Wissensdokumen-
tation auch für die Entscheidungsträger sichtbar wird, hilft das der OPL nicht
zuletzt bei der Argumentation für den Ausbau der Digitalisierungsinfrastruktur.

Bibliografie

Astheimer, Jörg: Qualitative Bildanalyse. Methodische Verfahrensweisen und Techniken zur
    Analyse von Fotografien. Baden-Baden: Nomos 2016.
Bächle, Thomas Christian: Digitales Wissen, Daten und Überwachung zur Einführung.
    Hamburg: Junius 2016.
Die Witkowitzer Bergbau- und Eisenhüttengewerkschaft, umfaßt das Eisenwerk Witkowitz, die
    Eisensteinbergbaue u. die Witkowitzer Steinkohlengruben. [Witkowitz: ohne Verlag um
    1915].

Fotografie gedruckt. Beiträge einer Tagung der Arbeitsgruppe „Fotografie im Museum" des
Museumsverbands Baden-Württemberg e. V. am 13. und 14. Juni 1997 im Deutschen Lite-
raturarchiv Marbach am Neckar mit einem Anhang zur Chronologie der fotomechanischen
Druckverfahren. (Rundbrief Fotografie. Sonderheft 4)
Heiting, Manfred; Jäger, Roland: Autopsie. Deutschsprachige Fotobücher 1918 bis 1945.
Göttingen: Steidl 2012–2014. 2 Bde.
Kuth, Martina: Praktisches Management in One Person Libraries. Berlin: De Gruyter 2015.
Peters, Dorothea: Die Welt im Raster. Georg Meisenbach und der lange Weg zur gedruckten
Photographie. In: Gall, Alexander (Hg.): Konstruieren, Kommunizieren, Präsentieren.
Bilder von Wissenschaft und Technik. Göttingen: Wallstein, 2007. S. 179–244.
Siegel, Steffen: Drucksachen. Vorbemerkungen zu einer künftigen Fotobuch-Forschung. In:
Dogramaci, Burcu u. a. (Hgg.): Gedruckt und erblättert. Das Fotobuch als Medium ästheti-
scher Artikulation seit den 1940er Jahren. Köln: Walther König 2016. S. 22–33.

Webseiten

http://gawainweaver.com/images/uploads/Process_ID_Chart_Photomechanical.pdf
(21.05.2017)
http://photobib.bonartes.org/ (21.05.2017)

Ursula Gschlacht und Johanna Totschnig

Videodigitalisierung und –langzeitarchivierung an der Universität für angewandte Kunst Wien – das Projekt d_lia

Seit Anfang der 1960er-Jahre nutzten KünstlerInnen das damals neue Medium Video als eigenständige Kunstform. Die Hochschule für angewandte Kunst Wien war die erste der österreichischen Kunsthochschulen, an der Professuren in den Fächern Videokunst und Animationsfilm eingeführt wurden und die der digitalen Kunst einen eigenen Lehr- und Forschungsbereich sowie ein Diplomstudium einrichtete. Oswald Oberhuber, Rektor von 1979–1987 und 1991–1995, suchte das Feld der angewandten Kunst in verschiedene Richtungen zu erweitern und begann u. a. mit der Errichtung von Studios für diese Bereiche. 1982 gliederte er der Meisterklasse für Grafik das heute legendäre *Videostudio* an, dessen Leitung Karl Kowanz übertragen wurde. 1986–1991 stand Ernst Caramelle der Meisterklasse vor. Aus diesem Studio gingen einige der bekanntesten österreichischen VideokünstlerInnen hervor, wie beispielsweise Graf & Zyx, Helmut Mark, Station Rose oder Romana Scheffknecht.

1980 wurde Maria Lassing, die mit ihren Animationsfilmen von New York aus eine internationale Karriere gemacht hatte, berufen und übernahm eine Meisterklasse für Gestaltungslehre, an der 1983 das Lehrstudio *Experimenteller Zeichentrickfilm* unter der Leitung von Hubert Sielecki eingerichtet wurde. Mit der Einrichtung einer Meisterklasse für Visuelle Mediengestaltung im Jahr 1986 (heute: *Digitale Kunst*[1]) wurde den neuesten Entwicklungen Rechnung getragen und mit Peter Weibel konnte einer der weltweit renommiertesten Medienkünstler für die Leitung gewonnen werden. Zu seinen AbsolventInnen gehören u. a. Gudrun Bielz, Constance Ruhm oder Ruth Schnell. Die Erweiterung des Angebots im multimedialen und transmedialen Bereich wurde in den 1990er-Jahren forciert. Klassen für Fotografie (Gabriele Rothemann), Transmediale Kunst (Brigitte Kowanz), Bildhauerei und Multimedia (Erwin Wurm) wurden neu geschaffen, in allen hatte und hat Videokunst einen wesentlichen Anteil an der künstlerischen Produktion.

Dies führte dazu, dass an den Abteilungen *Digitale Kunst* und *Malerei, Tapisserie und Animationsfilm* Sammlungen von Videokunst und Filmproduktio-

---

1 Digitale Kunst – Department of Digital Arts University of Applied Arts Vienna. https://digitalekunst.ac.at (17.05.2017).

https://doi.org/10.1515/9783110501094-014

nen von Lehrenden, Studierenden und AbsolventInnen entstanden. Zugleich wurde auch an der Bibliothek[2] seit Mitte der 1990er-Jahre eine Videokunst-Sammlung mit folgenden Schwerpunkten aufgebaut: Arbeiten von Angehörigen der eigenen Institution; frauenspezifische Arbeiten (Werke von Videokünstler-innen oder zu Gender-Themen); exemplarische Arbeiten international renom-mierter KünstlerInnen, die für die Erschließung der Künste relevant sind, etwa aufgrund des Genres, der Produktionstechnik oder von Pionierleistungen.

Während konventionelle Kunstwerke an relativ haltbare Medien gebunden sind, erfordert die langfristige Erhaltung und Bereitstellung audiovisueller Kunst den kontinuierlichen Einsatz von Technologien, die ihrerseits einem per-manenten Wandel unterworfen sind. Die dauerhafte Erhaltung eines Originals ist in der Videokunst nicht möglich, vielmehr muss es darum gehen, den Infor-mationsgehalt des von der Künstlerin/vom Künstler intendierten Werkes mög-lichst in seiner Gesamtheit zu erhalten, indem die Information entsprechend technologisch vorgegebenen Zyklen von einem bestehenden Träger „gelesen" und auf einen neuen Träger „geschrieben" wird.

Mit ersten Überlegungen zur Digitalisierung und Langzeitarchivierung der Video-Sammlung wurde an der Universitätsbibliothek 2005 begonnen. 2006 wurde eine universitätsinterne Umfrage durchgeführt, um den Umfang der an anderen Abteilungen aufbewahrten analogen Videobestände und den Bedarf für deren langfristige Sicherung zu erheben. Durch Teilnahme an der Arge *Langzeitarchivierung an österreichischen Universitätsbibliotheken* 2006–2007 (im Auftrag der Arbeitsgemeinschaft der BibliotheksdirektorInnen der österreich-ischen Universitätsbibliotheken und der Österreichischen Nationalbibliothek) wurden der Erfahrungsaustausch und mögliche Strategien gesucht. Aber erst das Projekt *d_lia – Digital Library at the University of Applied Arts Vienna*, das Anfang 2008 durch das Bundesministerium für Wissenschaft und Forschung im Rahmen des Förderprogramms Forschungsinfrastruktur IV und Vorziehprofes-suren 2007/2008 genehmigt wurde, ermöglichte die Umsetzung einer nachhalti-gen Videodigitalisierung.

Zunächst galt es, jene Bestände der *Universitätsbibliothek* und der Abteilun-gen *Digitale Kunst* und *Animationsfilm* auszuwählen, die das im Projektantrag genannte „Gedächtnis der Universität im künstlerischen Feld" repräsentieren. Es ergab sich daraus ein zu digitalisierender Bestand von ca. 1500 Bändern, auf denen 3500 Werke in 870 Stunden gespeichert sind. Die Quellbänder lagen in den Formaten U-Matic, VHS, Betacam SP und 16-mm-Film vor. Nach umfangrei-chen Recherchen wurde ein Plan zur Durchführung von Tests in Kooperation

---

2 Universitätsbibliothek der Universität für Angewandte Kunst Wien.
http://bibserver.uni-ak.ac.at (17.05.2017).

mit potenziellen Digitalisierungspartnern erstellt. Wertvolle Anregungen für das Testdesign stammten aus dem *Preservation Planning Workflow* des EU-Projekts PLANETS.[3] Als generelles Ziel der Digitalisierung wurde im Testplan die Übertragung der vorliegenden Bänder in das dateibasierte, verlustfrei komprimierte Zielformat *MJ2 (Motion JPEG2000)* formuliert. *MJ2* wurde als bevorzugtes Dateiformat vorgesehen, da die Recherchen folgende Vorteile des Formates ergeben hatten: es liegt als ISO-Standard (ISO/IEC 15444-3) vor; die Entwicklung des Formats wird nicht von einem einzelnen Unternehmen kontrolliert; der Speicherbedarf ist im Vergleich zu unkomprimierten Videoformaten deutlich reduziert; es wird von der Digital Cinema Initiative als Format für digitales Kino empfohlen.

Für die *Digitalisierungstests* (Juli 2008 bis August 2009) konnten zwei österreichische und zwei ausländische Unternehmen gewonnen werden, wobei sich eine der Firmen bereits in der ersten Phase wieder aus den Tests zurückzog. Die Tests sollten klären, welcher dieser Partner am besten in der Lage ist, die Quellbänder zu digitalisieren: 1. unter bestmöglicher Wahrung der technischen Eigenschaften des Quellmaterials; 2. unter bestmöglicher Rücksichtnahme auf die Intentionen der KünstlerInnen; 3. zu Kosten, die sich im Rahmen des Projektbudgets bewegen; 4. in einem Zeitraum, der im Rahmen der im Projekt dafür vorgesehenen Dauer bleibt.

Jeder der Testpartner erhielt ein Paket mit innerhalb von drei Monaten zu digitalisierenden Bändern, das Beispiele aus den Beständen aller drei involvierten Organisationseinheiten, darunter Videokunst, Animationsfilme wie auch Dokumentationen auf VHS und U-Matic enthielt. Die so entstandenen Digitalisate wurden nach im Testplan festgelegten und gewichteten *technisch-objektiven* und *inhaltlich-subjektiven Kriterien* bewertet, zusätzlich wurden mithilfe eines Fragebogens u. a. die zu erwartenden Kosten, die zum Abspielen benötigte Infrastruktur sowie alle Workflows vom Quellband zur Zieldatei unter Angabe der verwendeten Hard- und Software, Einstellungen und Parameter erhoben. Für die inhaltlich-subjektive Auswertung der Tests, die anhand eines Bewertungsblatts mit differenzierten Kategorien für visuelle und auditive Eindrücke sowie die Synchronizität von Bild und Ton erfolgte, konnten acht im Haus beschäftigte ExpertInnen für das Medium Video gewonnen werden, darunter auch Romana Scheffknecht und Hubert Sielecki als SchöpferInnen von zu digitalisierenden Werken.

---

3 TUWIEN: Report on methodology for specifying preservation plans.
http://www.ifs.tuwien.ac.at/dp/plato/docs/Planets_PP4-D1_Final.pdf (17.05.2017).

Abb. 1: Abspielstation. In den Räumlichkeiten der Universitätsbibliothek wurde ein Arbeitsplatz für die technisch-objektive und inhaltlich-subjektive Bewertung der Testdateien eingerichtet. V. l. n. r.: Video-PC, DVD-VHS-Player und U-Matic-Player zum Abspielen der Quellkassetten (© Universität für angewandte Kunst Wien).

Die Digitalisierungstests lieferten folgende Ergebnisse: als Digitalisierungspartner wurde die *PBO Filmproduktion GmbH*[4] empfohlen, als Zielformat für die Digitalisierung verlustfrei komprimiertes *Motion JPEG2000*. Es wurde vorgeschlagen, Software der Firma *MainConcept*[5] zum Codieren zu verwenden. Sollte diese zu Beginn der Arbeiten nicht die erforderliche technische Reife aufweisen, seien die Digitalisate unkomprimiert zwischenzuspeichern und nachträglich umzuwandeln. Nach dem Zuschlag an die Firma *PBO* wurde bis Jänner 2010 ein detailliertes *Lastenheft* zur organisatorischen und technischen Abwicklung der Digitalisierung erstellt, das u. a. vorsah, dass pro Werk auf einem Quellband vom Auftragnehmer zwei Zieldateien zu generieren sind: ein *master file* in einem für die digitale Langzeitarchivierung tauglichen Archivformat sowie ein *access file* in einem Vorschauformat zur einfach durchzuführenden Sichtung des Werks. Zusätzlich wurde festgeschrieben, dass die Bearbeitung jedes Werks in strukturierter und digital verarbeitbarer Form zu dokumentieren ist.

---

4 PBO Filmproduktion GmbH. http://pborealtime.at (17.05.2017).
5 MainConcept ist ein Provider professioneller Video-Kompressions-Technologie. https://www.mainconcept.com (17.05.2017).

Angaben zu	Feldname	Erläuterungen
Quellband	q_signatur	Signatur des Quellbands.
	q_werke	Anzahl der auf dem Quellband enthaltenen Werke.
	q_format	Genaues Format des Quellbands, evtl. als Code. Bsp. uhi für „U-Matic high band".
	q_zustand	Zustand: 0 unbekannt. 1 sehr gut. 2 gut. 3 brauchbar. 4 schlecht. 5 sehr schlecht.
	q_reinigung	j Reinigung durchgeführt. n Reinigung nicht durchgeführt.
	q_anmerkungen	Anmerkungen zur Digitalisierung.

Angaben zu	Feldname	Erläuterungen
master file	m_name	Dateiname. Bsp. VB_0300_W10.mxf.
	m_groesse	Dateigröße in Bytes.
	m_datum	Erstellungsdatum der Datei.
	m_dauer_min	Dauer des Videos, Minutenanteil.
	m_dauer_sek	Dauer des Videos, Sekundenanteil.
	m_profil	*Dateiprofil*, d. h. Code, der ein Set von Parametern bezeichnet, die für das Generieren der Datei relevant waren.
access file	a_name	Dateiname. Bsp. VB_0300_W10.mov.
	a_groesse	Dateigröße in Bytes.
	a_datum	Erstellungsdatum der Datei.
	a_dauer_min	Dauer des Videos, Minutenanteil.
	a_dauer_sek	Dauer des Videos, Sekundenanteil.
	a_profil	Dateiprofil.

Abb. 2a: Dokumentation. Gemäß den Vereinbarungen im Lastenheft wurde vom Digitalisierungspartner für jede Quell- und daraus generierte Zieldatei eine Dokumentation festgelegter Parameter in einer Excel-Datei vorgenommen.

Dateiprofil H.264_1 (VHS-PAL)

- Videoequipment:
  - Player: JVC HR-DVS2, JVC HR-DVS3
  - TBC: AJA FS1
- Hardware:
  - Capturing: Blackmagic Design Decklink SDI, Blackmagic Design Decklink Pro
  - Engine: Apple Mac G5, Apple Mac Pro
- Software:
  - Betriebssystem: Mac OSX Version 10.6 ff
  - Capture-/Export: Final Cut Pro Version 6.0 ff
  - Encoding: Adobe Media Encoder CS5 ff
- Codec:
  - Bild
    - Codec: Mainconcept H.264
    - Auflösung: 720x576px
    - Framerate: 25fps
    - Farbraum: YUV
    - Subsampling: 4:2:0
    - Farbtiefe: 8 bits
    - Profil: Hauptoption
    - Pegel: 3.1
    - Interlacing: Ja
    - Feldreihenfolge: Oberes
    - Bitrate: variabel – Target 4,5 MBit/sec, Peak 5 MBit/sec
  - Ton
    - Codec: AAC
    - Kanäle: 2
    - Samplerate: 48 kHz
    - Bitrate: 192 KBit/sec

PBO Filmproduktion GmbH   Film | Foto | Web   Taborstraße 7/3   1020 Wien
T +43-1-2189063   F +43-1-218906340   E-Mail: office@pbofilm.at   Website: pbofilm.at
Bankverbindung: Volksbank Wien, KtoNr. 462 0016 0003, BLZ 43000   FirmenbuchNr.: FN 199337w   UID: ATU42783604

Abb. 2b: Dokumentation. Um die Nachvollziehbarkeit der Prozesse zu gewährleisten, wurden die technischen Einstellungen für das Übertragen der analogen Quellbänder in Digitalisate für jedes Ausgangsformat in einem Dateiprofil hinterlegt. In Phaidra ist jedes digitale Objekt mit dem entsprechenden Dateiprofil verlinkt.

Parallel zu den Tests erfolgte die intensive Suche nach einem vertrauenswürdigen *digitalen Langzeitarchiv* für die im Rahmen des Projektes *d_lia* zu erwartenden Digitalisate. Ende Februar 2010 wurde schließlich mit der Universität Wien ein Kooperationsvertrag mit einer Laufzeit von zunächst 10 Jahren zur Mitnutzung des dort entwickelten und betriebenen, auf Fedora Commons Repository basierenden Digital Asset Management Systems *Phaidra*[6] abgeschlossen.

Im Laufe des Jahres 2010 konnten die Digitalisate der VHS- und U-Matic-Quellbänder im Format *MPEG-4*[7] durch die Firma *PBO* geliefert werden. Zur Qualitätssicherung wurden gemäß einem definierten Testplan einerseits alle erzeugten Dateien einer technischen Prüfung unterzogen, andererseits nach dem Zufallsprinzip 5% der Werke ausgewählt und mithilfe der zugehörigen Quellbänder im Detail geprüft. Die technische Auswertung und die inhaltliche Grundprüfung der Stichproben erbrachten eine Reihe nicht zufriedenstellender Ergebnisse, weshalb von einer großen Zahl von Quellbändern neue Digitalisate angefertigt werden mussten, bis die erforderlichen Kriterien erfüllt waren. Diese erneuten Arbeiten verzögerten den Fortschritt des Projektes und konnten erst 2011 zur Zufriedenheit abgeschlossen werden.

Bei der Digitalisierung der 16-mm-Filme aus der Abteilung Animationsfilm kam es ebenfalls zu Verzögerungen, da sich herausstellte, dass die Originale keine Filmpositive, sondern Negative waren. Dadurch wurde es notwendig, ein anderes, mit dem entsprechenden Equipment für die Abtastung dieser Originale ausgestattetes Videostudio zu finden, was schließlich mit der Firma *Synchro Film*[8] gelang.

Die bei der Digitalisierung erzeugten *access files* im Format *MPEG-4* konnten 2011 im Massenspeichersystem der Universität Wien abgelegt werden. Schwierigkeiten stellten sich jedoch beim Generieren der *master files* ein: diese konnten vom Digitalisierungspartner der Angewandten nicht wie geplant erzeugt werden, da der *Motion-JPEG2000*-Standard als relativ junge Technologie mit der von der Firma *MainConcept* entwickelten Software nicht stabil lief. Es wurden Tests mit der damals verfügbaren aktuellsten Version der Software durchgeführt, doch die aufgetretenen Programmfehler konnten nicht behoben werden.

---

6 Das Akronym Phaidra steht für „Permanent Hosting, Archiving and Indexing of Digital Resources and Assets". Phaidra ist das gesamtuniversitäre Digital Asset Management System mit Langzeitarchivierungsfunktionen. https://phaidra.bibliothek.uni-ak.ac.at (17.05.2017).
7 MPEG steht für „Moving Picture Experts Group". MPEG-4 ist ein MPEG-Standard (ISO/IEC-14496), der u. a. Verfahren zur Video- und Audiodatenkompression beschreibt. Das offizielle Containerformat von MPEG-4 ist MP4.
8 Synchro Film war eine österreichische Postproduktionsgesellschaft, die von 1989–2016 bestand und ihren Sitz in Wien-Neubau hatte.

Deshalb wurde von der ursprünglich geplanten Kompression Abstand genommen und die *master files* vorerst als unkomprimierte Rohdateien beim Digitalisierungspartner belassen. Die Speicherung der *master files* in der Größe von 90 TB konnte im Massenspeicher der Universität Wien nicht umgesetzt werden, da die ursprünglich anvisierte Datenmenge durch die nicht durchgeführte Kompression um ein Vielfaches überschritten wurde.

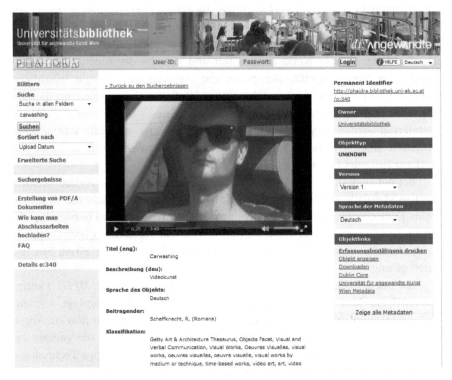

Abb. 3: Objekt in Phaidra. Digitales Objekt zum Video „Carwashing" von Romana Scheffknecht in Phaidra, Filmstill mit einem Auszug der Metadaten (© Romana Scheffknecht; © Universität für angewandte Kunst Wien; © Universität Wien).

Während 2012 mit dem Hochladen der Sichtungskopien (*MPEG-4*) in das Digital Asset Management System *Phaidra* und der technischen Katalogisierung und der Erfassung der formalen und inhaltlichen Metadaten begonnen werden konnte, wurde eine geeignete Lösung für die Speicherung der *master files* gesucht, wobei zwei Ansätze verfolgt wurden: einerseits wurden Recherchen zum Kompressions-Format und zu Alternativen zu *Motion JPEG2000* durchgeführt, andererseits wurde eine zwischenzeitliche alternative Storage-Lösung für die Rohdateien angedacht.

Letztere konnte 2013 mit dem privaten Storage-Anbieter *Timewarp IT Consulting GmbH*[9] realisiert werden. Im Vorfeld wurden für die externe Datenspeicherung mehr als 30 Anbieter von Storage-Systemen kontaktiert und um Lösungsvorschläge und Angebote ersucht, wobei der schließlich gewählte Storage-Partner mit seinem Angebot überzeugen konnte. Bei *Timewarp* werden die Daten auf HDD einmal online und zweimal offline an geographisch getrennten Rechenzentren in Österreich langzeitarchiviert. Daraus ergibt sich ein Speicherbedarf von 270 TB. Die Online-Dateien werden monatlich mittels CRC und MD5-Check geprüft, die Offline-Dateien einmal jährlich.

Das Hochladen der etwa 3500 Access-Dateien im Format *MPEG-4* in *Phaidra* und die Katalogisierung wurden fortgesetzt und konnten 2014 abgeschlossen werden. Für die korrekte Metadatenerfassung wurden in Zusammenarbeit mit der Universität Wien die entsprechenden Templates verbessert und erweitert.

Die Recherchen zur Lösung des Storage-Problems wurden weiter vorangetrieben. Eine Transferierung der *master files* auf den Massenspeicher der Universität Wien wurde erneut überlegt. Da eine Speicherung zum damaligen Zeitpunkt jedoch nicht in vergleichbar hoher Sicherheit wie die gefundene private Storage-Lösung (doppelte Replikation an geographisch getrennten Orten) möglich gewesen wäre, wurde davon Abstand genommen. Dennoch bleibt es weiter das erklärte Ziel, langfristig alle im Zuge des Projektes *d_lia* entstandenen Dateien bei der Universität Wien zu speichern. In Kooperation mit anderen österreichischen Universitäten wird am Ausbau der Sicherheitsarchitektur des Massenspeichers der Universität Wien gearbeitet.

Als zweiter Lösungsweg wurde die Möglichkeit der Datenreduktion durch ein Encoding in das Open-Source-Format *FFV1*[10] in *AVI-Containern* (verlustfreie Kompression) geprüft, das von Experten der österreichischen Mediathek empfohlen wurde. Der Digitalisierungspartner der Universität für angewandte Kunst Wien, die Firma *PBO*, führte Tests mit diesem Format durch. Eine Datenreduktion auf 25–50% der unkomprimierten Dateien wäre je nach Ausgangsformat möglich. Aufgrund des hohen Aufwandes und der hohen Kosten für das Encoding wurde aber auch davon vorerst Abstand genommen und der Storage-Vertrag mit der Firma *Timewarp* auf weitere 2 Jahre verlängert. Vor Ablauf dieser Zeitspanne und einer möglichen weiteren Vertragsverlängerung soll die Möglichkeit des Encodings und der Archivierung durch die Universität Wien erneut geprüft werden.

---

9 Timewarp IT Consulting GmbH. https://timewarp.at (17.05.2017).
10 FFV1 steht für „FFmpeg Videocodec 1" und ist ein verlustfreier Intra-Frame Videocodec.

An der Klärung der Rechte (Kontaktaufnahme mit den RechteinhaberInnen der jeweiligen Werke) für den Zugriff auf die in *Phaidra* gespeicherten Objekte am Campus der Universität für angewandte Kunst Wien wird gearbeitet.

Unvorhersehbare Schwierigkeiten und technische Probleme stellten die ProjektmitarbeiterInnen immer wieder vor neue Herausforderungen. Die bei der Lösung der Probleme gesammelten Erfahrungen können in Zukunft bei der Planung und Einschätzung weiterer Vorhaben und Projekte hilfreich sein. Die technischen Gegebenheiten verändern sich stetig und setzen eine laufende Auseinandersetzung mit den aktuellen Entwicklungen voraus. Die langfristige Speicherung digitaler Inhalte kann nie als abgeschlossen betrachtet werden. Die Wahl eines bestimmten Archiv-Formates zieht in technologisch vorgegeben Zyklen Daten-Migrationen nach sich und sich verändernde Rahmenbedingungen von Storage-Lösungen erfordern die neuerliche Prüfung der Gegebenheiten und möglicher Alternativen.

In unserem Fall bedeutet das ein aufmerksames Verfolgen der Entwicklung von verlustfreien Kompressionsformaten und der entsprechenden Encodings sowie den wiederholten Vergleich verschiedener Storage-Anbieter, um eine kostengünstige und v. a. sichere langfristige Speicherung der Digitalisate zu gewährleisten.

Die Autorinnen wollen sich an dieser Stelle bei Herrn Ing. Mag. Michael Horvath bedanken, der maßgeblich am Projekt *d_lia* beteiligt war. Seine ausführlichen Projektdokumentationen dienten u. a. als Grundlage dieses Textes. Das *d_lia-Projekt* wurde initiiert und geleitet von Frau Dr. Gabriele Jurjevec-Koller.

Jörg Witzel

AutoThür – Autobiografische Lebensläufe aus Thüringer Leichenpredigten der Frühen Neuzeit online

Unter dem nicht ganz humorlosen Kurztitel *AutoThür* stellt die Forschungsstelle für Personalschriften an der Philipps-Universität Marburg[1] auf ihrer Website eine digitale Edition von zehn autobiografischen Lebensläufen aus Thüringer Leichenpredigten der Frühen Neuzeit bereit.[2] Mit diesem Pilotprojekt sollte beispielhaft ausgelotet werden, wie sich diese höchst wertvollen Quellentexte im Internet so präsentieren und erschließen lassen, dass sie für die Erforschung der Frühen Neuzeit optimal genutzt werden können. Im Folgenden soll zuerst eine Einführung zur Textsorte Leichenpredigt gegeben werden. Dann werden die edierten Quellen inhaltlich vorgestellt. Abschließend wird die Edition in ihrem Aufbau und ihrer technischen Realisierung beschrieben.

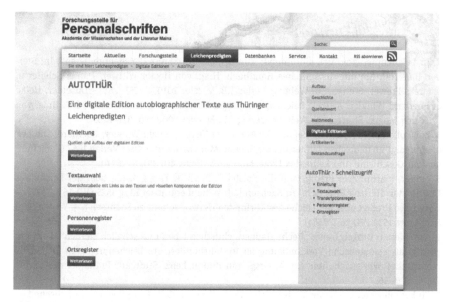

Abb. 1: Einstiegsseite der digitalen Edition *AutoThür*.

---

1 Sie ist eine Arbeitsstelle der Akademie der Wissenschaften und der Literatur zu Mainz.
2 http://www.personalschriften.de/leichenpredigten/digitale-editionen/autothuer.html (2.2.2017).

https://doi.org/10.1515/9783110501094-015

Die Leichenpredigt ist eine Tochter der Reformation.[3] Dies so pointiert auszusprechen, ist gerade ein Jahr nach dem Reformationsjubiläum angebracht. Martin Luther selbst rief diese Predigtgattung ins Leben.[4] Seine anlässlich der Begräbnisse der Kurfürsten Friedrichs des Weisen (1525) und Johanns des Beständigen (1532) von Sachsen gehaltenen Predigten sind ihre frühesten Zeugnisse.[5] Die Reformation verlieh der Predigt einen neuen, herausragenden Stellenwert. Sie steht im Zentrum des evangelischen Gottesdienstes. So wurde auch die alte katholische Begräbnisliturgie in den evangelischen Kirchen durch einen Beerdigungsgottesdienst mit einer Predigt, der Leichenpredigt, ersetzt. Diese hatte neben der Verkündigung des Gotteswortes vor allem den Zweck, die Hinterbliebenen zu trösten.[6]

Die neue Predigtgattung etablierte und verbreitete sich rasch überall dort, wo der lutherische Protestantismus dominierte. Aber auch die anderen, sich formierenden protestantischen Konfessionen übernahmen sie und sogar die katholische Kirche, wenn auch in geringerem Ausmaß.[7] Leichenpredigten wurden in der Zeit von 1550 bis 1750 zu Hunderttausenden im Druck publiziert. In der chronologischen Verteilung des Leichenpredigtaufkommens lassen sich zwei

---

3 Zu Leichenpredigten vgl. einführend: Kunze, Jens: Abschnitt „Leichenpredigten". In: Sterben und Tod. Ein interdisziplinäres Handbuch. Hrsg. von Héctor Wittwer, Daniel Schäfer u. Andreas Frewer. Stuttgart u. Weimar: Verlag J.B. Metzler 2010, S. 257–261. – Düselder, Heike u. Eberhard Winkler: Artikel „Leichenpredigt". In: Enzyklopädie der Neuzeit. Bd. 7. Hrsg. von Friedrich Jaeger. Stuttgart u. Weimar: Verlag J.B. Metzler 2008. Sp. 821–825.

4 Zur Rolle des Reformators bei der Genese dieser Textsorte vgl.: Winkler, Eberhard: Die Leichenpredigt im deutschen Luthertum bis Spener. München: Chr. Kaiser Verlag 1967 (Forschungen zur Geschichte und Lehre des Protestantismus, Reihe 10, 34). S. 26–41.

5 Luther, Martin: Zwo Predig auff die Epistel S. Pauli. 1. Thess. 4. [...] uber der Leiche des Chürfursten Hertzog Friderichs zu Sachsen [...]. Wittenberg: Josef Klug 1525 (VD 16 L 7577). – Ders.: Zwo Predig uber der Leiche des Kürfursten Hertzog Iohans zu Sachssen [...]. Wittenberg: Schirlentz 1532 (VD 16 L 7581).

6 Vgl. hierzu: Dingel, Irene: „Recht glauben, christlich leben und seliglich sterben". Leichenpredigt als evangelische Verkündigung im 16. Jahrhundert. In: Leichenpredigten als Quelle historischer Wissenschaften. Bd. 4. Hrsg. von Rudolf Lenz. Stuttgart: Franz Steiner Verlag 2004. S. 9–36.

7 Zu katholischen Leichenpredigten siehe: Boge, Birgit u. Ralf Georg Bogner: Katholische Leichenpredigten des 16. bis 18. Jahrhunderts. Einige vorläufige Thesen zur Geschichte von Produktion und Distribution einer Gattung der religiösen Gebrauchsliteratur der frühen Neuzeit. In: Oratio Funebris. Die katholische Leichenpredigt der frühen Neuzeit. Zwölf Studien. Hrsg. von Dens. Amsterdam u. Atlanta: Editions Rodopi B.V. 1999 (Chloe. Beihefte zum Daphnis 30). S. 317–340.

Spitzen erkennen: in den Jahren vor dem Dreißigjährigen Krieg und in den ersten drei Jahrzehnten nach diesem Krieg.[8]

Meist veranlassten die Hinterbliebenen die Drucklegung einer Leichenpredigt, um für eine nachhaltige Memoria ihrer verstorbenen Angehörigen und damit auch für das Prestige ihrer Familie zu sorgen. Die Druckkosten einer Leichenpredigt waren so hoch, dass sie sich Angehörige der sozialen Unterschicht nicht leisten konnten.[9] Daher sind geschätzte zwei Drittel bis drei Viertel der mit gedruckten Leichenpredigten Geehrten dem Bürgertum zuzuordnen.[10] Unter ihnen dominieren Akademiker: Schullehrer, Professoren, Geistliche, Amtsträger in der landesherrlichen Verwaltung und Juristen. Leichenpredigten waren auf diese Weise ein wichtiges Medium der Erinnerungskultur protestantischer bürgerlicher Funktionseliten in der Frühen Neuzeit.

Seit dem Ende des 16. Jahrhunderts wurden die Leichenpredigtdrucke um weitere Bestandteile ergänzt. Dabei handelt es sich vor allem um den Lebenslauf des/der Verstorbenen, der im Anschluss an die Predigt verlesen wurde, auch *Personalia* genannt,[11] die *Abdankung*, eine kurze Rede mit abschließendem

---

8 Diese Angaben beruhen auf einer statistischen Auswertung der im Gesamtkatalog deutschsprachiger Leichenpredigten, einer auf der Website der Forschungsstelle für Personalschriften vorgehaltenen Online-Datenbank, nachgewiesenen mehr als 200 000 Leichenpredigten und sonstigen Trauerschriften. – Vgl. Geißler, Daniel: Das Höchstschmertzlich-betrübte Rudolstadt. Alltag und Gesellschaft einer frühneuzeitlichen Residenzstadt im Spiegel ihrer Funeralia-Sammlung. In: *Wohlgelebt! Wohlgestorben?* Leichenpredigten in der Historischen Bibliothek der Stadt Rudolstadt. Beiträge des Kolloquiums vom 15. April 2011. Hrsg. von Eva-Maria Dickhaut. Stuttgart: Franz Steiner Verlag 2013 (Abhandlungen der Geistes- und Sozialwissenschaftlichen Klasse/Akademie der Wissenschaften und der Literatur, Mainz. Jg. 2013. Nr. 4). S. 21–39, hier S. 24.
9 Zu Auflagenhöhen und Kosten von Leichenpredigtdrucken vgl.: Koretzki, Gert-Rüdiger: Leichenpredigten und ihre Druckherstellung. Ein Beitrag zur Untersuchung der materiellen Voraussetzungen einer gesellschaftlichen Modeerscheinung. In: Leichenpredigten als Quelle historischer Wissenschaften. Bd. 2. Hrsg. von Rudolf Lenz. Marburg: Schwarz-Verlag 1979. S. 333–359.
10 Vgl. hierzu: Dickhaut, Eva-Maria u. Jörg Witzel: Katalogisierung thüringischer Leichenpredigten der Frühen Neuzeit. Ein Zwischenbericht. In: Wolfenbütteler Barock-Nachrichten 38 (2011) H. 1. S. 37–50, hier S. 42f. u. 45.
11 Zu Personalia siehe ausführlich: Moore, Cornelia Niekus: Patterned Lives. The Lutheran Funeral Biography in Early Modern Germany. Wiesbaden: Harrassowitz Verlag 2006 (Wolfenbütteler Forschungen 111).

Dank an die Beerdigungsteilnehmer,[12] und Trauergedichte (Epicedien).[13] Auf diese Weise entstanden Funeraldrucke, die mehrere Textsorten umfassen.

Mit den Personalia wurde vermutlich den Wünschen der Hinterbliebenen nach einer gebührenden Würdigung ihres verstorbenen Familienangehörigen Rechnung getragen. Sie sind schematisch gegliedert und behandeln die wichtigsten Lebensstationen des/der Verstorbenen. Sie enden mit einer detaillierten Beschreibung der tödlichen Krankheit und des seelsorgerisch betreuten Sterbens. Damit sollte demonstriert werden, dass der konfessionell korrekte Glaube ein seliges Sterben garantierte. Propagiert die eigentliche Leichenpredigt Werte und Normen in allgemeiner Form, so präsentieren die Personalia sie individuell verwirklicht im gelungenen christlichen Lebenswandel des/der Verstorbenen.

Meist wurde der Lebenslauf vom Prediger verfasst. Als Grundlage dienten ihm dazu mündliche oder schriftliche Informationen der Hinterbliebenen bzw. schriftliche Hinterlassenschaften des/der Verstorbenen.[14] Dabei konnte es sich auch um eigenhändige Lebensläufe, um kurze Autobiografien handeln. Zum Teil wurden diese Texte unverändert abgedruckt, vom Predigtverfasser lediglich mit einer Einleitung und einem Nachspann versehen, der von den letzten Lebensjahren der/des Verstorbenen handelt und ihre/seine Person würdigt.[15] Schätzungsweise vier Prozent aller Leichenpredigten enthalten autobiografische Bestandteile.[16] Im Zuge der Katalogisierungsprojekte der Forschungsstelle für Personalschriften verfestigte sich der Eindruck, dass der Anteil autobiografi-

---

12 Zur Abdankung siehe: Fürstenwald, Maria: Zur Theorie und Funktion der Barockabdankung. In: Leichenpredigten als Quelle historischer Wissenschaften. Bd. 1. Hrsg. von Rudolf Lenz. Köln u. Wien: Böhlau Verlag 1975. S. 372–389.

13 Zum Epicedium siehe: Wiegand, Hermann: Artikel „Epicedium". In: Reallexikon der Deutschen Literaturwissenschaft. Bd. 1. Hrsg. von Klaus Weimar. Berlin u. New York: De Gruyter 1997. S. 455–457.

14 Vgl. Witzel, Jörg: Autobiographische Texte aus Thüringer Leichenpredigten der Frühen Neuzeit. Eine digitale Edition. In: Editionswissenschaftliches Kolloquium 2013. Neuere Editionen der sogenannten „Ego-Dokumente" und andere Projekte in den Editionswissenschaften. Hrsg. von Helmut Flachenecker u. Janusz Tandecki. Toruń: Towarzystwo Naukowe 2015 (Publikationen des Deutsch-Polnischen Gesprächskreises für Quelleneditionen 7). S. 27–44, hier S. 30. – Moore: Patterned Lives (wie Anm. 11). S. 56–63.

15 Zu autobiografischen Lebensläufen in Leichenpredigten vgl. auch: Düsselder, Heike: Der Tod in Oldenburg. Sozial- und kulturgeschichtliche Untersuchungen zu Lebenswelten im 17. und 18. Jahrhundert. Hannover: Hahn 1999 (Veröffentlichungen der Historischen Kommission für Niedersachsen und Bremen 34). S. 260–264. – Hartmann, Rolf: Das Autobiographische in der Basler Leichenrede. Basel u. Stuttgart: Verlag von Helbing & Lichtenhahn 1963 (Basler Beiträge zur Geschichtswissenschaft 90). S. 61–84.

16 Der Theologe Friedrich Andreas Hallbauer (1692–1750) bemerkt in seinem Rhetorik-Lehrbuch, dass viele Menschen ihren Lebenslauf vor ihrem Ableben aufsetzten. – Hallbauer, Fried-

scher Lebensläufe in Leichenpredigten aus Thüringen besonders hoch zu sein scheint.

Jede dieser Autobiografien wird eindeutig als Selbstzeugnis[17] authentifiziert. Sie steht in der ersten Person Singular. Da die Mehrzahl dieser Texte in ihrem Umfang und ihrem Aufbau jenen Personalia gleicht, die vom Prediger selbst formuliert wurden, ist anzunehmen, dass sie eigens zu dem Zweck angefertigt wurden, beim Begräbnis im Rahmen der Leichenpredigt verlesen zu werden. Sie waren von vornherein für eine Publikation bestimmt und richteten sich nicht nur an einen privaten Rezipientenkreis. Der durch ihre Funktion bedingte limitierte Umfang autobiografischer Personalia zwang ihre Verfasserinnen und Verfasser, konzise lebensgeschichtliche Narrative zu entwickeln und ihr Leben als kohärentes und sinnvolles Ganzes darzustellen. So sind aussagekräftige Selbstporträts entstanden, die zeigen, wo sich diese Menschen in gesellschaftlichen, politischen oder religiös-konfessionellen Zusammenhängen verorteten und wie sie ihre Umwelt wahrnahmen. Mit einiger Berechtigung kann man feststellen, dass es sich hier um eine Sonderform der sozialen und kulturellen Praxis autobiografischen Schreibens in der Frühen Neuzeit handelt.[18]

Bei der Katalogisierung thüringischer Leichenpredigtsammlungen durch die Forschungsstelle für Personalschriften wurden bisher 109 Funeraldrucke mit autobiografischen Personalia ermittelt, deren neun Verfasserinnen und 100 Verfasser ihren Lebensmittelpunkt in Thüringen hatten. Das Verhältnis zwischen männlichen und weiblichen Verstorbenen beträgt hingegen bei Leichenpredigten allgemein schätzungsweise etwa 60 zu 40 Prozent.[19] Der geringe Anteil von Verfasserinnen autobiografischer Personalia ist ein weiterer Beleg für die Aussage, dass autobiografisches Schreiben in der Frühen Neuzeit eine Männerdomäne war.[20] Es gibt Äußerungen von Leichenpredigtverfassern, die

---

rich Andreas: Anweisung Zur Verbesserten Teutschen Oratorie Nebst einer Vorrede von Den Mängeln Der Schul-Oratorie. Jena: Johann Bernhard Hartung 1736 (VD18 10992308). S. 633.

17 Dieser Begriff hat sich in der Geschichtswissenschaft als Bezeichnung für Texte durchgesetzt, in denen sich ihre Verfasserinnen und Verfasser selbst explizit thematisieren. – Vgl. Krusenstjern, Benigna von: Was sind Selbstzeugnisse? Begriffskritische und quellenkundliche Überlegungen anhand von Beispielen aus dem 17. Jahrhundert. In: Historische Anthropologie 2 (1994). S. 462–471, hier S. 463.

18 Zur sozialen Praxis autobiografischen Schreibens in der Frühen Neuzeit siehe: Jancke, Gabriele: Autobiographie als soziale Praxis. Beziehungskonzepte in Selbstzeugnissen des 15. und 16. Jahrhunderts im deutschsprachigen Raum. Köln, Weimar u. Wien: Böhlau Verlag 2002 (Selbstzeugnisse der Neuzeit 10). Bes. S. 211–214.

19 Diese Schätzung beruht auf einer statistischen Auswertung von 12 507 in der Forschungsstelle für Personalschriften ausgewerteten Leichenpredigten.

20 Vgl. Witzel, Jörg: Frauen präsentieren ihre Lebensgeschichte. Weibliche Autobiografien in Leichenpredigten. In: Leichenpredigten als Medien der Erinnerungskultur im europäischen

darauf hindeuten, dass es Vorbehalte gegenüber einer Publikation von Lebensläufen aus der Feder von Frauen gab.[21]

Die zeitliche Verteilung der Leichenpredigten mit autobiografischen Personalia weicht von derjenigen des gesamten Leichenpredigtaufkommens ab.[22] Sie
ist deutlich in die erste Hälfte des 18. Jahrhunderts hinein verschoben. Durchschnittlich haben diese Personalia einen Umfang von siebeneinhalb Seiten. Es
handelt sich also um eine autobiografische Kleinform.

Eine der neun Verfasserinnen, eine Gräfin Reuß zu Schleiz, entstammte
dem Hochadel. 97 Verfasserinnen und Verfasser der Texte sind dem Bürgertum
zuzuordnen, elf dem niederen Adel. Rund die Hälfte der männlichen Verfasser
waren Geistliche. Rund ein Viertel der Autoren war in der Verwaltung, vor allem
der landesherrlichen, tätig. Sieben Verfasser hatten die Stelle eines Schulrektors
inne, einer die eines Konrektors. Ebenfalls fünf praktizierten als Ärzte und drei
als Juristen. Außerdem kommen unter den Autoren ein „Armatur-Händler",[23]
zwei Buchdrucker, ein Kaufmann und ein Oberst vor.

Geistliche scheinen, legt man diese Quellenbasis zugrunde, unter den Verfassern autobiografischer Personalia signifikant häufiger vertreten zu sein als
unter den mit einer Leichenpredigt gewürdigten Verstorbenen allgemein.[24] Das
kann möglicherweise darauf zurückgeführt werden, dass Geistliche von Berufs
wegen mit Erinnerungsarbeit befasst waren, da sie die Personalia ihrer verstorbenen Gemeindemitglieder zu verfassen hatten. Außerdem sorgten sie für die
Gedächtnisbildung ihrer Pfarrgemeinde, indem sie in den Kirchenbüchern besondere Ereignisse und Informationen zu einzelnen Personen festhielten.[25] Die
Lebensläufe der Amtsträger einer Pfarrstelle dürften in der Überlieferung und
Chronistik einer Pfarrei eine wichtige Rolle gespielt haben. Allgemein scheinen

---

Kontext. Hrsg. von Eva-Maria Dickhaut. Stuttgart: Franz Steiner Verlag 2014 (Leichenpredigten
als Quelle historischer Wissenschaften 5). S. 191–215, hier S. 191f. – Hartmann: Das Autobiographische (wie Anm. 15). S. 70f.

21 Vgl. Witzel, Jörg: Autobiographische Texte in Thüringer Leichenpredigten aus der Historischen Bibliothek der Stadt Rudolstadt. In: Dickhaut (Hrsg.): Wohlgelebt! (wie Anm. 8). S. 65–
78, hier S. 70f.

22 S.o. S. 2.

23 Ein Waffenhändler. – Vgl.: Art. „Armatura". In: Grosses vollständiges Universal-Lexicon
aller Wissenschaften und Künste. Bd. 2. Halle u. Leipzig: Johann Heinrich Zedler 1732. Sp. 1526.

24 Unter den Verstorbenen der bisher von der Forschungsstelle für Personalschriften katalo-
gisierten Leichenpredigten aus Thüringer Bibliotheken und Archiven gibt es etwa ein Viertel
Geistliche.

25 Vgl. hierzu: Dornheim, Stefan: Der Pfarrer als Arbeiter am Gedächtnis. Lutherische Erinnerungskultur in der Frühen Neuzeit zwischen Religion und sozialer Kohäsion. Leipzig: Leipziger
Universitätsverlag 2013 (Schriften zur sächsischen Geschichte und Volkskunde 40), S. 140–154.

Pfarrer die unter Verfassern von Selbstzeugnissen in der Frühen Neuzeit am häufigsten vertretene Berufsgruppe zu sein.[26]

Die zehn autobiografischen Lebensläufe der digitalen Edition *AutoThür* bilden allerdings diese Berufsverteilung nicht ab. Unter den Verfassern sind nur drei Pfarrer. Auswahlkriterium für die edierten Quellen war vor allem ihre Aussagekraft. In den beruflichen Werdegängen der drei protestantischen Geistlichen lässt sich eine Gemeinsamkeit erkennen, die für jene Zeit typisch ist.[27] Zwischen ihrem Studium und dem Antritt ihres ersten geistlichen Amtes verbrachten sie eine Wartezeit, in der sie als Hauslehrer tätig waren. In der sozialen Herkunft dieser drei Verfasser gibt es jedoch Unterschiede.

Der Pfarrer Johann Georg Heinold (1614–1691) kam aus ärmlichen Verhältnissen in Rothenburg ob der Tauber.[28] Sein Vater, ein Schuhmacher, starb frühzeitig. Daher war er gezwungen, sich seinen Lebensunterhalt als Kurrendeschüler[29] selbst zu verdienen. Seit seinem neunten Lebensjahr besuchte er die städtische Lateinschule. Besonders eindringlich ist seine Schilderung von Erfahrungen, die er während des Dreißigjährigen Krieges zu Beginn der dreißiger Jahre machen musste. Während der Plünderung Rothenburgs 1631 durch die Soldateska Tillys hätten ihn „die unbarmhertzigen Soldaten mit Füssen auf mich springend/ übel zugerichtet".[30] Während einer Seuche zwei Jahre später habe er bei der Bestattung von mehr als 30 Toten mithelfen müssen. Als 1635 der Schulunterricht in Rothenburg wegen des Krieges zum Erliegen kam, wandte er sich nach Wittenberg, um dort ein Studium aufzunehmen. Zwei Jahre darauf wollte er sich wegen der unsicheren Lage wieder in seine Heimatstadt zurückbegeben, erhielt jedoch die Stelle eines Hofkantors und Hauslehrers am kurfürstlich sächsischen Witwensitz Schloss Lichtenburg. Seine Mutter holte er aus Ro-

---

26 Vgl.: Heiligensetzer, Lorenz: Getreue Kirchendiener – gefährdete Pfarrherren. Deutschschweizer Prädikanten des 17. Jahrhunderts in ihren Lebensbeschreibungen. Köln, Weimar u. Wien: Böhlau Verlag 2006 (Selbstzeugnisse der Neuzeit 15). S. 15. – Krusenstjern, Benigna von: Selbstzeugnisse der Zeit des Dreißigjährigen Krieges. Beschreibendes Verzeichnis. Berlin: Akademie Verlag 1997 (Selbstzeugnisse der Neuzeit 6). S. 25.
27 Vgl.: Schorn-Schütte, Luise: Evangelische Geistlichkeit in der Frühneuzeit. Deren Anteil an der Entfaltung frühmoderner Staatlichkeit und Gesellschaft. Dargestellt am Beispiel des Fürstentums Braunschweig-Wolfenbüttel, der Landgrafschaft Hessen-Kassel und der Stadt Braunschweig. Gütersloh: Gütersloher Verlagshaus 1996 (Quellen und Forschungen zur Reformationsgeschichte 62). S. 177, 197, 339.
28 Vgl. im Folgenden: Witzel: Autobiographische Texte (wie Anm. 14). S. 35–37.
29 Als *Kurrende* wurde ein Chor armer Schüler bezeichnet, der von Haus zu Haus zog und für seinen Gesang Almosen erhielt. – Vgl.: Art. „Currende". In: Grosses vollständiges Universal-Lexicon (wie Anm. 23). Bd. 6. Halle u. Leipzig: Johann Heinrich Zedler 1733. Sp. 1881f.
30 Scheller, Johann: Der treuen Diener Christi Dreyfache Crone [...]. Rudolstadt: Johann Rudolph Löwe [1691] (VD17 23:733325N). S. 49f.

thenburg dorthin. Durch den Tod der verwitweten Kurfürstin 1641 wurde er arbeitslos und zog nach Altenburg, wo er zwei Jahre lang als Privatlehrer tätig war. 1644 erhielt er die erledigte Pfarrstelle in Schöngleina bei Jena. Im selben Jahr heiratete er. Auch sein weiteres Leben war nicht frei von Sorgen und Nöten. So berichtet er vom Tod seiner Ehefrau, von Krankheiten, die er und seine Angehörigen erlitten, und von zwei gegen ihn gerichteten Mordversuchen. Außerdem hatte er einen schweren Unfall, als er durch den schadhaften Boden seines Pfarrhauses herabstürzte.

Auch die schulische Laufbahn des späteren Pastors und Superintendenten in seiner Heimatstadt Neustadt an der Orla, Michael Stemmler (1628–1702), wurde durch den Dreißigjährigen Krieg gestört. Nachdem 1640 die Stadt von den Schweden geplündert worden war und sich die Schule aufgelöst hatte, schickte ihn sein Vater, ein Geistlicher, im folgenden Jahr zu einem Onkel nach Arnstadt, wo er die dortige Schule besuchte. Als sein Onkel heiratete und eine Familie gründete, konnte er nicht mehr in dessen Haus bleiben und kam 1642 an das Gymnasium in Gera. Dort widmete er sich unter Leitung des Rektors besonders der Redekunst. Von 1645 bis 1647 studierte er in Jena, anschließend in Leipzig. Da es ihm an Geldmitteln zur Fortsetzung seines Studiums fehlte, musste er eine Stelle als Privatlehrer im sächsischen Stolpen annehmen. Nach dem plötzlichen Tod eines Diakons in Neustadt an der Orla wurde Stemmler vom Stadtrat wegen der Verdienste seines Vaters 1650 auf diese Stelle berufen. Während seiner Reise von Stolpen nach Neustadt geriet er in Lebensgefahr. Ebenfalls im Jahr 1650 erhielt er von der Universität Jena den Magistergrad. In seiner Heimatstadt durchlief er dann die weitere kirchliche Laufbahn bis zum Amt des Superintendenten. Ausführlich geht er in seinem Lebenslauf auf seine Nachkommen ein.

Auch der Vater von Johann Michael Andreä (1657–1711) war ein protestantischer Geistlicher.[31] Er nahm nach einem Besuch höherer Schulen in Königsee und Rudolstadt sein Studium in Leipzig auf. Wegen einer Pestepidemie im Jahr 1680 verließ er die Universitätsstadt und zog zu seiner Mutter nach Ichtershausen, wo er sich bis 1682 seinen Lebensunterhalt als Privatlehrer verdiente. Dann setzte er sein Studium in Jena fort. Wegen einer lebensgefährlichen Erkrankung musste er es jedoch 1684 abbrechen. Seine Laufbahn im Kirchendienst begann im Folgejahr mit der Ernennung zum Diakon in Rudolstadt. Bereits drei Jahre

---

31 Zum autobiografischen Lebenslauf Andreäs vgl.: Sturm, Patrick: Johann Michael Andreä (1657–1711). „Weiln aber kaum erlittener Kranckheit ich noch ziemlich schwache[n] Leibes war" – Die Krankheitsgeschichte eines Geistlichen. In: Leben in Leichenpredigten 07/2014. Hrsg. von der Forschungsstelle für Personalschriften, Marburg. http://www.personalschriften.de/leichenpredigten/artikelserien/artikelansicht/details/johann-michael-andreae-1657-1711.html (2.2.2017). – Außerdem: Witzel: Autobiographische Texte (wie Anm. 21). S. 76f.

nach seiner Eheschließung im Jahre 1687 verstarb seine Frau und hinterließ ihm zwei Kinder. Da ihn sein Witwerstand bei der Ausübung seines Amtes behinderte, entschloss sich Andreä 1692, ein weiteres Mal zu heiraten. Aus dieser Ehe gingen sechs Kinder hervor. Seine geistliche Laufbahn fand ausschließlich in Rudolstadt statt, wo er 1696 zum Oberpfarrer avancierte. Während seines Lebens wurde er von zahlreichen Krankheiten geplagt, auf die er in seinem Lebenslauf ausführlich eingeht. Dabei schildert er auch Probleme psychischer Natur, Glaubenszweifel und Selbstmordgedanken.

Andreas Reyher (1601–1673) war während seines Studiums in Leipzig ebenfalls als Hauslehrer tätig.[32] Er unterrichtete die Kinder eines Handelsherrn als Gegenleistung für Kost und Logis. Eigentlich sollte der Sohn eines Weinhändlers in die Fußstapfen seines Vaters treten. Da er jedoch keine Neigung zum Fuhrwesen zeigte, durfte er eine Lateinschule besuchen und studieren. Er schlug dann nicht die Laufbahn eines Geistlichen ein, sondern wollte eigentlich an der Universität Karriere machen, konnte sich aber einem landesherrlichen Ruf nicht widersetzen und wurde 1632 Rektor des Gymnasiums in Schleusingen. Ehe er das Amt eines Rektors des Johanneums in Lüneburg antreten konnte, wurde er 1640 von seinem Landesherrn Herzog Ernst I. von Sachsen-Gotha zum Rektor des Gothaer Gymnasiums ernannt. An dieser Stelle bricht sein Lebenslauf ab. Die vielfältigen, für das Schulwesen fruchtbaren Aktivitäten des herausragenden Pädagogen in Gotha werden daher erst in dem Teil der Personalia gewürdigt, der vermutlich vom Verfasser der Leichenpredigt stammt.[33] Eigentümlich ist die Form von Reyhers Lebenslauf. Er ist straff gegliedert und trägt den Charakter eines Rechenschaftsberichtes. Verweise auf Aktenstücke, die der Funeraldruck nicht enthält, deuten darauf hin, dass die Autobiografie ursprünglich nicht für diesen Kontext bestimmt war.

Zu den Akademikern unter den Verfassern der in *AutoThür* edierten Lebensläufe zählen auch zwei aus Altenburg stammende Ärzte. Während der eine, Gabriel Clauder (1633–1691), am Ende seiner Ausbildung eine Reise in die Niederlande, nach England und Italien zur Erweiterung seines Horizonts unternahm, kam der andere, Johann Dammenhan (1610–1684), zeitlebens nicht über Thüringen und das westliche Sachsen hinaus. Clauder lässt die Erzählung seines Lebens nicht ohne Sinn für Dramatik beginnen, denn er schildert, wie er

---

32 Zu Andreas Reyher vgl.: Roob, Helmut: Art. „Reyher, Andreas". In: Thüringer Biographisches Lexikon. Lebenswege in Thüringen. Vierte Sammlung. Hrsg. von Felicitas Marwinski. Jena: Verlag Vopelius 2011 (Zeitschrift für Thüringische Geschichte. Beiheft 37). S. 282–285.
33 Zu diesen schulreformerischen Aktivitäten siehe: Klinger, Andreas: Der Gothaer Fürstenstaat. Herrschaft, Konfession und Dynastie unter Herzog Ernst dem Frommen. Husum: Matthiesen Verlag 2002 (Historische Studien 469). S. 231–238.

schon als ungeborenes Kind im Mutterleib Kriegsgräuel miterleben musste.[34] Als 1633 kaiserliche Kavallerie in Altenburg einfiel und Soldaten seinen Vater, einen protestantischen Geistlichen, folterten, musste sich seine mit ihm schwangere Mutter unter einer Stubenbank verstecken, um nicht vergewaltigt zu werden. Nachdem er die Altenburger Stadtschule besucht hatte, begab er sich im Alter von 18 Jahren auf die Universität Jena. Da er eine besondere Neigung zur Medizin verspürte, nahm er ein Studium dieses Faches auf. Nach dreijährigem Aufenthalt in Jena zog er nach Leipzig, wo sich ihm die Möglichkeit bot, bei freier Kost einen Medizinprofessor in seiner Praxis, seiner Laborarbeit und seiner Bibliothek zu unterstützen und dabei selbst zu lernen. Nachdem er von seiner Reise zurückgekehrt war, erlangte er 1661 in Leipzig den Grad eines Lizentiaten. Im folgenden Jahr wurde er zum Doktor promoviert und heiratete. Clauder ließ sich dann in Altenburg als Arzt nieder. Er berichtet, seine Ehefrau habe ihm bei seinen Arbeiten im Labor mitgeholfen.

Johann Dammenhan, Sohn eines herzoglichen Küchenmeisters, erzählt, wie er durch das freizügige Leben am Altenburger Hof verdorben und vom Lernen für die Schule abgehalten worden sei. Seine Eltern schickten ihn daher 1628 auf das Gymnasium nach Schleusingen, das er drei Jahre später verließ, um ein Studium in Wittenberg zu beginnen. Die von Krieg und Pest heimgesuchte Stadt musste er jedoch bald wieder verlassen. Er setzte sein Medizinstudium in Jena fort. Ein prominenter Arzt riet ihm von einer dreijährigen Italienreise ab und empfahl ihm, stattdessen sein erworbenes Wissen praktisch anzuwenden. Nachdem er einige Jahre als Arzt in Schleiz gewirkt und 1640 promoviert hatte, nahm er 1648 einen Ruf zum Hof- und Stadtarzt in Gera an.

Zwei Verfasser erhielten an der juristischen Fakultät der Universität Jena ihre Ausbildung und wurden landesherrliche Amtsträger in den Diensten der Grafen und Fürsten von Schwarzburg-Rudolstadt. Georg Ulrich von Beulwitz (1661–1723), der Bedeutendere von beiden, stand seit 1702 an der Spitze von Regierung und Verwaltung der Grafschaft bzw. des Fürstentums.[35] Beulwitz

---

34 Zur Autobiografie Clauders siehe auch: Pöppelwiehe, Johanna: Gabriel Clauder (1633–1691). „Meines Lebens Eingang/ Fort- und Ausgang endlich betreffende" – Die autobiographischen Personalia eines Altenburger Hofarztes. In: Leben in Leichenpredigten 09/2013. Hrsg. von der Forschungsstelle für Personalschriften, Marburg. http://www.personalschriften.de/leichenpredigten/artikelserien/artikelansicht/details/gabriel-clauder-1633-1691.html (2.2.2017).

35 Vgl. im Folgenden: Witzel: Autobiographische Texte (wie Anm. 14). S. 37–39. – Ders.: Georg Ulrich von Beulwitz (1661–1723). „Unter stetiger Arbeit und Sorge" – Selbstverständnis und -darstellung eines adligen Fürstendieners. In: Leben in Leichenpredigten 08/2015. Hrsg. von der Forschungsstelle für Personalschriften, Marburg. http://www.personalschriften.de/leichenpredigten/artikelserien/artikelansicht/details/georg-ulrich-von-beulwitz-1661-1723.html (2.2.2017).

stammte aus einem alten thüringischen Adelsgeschlecht. Um sich persönlich zu legitimieren, reicht es ihm allerdings nicht aus, sich auf seine Familienge- schichte und seine Vorfahren zu berufen, sondern er präsentiert mit seiner Le- bensgeschichte auch seine individuellen Verdienste und sein Amtsethos. Ge- meinsam mit seinem ein Jahr älteren Bruder absolvierte er seine Schulzeit und begann in Leipzig ein Studium der Rechte, das beide in Jena fortsetzten. Der überraschende Tod seines Bruders 1681 war eine tiefe Zäsur, die ihn – wie er schildert – emotional sehr bewegte. Im Folgejahr verließ er die Universität, um seine juristischen Kenntnisse durch Privatunterricht weiter zu vertiefen. Im Jahr 1684 trat er seine Kavalierstour an, die ihn zunächst in die Schweiz und von da nach Paris führte. In der Hauptstadt Frankreichs hielt er sich ein halbes Jahr lang auf. Seine Rückreise führte ihn über die Niederlande. Beulwitz' berufliche Karriere begann 1686 in den Diensten des Grafen von Mansfeld-Eisleben. Sechs Jahre später nahm ihn sein Lehnsherr, der Graf von Schwarzburg-Rudolstadt, in die Pflicht und ernannte ihn zum Kanzleidirektor in Frankenhausen, dem Zen- trum des nördlichen Teils der Grafschaft. Nachdem er an die Spitze der Ver- waltung des gesamten Territoriums gelangt war, erwarb er sich unzweifelhafte Verdienste um die Erhebung der Grafen in den Reichsfürstenstand. Allerdings agierte er im eskalierenden Konflikt zwischen Untertanen und Landesherrn um die Höhe der Steuerlast ungeschickt und war bei den Untertanen unbeliebt. Es ist aufschlussreich, wie er sich in seinem Lebenslauf für sein Handeln und Ver- halten zu rechtfertigen sucht.

Wilhelm Friedrich Werner (1648–1723) entstammte einer Pfarrerfamilie.[36] 1655 nahm er in Jena sein Jurastudium auf. Wie Beulwitz vervollkommnete er anschließend seine juristischen Kenntnisse durch Privatunterricht. Bis 1675 stand er mehrere Jahre lang in den Diensten des letzten schlesischen Piasten- herzogs in Brieg. Von 1675 bis 1681 betreute er drei junge Adlige als Hofmeister während ihres Studiums in Leipzig. Im Jahr 1682 trat er in die Dienste des Hau- ses Schwarzburg-Rudolstadt, zunächst als Hof- und Konsistorialrat, später als Vizekanzler. 1702 trat er die Nachfolge Georg Ulrichs von Beulwitz als Kanzlei- direktor in Frankenhausen an.

Keine akademische Ausbildung erhielt der Arnstädter Handelsmann Johann Wilhelm Magen (1656–1699). In seinem Lebenslauf berichtet er, dass er sich als 14-Jähriger aus Neigung in eine fünfjährige Handelslehre bei einem Schwager begeben habe. Bald nach Abschluss seiner Lehrzeit zog er nach Leipzig, um in

---

36 Zur Biografie Werners vgl.: Heß, Ulrich: Geschichte der Staatsbehörden in Schwarzburg-Rudolstadt. Jena u. Stuttgart: Gustav Fischer Verlag 1994 (Veröffentlichungen der Historischen Kommission für Thüringen, Große Reihe 2), S. 188.

die Dienste eines Konditors und Handelsmannes zu treten. Später arbeitete er für zwei Seidenhändler. Im Jahr 1680 verließ er Leipzig wegen der dort herrschenden Pest und begab sich wieder nach Arnstadt. In den Folgejahren machte er sich selbstständig, heiratete und wurde zum Mitglied des Arnstädter Stadtrates ernannt. Größere Vermögenseinbußen, die er im Laufe seines Berufslebens erlitten hatte, hielt er für überliefernswert. So habe er beträchtlichen Schaden durch die Konfiskation minderwertiger Münzen, einen Einbruch und zahlungsunfähige Schuldner erlitten.

Geschlechtsspezifische Bildungsdefizite spricht die einzige Frau unter den Verfassern der in *AutoThür* edierten Texte an.[37] Augusta Dorothea Reuß j.L. Gräfin zu Plauen (1678–1740), eine geborene Gräfin von Hohenlohe, konnte schon seit ihrem sechsten Lebensjahr lesen. Sie beklagt sich in ihrem Lebenslauf darüber, dass sie nicht mehr habe lernen können, als es Töchtern des Hochadels damals zugestanden wurde. Über ihre Kindheit und Jugend erzählt die Gräfin recht ausführlich. Ihren Werdegang deutet sie im Rückblick aus ihrer pietistischen Frömmigkeit, zu der sie ab ihrem 20. Lebensjahr gelangte. Sie korrespondierte mit August Hermann Francke und unterstützte die Dänisch-Hallesche Indienmission mit Spenden. Nach dem Tod ihrer Eltern lebte sie bei ihrem ältesten Bruder und sorgte für die religiöse Erziehung ihrer Nichten. Anderthalb Jahre verbrachte sie bei einer verwitweten Schwester. Erst spät, nämlich mit 37 Jahren im Jahr 1715, konnte sie heiraten und zog nach Schleiz, dem Residenzort ihres Mannes. Nach dessen Tod 1726 musste ihr Stiefsohn für sie sorgen. Als Witwe unternahm sie drei Reisen, die sie in ihre alte Heimat, zu ihrem in Jena studierenden Sohn und zu einer Schwester nach Stadthagen führten.

Voraussetzung für die digitale Präsentation dieser zehn autobiografischen Personalia ist ihre manuelle Erfassung anhand der mikroverfilmten Originale. Die Transkriptionsregeln, welche dieser Texterfassung zugrunde liegen, legen einige typografische Modernisierungen fest. Die im Original meist mit einem hochgestelltem e erscheinenden Umlaute (å, o̊, ů) wurden in die heute gebräuchliche Form mit Umlautpunkten (ä, ö, ü) übertragen. U und v wurden ihrer heutigen Lautqualität entsprechend transkribiert, z.B. „gvarantie" als „guarantie" oder „manuqve" als „manuque". Entsprechend wurden zwei aufeinanderfolgende v behandelt, welche die Lautqualität eines w haben. Ein j in einem lateinischen Wort wurde als i transliteriert. Das Schaft-s (ſ) wurde in das heute übliche runde s umgewandelt. Schließlich wurden alle Ligaturen aufgelöst.

---

37 Vgl. dazu im Folgenden: Witzel: Autobiographische Texte (wie Anm. 14). S. 39–42.

Vor ihrer inhaltlichen Erschließung wurden die Texte in das Dokumenten-format TEI-P5 überführt.[38] Personen- und Ortsnamen sowie Datumsangaben, die in den Lebensläufen vorkommen, wurden nach Maßgabe des TEI-Moduls „Names, Dates, People and Places" ausgezeichnet. Die der digitalen Edition zu-grunde liegende TEI-codierte XML-Datei kann in der Textansicht jedes Lebens-laufes abgerufen werden. Über Schlüssel sind die Personen- und Ortsnamen mit Datensätzen der zugehörigen Personen und Orte, die zusätzliche Informationen über diese Entitäten enthalten, in einer externen Arbeitsdatenbank verknüpft. Personen wurden – sofern möglich – in der *Gemeinsamen Normdatei* (GND) identifiziert,[39] Orte generell in der frei zugänglichen geografischen Internet-Datenbank *GeoNames*.[40]

Diese Datenbank hat den Vorteil, dass sie ihre Daten auf der Basis einer Creative-Commons-Lizenz unentgeltlich zur Verfügung stellt. Sie enthält über zehn Millionen geografische Namen auf der ganzen Welt und ihre Geodaten. Als registrierter Benutzer kann man Orte und Ortsnamen ergänzen, die noch nicht in der Datenbank vorhanden sind. Das ist vor allem im Hinblick auf Wüs-tungen und nicht mehr geläufige historische Unterteilungen größerer Orte inter-essant. Ebenso kann man historische Ortsnamen hinzufügen, die heute nicht mehr gebräuchlich sind.

Mit Hilfe eines XSLT-Stylesheets, welches in das TYPO3 Content-Management-System der Website der Forschungsstelle für Personalschriften integriert ist, wird aus dem TEI-Dokument einer Quelle eine HTML-Seite er-zeugt. Sie zeigt auf der linken Hälfte die gescannten Seiten des Originals und auf der rechten die Transkription. Um erste Informationen über die im Text vor-kommenden Personen und Orte erhalten zu können, sind ihre Namen im Voll-text mit den Websites der Deutschen Nationalbibliothek und von *GeoNames* ver-linkt. Wenn man einen Ortsnamen anklickt, wird die Seite mit den wichtigsten Geodaten des zugehörigen Ortes in *GeoNames* geöffnet, sofern er identifiziert werden konnte. Auf einem *Google-Maps*-Ausschnitt kann man erkennen, wo er sich befindet. Gleichermaßen sind die in den Quellen erscheinenden Personen-

---

38 Zum Dokumentenformat der Text Encoding Initiative (TEI), dem geisteswissenschaftlichen Standard bei der Kodierung handschriftlicher und gedruckter Quellen, siehe: http://www.tei-c. org/index.xml (2.2.2017).

39 Zur GND siehe: http://www.dnb.de/gnd (2.2.2017).

40 In *GeoNames* sind zur zeit etwa 2,8 Millionen Orte auf der ganzen Welt mit ihren wichtigs-ten Geodaten und alternativen, auch historischen Namen nachgewiesen: http://www.geona-mes.org (2.2.2017). – Vgl. auch: Singh, Raj: International Standards for Gazetteer Data Structu-res. In: Placing Names. Enriching and Integrating Gazetteers. Hrsg. von Merrick Lex Berman, Ruth Mostern u. Humphrey Southall. Bloomington u. Indianapolis: Indiana University Press 2016, S. 67–79, hier S. 74f.

namen mit der GND verlinkt. Durch Anklicken eines Personennamens gelangt man zur Website der Deutschen Nationalbibliothek und sieht die in der GND enthaltenen Daten der Person, welche diesen Namen trägt.

Die Daten der in den zehn edierten Lebensläufen erscheinenden Personen und Orte wurden aus der externen Arbeitsdatenbank in ebenfalls TEI-konforme XML-Dateien exportiert. Die Erstellung des Personen- und des Ortsregisters erfolgt auf Grundlage dieser Dateien innerhalb des TYPO3 Content-Management-Systems durch XSLT-Stylesheets. Über einen Registereintrag und seine Nachweise gelangt man direkt an die Stelle in einer Quelle, an der eine bestimmte Person oder ein bestimmter Ort genannt wird. Um sich leicht über die jeweiligen Orte und Personen informieren zu können, sind auch die Registereinträge mit *GeoNames* oder GND verlinkt.

Zusätzlich kann man gezielt über drei visuelle interaktive Zugänge in die Quellen gelangen: eine Karte, einen Graphen mit dem Personennetzwerk des Verfassers/der Verfasserin und eine Zeitleiste.

Zur Veranschaulichung des Raumes, in dem das Leben des Verfassers oder der Verfasserin einer Autobiografie stattfand, sind den Quellen interaktive Karten beigegeben, auf denen seine/ihre Lebensstationen markiert sind. Dazu werden vorberechnete Kartenbilder von Servern des Projektes *OpenStreetMap* genutzt.[41] Da es noch keinen kostenfreien Web Map Service gibt, der qualitativ hochwertige Karten Europas mit den historischen Grenzen der Frühen Neuzeit zur Verfügung stellt, muss bis auf Weiteres eine Kartengrundlage mit den aktuellen Grenzen und Verkehrswegen in Kauf genommen werden. Mit Hilfe der JavaScript-Bibliothek *OpenLayers*[42] wird die *OpenStreetMap*-Karte in die HTML-Seite eingebunden und ein Layer mit den Ortsmarkierungen samt den zugehörigen Informationen erzeugt. Beim Anklicken eines Ortssymbols öffnet sich ein Pop-up-Fenster mit dem Ortsnamen und Hyperlinks, die zu den Nennungen des Ortes in der transkribierten Quelle führen. Der Kartenausschnitt ist verschieb- und zoombar. Der Layer mit den Lebensstationen kann ausgeblendet werden.

---

41 Zu *OpenStreetMap* siehe: https://www.openstreetmap.org (2.2.2017).
42 Siehe: https://openlayers.org (2.2.2017). – Vgl. außerdem: Jansen, Marc u. Till Adams: OpenLayers. Webentwicklung mit dynamischen Karten und Geodaten. München: Open Source Press 2010.

Abb. 2: Karte mit den Lebensstationen eines Verfassers.

So lassen sich schon anhand der interaktiven Karten die räumlichen Grenzen vergleichen, innerhalb derer sich die neun Verfasser und die Verfasserin im Laufe ihres Lebens bewegt haben. Europäische Dimensionen haben sie nur bei zwei Verfassern. Den Adligen Georg Ulrich von Beulwitz führte seine Kavaliertour über die Grenzen des Alten Reiches hinaus, den Arzt Gabriel Clauder seine medizinische Ausbildung. Nicht auf die Region Thüringen/Sachsen beschränkt, aber innerhalb des Alten Reiches blieben drei Verfasser und die Gräfin Augusta Dorothea Reuß.

Die Verfasserinnen und Verfasser autobiografischer Personalia erwähnen zahlreiche Menschen namentlich, die in ihrem Leben eine Rolle gespielt haben, denen sie sich in Beziehungen unterschiedlichster Art verbunden fühlten. Sie demonstrieren damit, welch große Bedeutung das Eingebundensein in Personennetzwerke für die Identität der Menschen in der Frühen Neuzeit hatte. Um dieses Netzwerk, das die Verfasserin oder der Verfasser in ihrer oder seiner Autobiografie aufspannt, sichtbar werden zu lassen, ist jeder Quelle ein Graph beigegeben.[43] Die Nutzerin oder der Nutzer gewinnt so zunächst einen Überblick über die im Text vorkommenden Personen und ihre Beziehungen zur Verfasserin oder zum Verfasser. Davon ausgehend kann sie oder er über den Graphen gezielt zu Stellen im Quellentext navigieren, an denen eine bestimmte Person erwähnt wird, die in einer definierten Beziehung zur Verfasserin oder zum Verfasser stand.

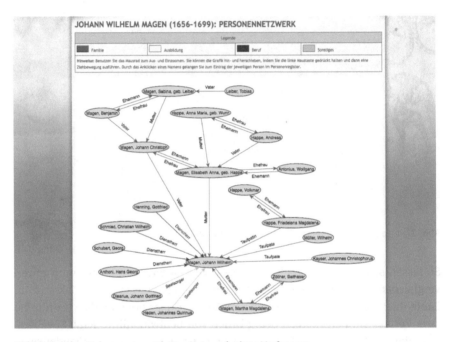

Abb. 3: Graph mit dem ego-zentrierten Netzwerk eines Verfassers.

Um dieses ego-zentrierte Netzwerk darstellen zu können, wurden die Beziehungen der in einer Autobiografie erwähnten Personen vor allem zur Hauptperson und z. T. auch untereinander in einer Tabelle der externen Arbeitsdatenbank erfasst. Diese Daten gehen durch Export in das TEI-Dokument ein, welches die auch für die Personenregister benötigten Daten enthält. Durch ein XSLT-Stylesheet wird aus dieser Datei und der Quellendatei eine GraphML-Datei generiert.

---

43 Zur Visualisierung von Netzwerken vgl.: Mayer, Katja: Netzwerkvisualisierungen. Anmerkungen zur visuellen Kultur der Historischen Netzwerkforschung. In: Handbuch Historische Netzwerkforschung. Grundlagen und Anwendungen. Hrsg. von Marten Düring, Ulrich Eumann, Martin Stark u. Linda von Keyserlingk. Berlin: LIT Verlag 2016. S. 139–153.

GraphML ist ein XML-basiertes Dateiformat speziell für Graphen.[44] Aus der GraphML-Datei wird mittels des Graph-Editor-Programms *yEd*[45] eine grafische Darstellung des ego-zentrierten Netzwerkes automatisch erzeugt, deren Layout allerdings noch manuell nachbearbeitet werden muss. Dieser Graph wird schließlich als skalierbare Vektorgrafik (SVG) exportiert, um in eine HTML-Seite eingebunden und präsentiert werden zu können. Dank der JavaScript-Bibliothek *svgpan*[46] ist diese Grafik verschieb- und zoombar.

Im Graphen erscheinen alle Personen, die ein Verfasser/eine Verfasserin in seinem/ihrem Lebenslauf erwähnt und in eine Beziehung zu sich setzt. Diese Beziehungen sind in vier Klassen unterteilt: familiäre, mit der Ausbildung zusammenhängende, berufliche und sonstige. Unter Sonstiges sind Beziehungen zusammengefasst, die wegen ihrer geringen Häufigkeit nicht klassifiziert wurden. Darunter fallen vor allem Personen, die dem Verfasser/der Verfasserin als Arzt, Seelsorger oder Wohltäter bzw. Patron verbunden waren. Beim Erfassen der Beziehungen wird soweit wie möglich der Verfasser/die Verfasserin als fokaler Akteur bestimmt, auf den der Beziehungspfeil, die sogenannte Kante im Graphen, gerichtet ist. Die Rollen, welche die im Text erwähnten Personen gegenüber dem Verfasser/der Verfasserin einnehmen, werden in prägnanten Bezeichnungen gefasst, wie beispielsweise „Schullehrer", „Dienstherr" oder „Kollege", und im Graphen an den Kanten ausgewiesen. Durch Anklicken eines Personenknotens gelangt man zum Eintrag der jeweiligen Person im Personenregister und von dort weiter in den transkribierten Quellentext.

Die Einordnung in das Netzwerk der eigenen Familie mit seiner durch Vorfahren und Nachkommen in Vergangenheit und Zukunft reichenden zeitlichen Dimension spielt bei den Verfassern und Verfasserinnen autobiografischer Lebensläufe in Leichenpredigten eine wichtige Rolle. Für das Selbstverständnis nicht nur der adligen Autorinnen und Autoren war es unabdingbar, ihren Platz in der Generationenfolge ihrer Familie zu bestimmen. Lehrer in Schule und Universität werden in diesen Quellen meist zahlreich namentlich aufgeführt, und das gilt nicht nur für Geistliche, sondern auch für einen hohen adligen Amtsträger in landesherrlichen Diensten. Auch die Personen, mit denen der Verfasser beruflich in Verbindung stand, Dienstherren oder Vorgesetzte, Kollegen und Untergebene finden in den Texten Erwähnung.

In den Netzwerkgraphen treten auch deutliche geschlechtsspezifische Unterschiede zu Tage. Dass die beiden Ausbildung und Beruf betreffenden Beziehungstypen eine Männerdomäne war, zeigt die einzige Autobiografie einer Frau

---

44 Siehe: http://graphml.graphdrawing.org (2.2.2017).
45 Siehe: https://www.yworks.com/products/yed (2.2.2017).
46 Siehe: https://github.com/aleofreddi/svgpan (2.2.2017).

in dieser Edition. Zum einen weist der zugehörige Netzwerkgraph deutlich weniger Beziehungen auf, zum anderen fehlen ausbildungsbezogene und berufliche.

Auf einer interaktiven Zeitleiste werden die in den Texten erwähnten und datierten Ereignisse im Leben der Verfasser angezeigt. Außerdem gelangen abgrenz- und datierbare Lebensabschnitte zur Darstellung. Beim Anklicken eines Ereignissymbols oder eines Zeitspannenbalkens öffnet sich ein Pop-up-Fenster mit einem Label. Dieses ist mit der Stelle in der Quellentranskription verlinkt, an der das Ereignis oder die Zeitspanne erwähnt wird. Der Zeitleiste liegt die JavaScript-Bibliothek von *SIMILE-Timeline* zugrunde.[47]

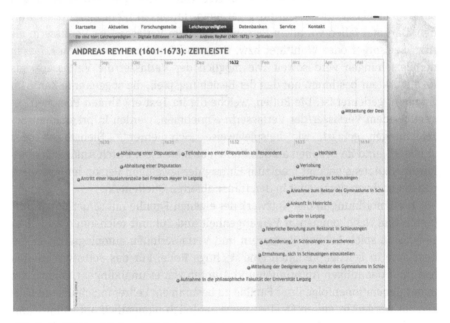

Abb. 4: Zeitleiste mit Lebensdaten eines Verfassers.

AutoThür präsentiert die autobiografischen Lebensläufe herausgelöst aus ihrem zeitgenössischen Kontext, den Funeraldrucken. Ein angemessenes Verständnis dieser Selbstzeugnisse ist jedoch nur im Kontext der Leichenpredigt und weiterer Bestandteile des Funeraldruckes, wie Abdankungen und Trauergedichten (Epicedien), möglich. Nur die gesamte Quelle bietet einen multifokalen Blick auf das Leben des/der Verstorbenen: aus der Eigenperspektive des/der Verstor-

---

47 Siehe: http://www.simile-widgets.org/timeline (2.2.2017).

benen und aus den Fremdperspektiven der Verfasser/-innen von Leichenpredigt, Abdankung und Epicedien. Besonders die Epicedien, die von Menschen verfasst worden sind, welche in einer engeren Beziehung zum/zur Verstorbenen standen, sei es als Verwandte, Freunde oder Berufskollegen, ergänzen und erweitern die Kenntnisse über das Personennetzwerk des/der Verstorbenen. Die eigentliche Leichenpredigt enthält zusätzliche wertvolle Informationen nicht nur für Theologen und Kirchenhistoriker, sondern für alle historischen Disziplinen. Daher plant die Forschungsstelle für Personalschriften, *AutoThür* zu einer umfassenderen digitalen Edition von Thüringer Funeraldrucken mit autobiografischen Personalia auszubauen.

Autorenverzeichnis

Johannes Andresen, Studium der Geschichte, Spanisch und Erziehungswissenschaften in Bonn und Granada. Masterstudium „Bibliotheks- und Medienmanagement" an der Hochschule der Medien in Stuttgart (2001/03). 1997–2002 Koordinator des Projektes „Erschließung der Historischen Bibliotheken in Südtirol (EHB)", 2002–2007 Geschäftsführer des Bibliotheksverbands Südtirol, seit Februar 2007 Direktor der Landesbibliothek Dr. Friedrich Teßmann.

Ivo Asmus, M.A., MA (LIS), geboren 1964. 1984–1987 Studium der Physik und Astronomie an der Rheinischen Friedrich-Wilhelms-Universität zu Bonn; 1987–1993 Studium der Geschichte, Skandinavistik und Alten Geschichte an der Rheinischen Friedrich-Wilhelms-Universität zu Bonn, der Christian-Albrechts-Universität zu Kiel und der Universität Uppsala; Abschluss Magister Artium. 1994 Praktikum am Deutschen Historischen Museum, Berlin. 1994–1997 Promotionsstipendium bei der Arbeitsgruppe der Max-Planck-Gesellschaft „Ostelbische Gutsherrschaft als sozialhistorisches Phänomen" in Potsdam. 1997–1999 Mitarbeit am Pommerschen Landesmuseum Greifswald. Seit Ende Oktober 1999 Referent für Pomeranica an der Universitätsbibliothek Greifswald, seit August 2005 außerdem Referent für Altes Buch & Handschriften sowie Fachreferent für klassische Philologien, Skandinavistik/Fennistik und Philosophie.

Saskia van Bergen arbeitet als Projektmanager für die Sondersammlungen der Universitätsbibliothek Leiden. Sie ist Chefredakteur für das „Jaarboek voor Nederlandse boekgeschiedenis" und publiziert über Digitalisierung und Mittelalterliche illuminierte Handschriften.

Bruno Blüggel, geboren 1960. Studium: Germanistik, Bibliothekswissenschaft, Geschichte. Universität Köln. M.A. 1990. Organiationsprogrammierer Siemens Bonn 1990, Programmierer / Systemanalytiker startext GmbH Bonn 1991, Bibliotheksref. UB Marburg 1994, Bibliotheksrat UB Greifswald 1996, FR Rechtswissenschaften, Germanistik, Kommunikationswissenschaften, Niederdeutsch. Koordinator für Digitalisierungsprojekte.

Anita Eichinger, Studium der Philosophie und Germanistik an der Universität Wien und University of Minnesota, Minneapolis sowie University of California, Berkeley. Von 2012 bis 2014 Masterlehrgang Führung, Politik und Management (Abschluss 2014 mit einer Arbeit über „Smart City – Smart Library"). Seit 2008 leitet sie die Stabsstelle „Digitale Services", seit 2017 ist sie stv. Direktorin der Wienbibliothek im Rathaus. Mail: anita.eichinger@wienbibliothek.at

Ursula Gschlacht (geb. Berner), geboren 1974 in Wien, studierte Kunstgeschichte an der Universität Wien. Absolvierte 2003/04 den Lehrgang für Information und Dokumentation der ÖGDI und arbeitet seit 2002 im Bibliotheks- und Archivbereich in verschiedenen österreichischen Bibliotheken und Museen. Seit 2014 Betreuung des Digital Asset Management Systems Phaidra, Mitarbeit im Bereich Digitale Bibliothek sowie Konzeption und Durchführung von Sonderprojekten an der Universitätsbibliothek der Universität für Angewandte Kunst Wien.

Ulrich Hagenah M.A., geboren 1956 in Lüneburg, Studium der Geschichte, Publizistik, Politikwissenschaft und Germanistik in Mainz und München. Wissenschaftliche Interessenschwerpunkte: Geschichte der ländlichen Gesellschaft, Pressegeschichte, Geschichte der Kommunikation in Politik und Verwaltung, Norddeutschland. Seit 1988 (Referendariat in Köln 1988/90) im wissenschaftlichen Bibliotheksdienst, seit 1990 an der Staats- und Universitätsbibliothek Hamburg Carl von Ossietzky, Oberbibliotheksrat. 2017: Leiter der

https://doi.org/10.1515/9783110501094-016

Bereiche Landesbibliothek (einschl. Pflichtexemplarsammlung, Hamburg-Bibliographie und -Lesesaal, Regionalportal HamburgWissen Digital) und Digitalisierung; Fachreferate (Geographie, Volkskunde, Ethnologie) und Sondersammlungsreferate (Kartensammlung, Hamburg); Aufgaben im Bereich Bestandserhaltung, Vorstandsmitglied der DBV-AG Regionalbibliotheken, Mitglied der Arbeitsgruppen für Regionalbibliographie, Pflicht-exemplarsammlung, Webarchivierung und Regionalportale, Stellvertretender Vorsit-zender des Mikrofilmarchivs der deutschsprachigen Presse e.V., Mitglied der IFLA News Media Section, Kuratoriumsmitglied Haus der Pressefreiheit e.V. Mail: ulrich. hagenah@sub.uni-hamburg.de

Steffen Hankiewicz ist Senior Softwareentwickler sowie Geschäftsführender Gesellschafter der deutschen Softwarefirma intranda GmbH. Er entwickelt Software für den Kontext von Digitalisierungsprojekten bereits seit dem Jahr 2002. Zusammen mit seinem Team entwi-ckelt er die Open-Source-Applikationen Goobi für das Workflow-Management von Digitali-sierungsprojekten, den Goobi viewer als Plattform für digitale Bibliotheken sowie zahlreiche andere verbreitete Lösungen für die unterschiedlichen Bedürfnisse in Digitali-sierungsvorhaben.

Rudolf Lindpointner, geb. 1952 in Raab, Oberösterreich. Studium der Philosophie in Salzburg, München und Tsukuba (Japan). Seit 1991 im Bibliotheksdienst, seit 1999 stellvertretender Leiter der Oberösterreichischen Landesbibliothek. Arbeitsschwerpunkt: Sacher-schließung und Klassifikation (DDC). Mail: rudolf_lindpointner@hotmail.com

Gregor Neuböck, Studium an der Pädagogischen Hochschule, Tätigkeit als Lehrer, Studium Medienpädagogik an der Universität Krems, Informationsdidaktiker zuständig für Projekt-management im Bereich Digitalisierung, eLearning. Seit 10/2015 Leitung der Digitalen Bi-bliothek. Mail: g.neuboeck@gmail.com

Evelyn Pätzold, geboren: 1966, Studium: Informationsmanagement. Fachhochschule Hannover. B.A. 2011, Bibliotheks- und Informationswissenschaft, Humboldt-Universität zu Berlin, MA (LIS), 2016. Seit 2011 an der Universitätsbibliothek Greifswald im Bereich der Digitalisierung tätig.

Siegfried Peis, Gründer und Geschäftsführer der PPS Prepress Systeme GmbH. Die ersten Berührungspunkte mit dem Thema Zeitungen und deren Erstellung ergaben sich durch die Lehre als Schriftsetzer und anschließender Ausbildung zum Maschinensetzer. Den Abschluss bildete das Studium zum Druckingenieur. Nach verschiedenen Tätigkeiten in namhaften Unternehmen als Produktions- und Vertriebsleiter wurde 1992 die PPS PrePresss Systeme GmbH gegründet. Hauptaufgabe war zunächst die Vermarktung eines Redaktionssystems. Im Laufe der Zeit gewann das Gebiet Zeitungsdigitalisierung immer mehr an Bedeutung und wurde dann ab 1998 zum Hauptaufgabengebiet des Unter-nehmens. Bis heute wurden 54 Zeitungen mit über 26 Millionen Seiten, vom Scan über OCR bis zum automatisch separierten Einzelartikel, verarbeitet. Weitere Informationen finden Sie auf der PPS Webseite www.prepress-systeme.de

Matthias J. Pernerstorfer (geb. 1976). Studium der Theater-, Film- und Medienwissenschaft in Wien und München. 2003–2005 DOC-Stipendiat der Österreichischen Akademie der Wissenschaften für eine Dissertation zur Figur des Parasiten in der griechisch-römischen Komödie. 2005/2006 Forschungen für das Da Ponte Institut. Seit 2007 Mitarbeit am Don Juan Archiv Wien, seit 2009 als Projektleiter, seit 2011 als wissenschaftlicher Leiter. Her-ausgeber der institutseigenen Reihen Bibliographica, Summa Summarum sowie Topo-graphie und Repertoire des Theaters gemeinsam mit H. E. Weidinger resp. P. S. Ulrich. Seit 2015 wissenschaftlicher Beirat des DFG-Projekts Fachinformationsdienst darstellende

Kunst. Produzent von R. Meyers Documenta dramatica. Sprech-, Musik- und Tanztheater Mitteleuropas im 18. Jahrhundert, der bislang umfangreichsten Quellendokumentation zum Theater dieser Zeit (Fertigstellung voraussichtlich 2019). Forschungsschwerpunkte: Bibliographische Erschließung & Digitalisierung, Adelstheater und Schlossbibliotheken, Passion und Theater in der Barockzeit.

Erich Renhart, habilitiert für das Fach Liturgiewissenschaft mit einer Arbeit zu armenischen liturgischen Handschriften (2001). Gründung und Leitung des überfakultären „Vestigia – Zentrum für die Erforschung des Buch- und Schrifterbes" (2005/06). Bestellung zum wissenschaftlichen Leiter der Abteilung für Sondersammlungen an der Universitätsbibliothek Graz (2010). Arbeitsschwerpunkte: lateinische, armenische, griechische und syrische Handschriften; Buch- und Bibliothekengeschichte; Schrift- und Kulturerbe heute.

Hanna Schneck, M.A. LIS, 1982 in Kirchdorf/Krems (OÖ) geboren, lebt seit 2001 in Wien. Studium der Vergleichenden Literaturwissenschaft und Russisch, danach Masterstudiengang Bibliotheks- und Informationswissenschaft an der Österreichischen Nationalbibliothek und an der Humboldt Universität zu Berlin (2014 abgeschlossen). Arbeitet seit Januar 2012 als wissenschaftliche Bibliothekarin für das Photoinstitut BONARTES zur projektbasierten Aufarbeitung der fotohistorischen Bibliothek der Graphischen Lehr- und Versuchsanstalt Wien und ist seit Mai 2017 auch als Mitarbeiterin für die Museumsbibliothek der Albertina in Wien tätig. Mail H.Schneck@albertina.at

Johanna Totschnig, geboren 1966 in Oberlienz, Osttirol, studierte Geschichte und Kunstgeschichte an den Universitäten Innsbruck und Wien sowie Germanistik und Hispanistik (Lehramt) an der Universität Wien. Seit 1997 in verschiedenen Funktionen an der Universitätsbibliothek der Universität für angewandte Kunst Wien, absolvierte sie 2000–2002 den Lehrgang für den Bibliotheks-, Informations- und Dokumentationsdienst an der Österreichischen Nationalbibliothek in Wien. Derzeit Leiterin Medienbearbeitung, Digitale Bibliothek, Mediathek sowie Lokalredakteurin Sacherschließung und Systembibliothekarin an der Universitätsbibliothek der Universität für angewandte Kunst Wien.

Jörg Witzel, geboren 1963, studierte von 1982 bis 1988 Geschichte, Kunstgeschichte und Volkskunde/Europäische Ethnologie in Marburg und Göttingen. Seit 1989 ist er wissenschaftlicher Mitarbeiter in der Forschungsstelle für Personalschriften in Marburg, einer Arbeitsstelle der Akademie der Wissenschaften und der Literatur zu Mainz. 1993 promovierte er an der Philipps-Universität Marburg mit einer stadtgeschichtlichen Arbeit. Einer seiner Arbeitsschwerpunkte in der Forschungsstelle für Personalschriften sind Selbstzeugnisse in Leichenpredigten der Frühen Neuzeit. In diesem Zusammenhang richtete er eine digitale Edition autobiografischer Lebensläufe aus Thüringer Funeraldrucken ein.

Register

https://doi.org/10.1515/9783110501094-18